EREIGNISSE, DIE DIE WELT VERÄNDERTEN

EREIGNISSE, DIE DIE WELT VERÄNDERTEN

igloobooks

igloobooks

Deutsche Erstausgabe 2013
Igloo Books Ltd
Cottage Farm
Sywell
NN6 0BJ

SHE001 0813
10 9 8 7 6 5 4 3 2 1
ISBN 978-1-78197-011-9

Autor: Michael Heatley

Übersetzung von Nina Kavelar für Print Company, Wien

Gedruckt und hergestellt in China

INHALT

EINLEITUNG

„Alles fließt, und nichts bleibt", sagte der griechische Philosoph Heraklit um 500 v. Chr. Für ihn war Veränderung das Grundprinzip, das den Fluss der Zeit bestimmt.

Die Geschichte bestätigt diese Erkenntnis. Tagtäglich ändern sich Kulturen und Menschen überall auf der Welt. Trends kommen und gehen, aus Hunger wird Überfluss, Herrscher und Regierungen werden gestürzt, einst unvorstellbare technische Errungenschaften werden Realität, Kriege werden gewonnen und verloren. Wie Tennyson sagte: „Die alte Ordnung wandelt sich und weicht der neuen."

Manche Ereignisse hinterlassen tiefere Spuren als das alltägliche Auf und Ab der Politik und des Fortschritts. Seit der Erfindung des Rads gab es bestimmte Momente, die den Verlauf der Geschichte gewendet haben. Einige davon – wie die Mondlandung von 1969 – galten sofort als große Meilensteine der Menschheit, von Millionen Menschen miterlebt. Andere erkannte man erst rückblickend als prägenden Moment – wie den Tag, an dem ein paar Computerfreaks ein neues Programm vorstellten. Egal, ob Kolumbus in der Neuen Welt den Grundstein zur Entstehung einer Supermacht legte oder ein junger Mann namens Elvis Presley mit seiner Musik die Populärkultur dauerhaft auf den Kopf stellte – solche Momente klingen noch Jahrhunderte später nach.

Dieses Buch beschreibt 100 solcher Ereignisse. Manche davon begannen mit dem Aufschreiben einer Idee, wie Charles Darwins „Über die Entstehung der Arten". Andere geschahen hinter verschlossenen Türen in Forschungslabors. Und wieder andere verfolgte die Menschheit gebannt vor dem Fernseher mit oder bezahlte sie mit Tausenden Leben, wie bei der Landung in der Normandie am D-Day. Nicht alle zeugen von positiver Veränderung: Der Börsencrash von 1929 stürzte die Welt in eine unsagbare Krise. Und die schrecklichen Anschläge vom 11. September 2001 haben weit mehr Leben gekostet als die Zahl der Menschen, die im World Trade Center starben.

Die Ereignisse in diesem Buch sind aber auch der Beweis für unsere großen Errungenschaften sowie unseren Einfallsreichtum in der Wissenschaft. Veranstaltungen wie das „Live Aid"-Konzert im Sommer 1985 zeugen von menschlichem Großmut. Und auch die Wahl des ersten schwarzen Präsidenten der USA – 53 Jahre nach der Verhaftung von Rosa Parks, die sich weigerte, ihren Sitzplatz im Bus einem Weißen zu überlassen – erinnert uns daran, in welch kurzer Zeit ein Ereignis die Welt verändern kann.

Links: Fast 3000 Menschen starben bei den verhängnisvollen Anschlägen vom 11. September 2001 in New York.

Oben: Die berühmte Skyline von New York vor den Anschlägen. Zur Zeit ihrer Fertigstellung waren die Twin Towers die höchsten Gebäude der Welt.

Rechts: Die Explosion im Südturm des World Trade Centers nach dem Aufprall des entführten United-Airlines-Flugs 175. Der brennende Nordturm zeugt von dem vorangegangenen Einschlag.

AUF EINEN BLICK

Die beiden Flugzeuge, die am 11. September 2001 in die World Trade Center in New York gelenkt wurden, trafen die USA mitten ins Herz. Sie zerstörten ein nationales Wahrzeichen und töteten fast 3000 Menschen.

DIE ANSCHLÄGE VOM 11. SEPTEMBER

NEW YORK, USA

11. SEPTEMBER 2001

Bereits bei seiner Eröffnung im Jahr 1973 war das World Trade Center eines der bekanntesten Bauwerke der Welt. Von seinem Standort in Lower Manhattan aus war es kilometerweit sichtbar mit seinen glänzenden, rund 400 Meter hohen Türmen, die New York überragten. Nach dem 11. September 2001 war nichts mehr wie zuvor. Am Morgen dieses sonnigen Spätsommertags entführten Terroristen zwei Flugzeuge und flogen damit in die Türme, zum großen Entsetzen der Stadt, des Landes und der ganzen Welt.

Der 11. September 2001 begann für die Tausenden Menschen in Lower Manhattan wie jeder andere Tag. Der Himmel erstrahlte in einem klaren Blau bei angenehmen 21 Grad.

Gegen 8 Uhr morgens starteten zwei Passagierflugzeuge im Abstand von wenigen Minuten vom Flughafen in Boston mit dem Ziel Los Angeles. Ein drittes Flugzeug verließ ungefähr zur gleichen Zeit Newark in New Jersey und war auf dem Weg nach San Francisco. Eine vierte Passagiermaschine startete gegen 8:10 Uhr in Washington, ebenfalls unterwegs nach Los Angeles. Jedes der Flugzeuge war vollgetankt mit Kerosin.

Während in Manhattan der Alltag begann, änderte der American-Airlines-Flug 11 von Boston nach Los Angeles unerwartet seinen Kurs und steuerte New York City an. An Bord befanden sich 81 Passagiere und 11 Crewmitglieder. Für das Bodenpersonal gab es keinen Grund, an eine Flugzeugentführung durch Terroristen zu denken.

Flug 11 flog in Richtung New York City – sein Entführerpilot orientierte sich am Hudson River. Mit zunehmender Nähe zur Stadt verlor das Flugzeug an Höhe. Zwei der Flugbegleiter an Bord telefonierten mit American Airlines und informierten sie über das Geschehen. Eine andere Flugbegleiterin rief am Flughafen Boston an und übermittelte den Beamten dort die Sitzplatznummern der Entführer.

Um 8:46 Uhr steuerte einer der Entführer, Mohammed Atta, das Flugzeug in den Nordturm des World Trade Centers. Die Boeing 767 zerschellte bei dem Aufprall in einer gewaltigen Explosion, die alle Insassen tötete und New York ins Chaos stürzte.

Um 9:02 Uhr krachte der aus Boston kommende United-Airlines-Flug 175 in den zweiten Turm. Der Moment wurde von den Nachrichtenkameras festgehalten. An Bord befanden sich 56 Passagiere und neun Crewmitglieder. Als das Flugzeug in das Gebäude prallte, brach ein Feuerball hervor und ein Hagel aus Glas und Metall stürzte vom Himmel. Beim Aufprall wurden Tische, Stühle, Computer und Trümmer aus dem Turm geschleudert. Spätestens beim zweiten Einschlag dachte niemand mehr an einen Unfall. Amerika wurde angegriffen.

Als das zweite Flugzeug in den Turm einschlug, besuchte Präsident George W. Bush die Schüler der zweiten Klasse einer Grundschule in Florida. Gerade als er sich für Fotos mit den Kindern bereitmachte, setzte ihn sein Stabschef Andrew Card über die Anschläge in Kenntnis.

21

Links: Rettungskräfte tragen Mychal Judge, den Kaplan der New Yorker Feuerwehr, aus einem der Türme des World Trade Centers.

Unten: Das Pentagon nach dem Anschlag. Alle Insassen des Flugzeugs und 125 Menschen am Boden starben.

AUF EINEN BLICK

Als Rauch aus New York, Pennsylvania und Washington aufstieg, legte sich eine dunkle Wolke über die Nation. Die Anschläge sorgten weltweit für Empörung.

Der Schrecken hatte noch kein Ende. Um 8:56 Uhr verschwand der American-Airlines-Flug 77 vom Radarschirm. Die Fluglotsen versuchten verzweifelt, den Piloten per Funk zu erreichen, jedoch ohne Erfolg. Die Flughafenbeamten vermuteten einen Absturz, doch bald begriffen sie, dass das Flugzeug entführt worden war. Als es sich Washington D.C. näherte, beschleunigte es über dem Potomac River seine Fluggeschwindigkeit auf 850 km/h und stürzte in das Pentagon.

Das Flugzeug riss ein keilförmiges Loch in eine Seite des Gebäudes. Die Angestellten rannten in Panik nach draußen. Rauchschwaden umhüllten die Absturzstelle. Neben den 56 Passagieren und sechs Crewmitgliedern starben am Boden 125 weitere Menschen.

In der Zwischenzeit befand sich der United-Airlines-Flug 93 aus Newark südlich von Cleveland, Ohio, wo er eine plötzliche starke Linkswendung ausführte und nach Südosten, Richtung Washington, weiterflog. Die Entführer hatten die 38 Passagiere und sieben Crewmitglieder in den hinteren Teil des Flugzeugs verdrängt.

Während das Flugzeug weiterflog, meldeten die Passagiere und Crewmitglieder die Entführung per Telefon. Mit Schrecken hörten sie die Berichte von den anderen Abstürzen und erkannten, dass auch Flug 93 zum Terroranschlag gehörte und Washington das nächste Ziel war. Sie entschieden, sich zu wehren. Sie stürmten das Cockpit und versuchten, die Entführer zu überwältigen. Das Flugzeug stürzte kopfüber auf ein Feld in Pennsylvania. Keiner der Insassen überlebte. Wäre das Flugzeug wenige Sekunden länger in der Luft geblieben, wäre es in eine nahegelegene Schule mit 501 Schülern gestürzt.

In New York ging die Zerstörung weiter. Die starken Brände in den Twin Towers schwächten die schweren, stützenden Stahlträger. Die Türme stürzten in einer Wolke aus Feuer, Staub und Trümmern ein. Ein 110-stöckiger Komplex aus verbogenem Metall und Asche verteilte sich über 15 Häuserblocks weit in Lower Manhattan. Passanten machten aus ihrer Kleidung behelfsmäßige Verbände für die Verletzten.

Währenddessen befand sich Präsident Bush an Bord der Air Force One, und Kampfjets waren bereit, weitere entführte Flugzeuge vom Himmel zu schießen. In der Air Force One liefen die Fernsehberichte der lokalen Nachrichtensender, die das Unglück live übertrugen. Dort sah Bush den Einsturz des zweiten Turms. Aus Sicherheitsgründen kehrte der Präsident erst später am Abend nach Washington zurück.

Am Boden nahm der Bürgermeister von New York, Rudolph Giuliani, das Ruder in die Hand. Wenige Sekunden nachdem der zweite Turm getroffen war, traf er am Schauplatz ein. Entsetzt musste er mitansehen, wie Menschen aus den Fenstern sprangen. Das Notfall-Kommandozentrum der Stadt war nutzlos, da es sich im World Trade Center befand. Darum wurde kurzerhand eine naheliegende Feuerwache vom Bürgermeister und seinen Helfern in einen Kommandoposten umfunktioniert.

Tausende Menschen spendeten an Hilfsfonds für die Opfer der Anschläge. Aus allen Bundesstaaten kamen Bauarbeiter, Rettungskräfte und freiwillige Helfer nach New York, um bei der Bergung der Leichen zu helfen. Manche blieben ein paar Tage, andere viel länger.

Die Arbeiter entfernten tonnenweise verformte Trümmer. Diese Aufgabe war so gefährlich, dass die Helfer ihre Namen und Telefonnummern auf ihre Arme schrieben, damit man ihre Leichen identifizieren konnte, falls sie von den Trümmern erschlagen wurden.

Eimer für Eimer wurden Teile des Gebäudes von den Arbeitern abgetragen auf der Suche nach Überlebenden. Insgesamt wurden über 108 000 LKW-Ladungen Schutt entfernt. Die Aufräumarbeiten gingen jeden Tag rund um die Uhr voran.

Oben: Arbeiter entfernen tonnenweise Trümmer von der Einsturzstelle.

Rechts: Rettungskräfte aus allen Bundesstaaten helfen bei der Bergung der Leichen.

Offiziell hieß es, die Räumung werde ein Jahr dauern. Tatsächlich waren es acht Monate. Aber auch fünf Jahre später fanden Arbeiter immer noch menschliche Knochen auf dem Gelände.

Die Bürger verlangten ein unabhängiges Gutachten über die Entstehung der Anschläge. Zuerst war die Bush-Regierung gegen eine unabhängige Untersuchung; man befürchtete, dass eine solche Ermittlung von der Verteidigung des Landes vor zukünftigen Bedrohungen ablenken würde. Schließlich gab Bush nach und betraute ein unabhängiges Gremium mit den Untersuchungen.

Die Untersuchungskommission zu den Anschlägen des 11. Septembers (auch „9/11 Commission" genannt) wurde am 27. November 2002 gegründet. Ihr Abschlussbericht erschien am 22. Juli 2004. Die Mitglieder der Kommission und ihre Mitarbeiter befragten über 1200 Personen in zehn Ländern. Sie überprüften Videoaufnahmen der Entführer von der Sicherheitskontrolle am Flughafen und hörten sich Tonaufzeichnungen aus den Cockpits der Flugzeuge an.

Die Vorsitzenden der Kommission, Thomas H. Kean und Lee Hamilton, kamen zu dem Schluss, dass die Anschläge zwar ein Schock waren, aber „nicht überraschend kamen". Laut Mitgliedern der Kommission hatte es zahlreiche Warnungen von Seiten islamistischer Extremisten gegeben, in denen mit der Tötung vieler Amerikaner gedroht wurde.

Die Kommission kam zu dem Schluss, dass die Anschläge geschahen, weil vor dem 11. September 2001 ein nationales Sicherheitsrisiko durch Terroristen nicht von vorrangigem Belang gewesen war. Sie bezeichnete die Anschläge vom 11. September als ein schreckliches Versagen der Geheimdienste, auch wenn keine bestimmte Person die Schuld daran trage.

„Die Regierung der USA hat vor den Anschlägen nicht genug für die Terrorismusbekämpfung getan", sagte Kean, ein ehemaliger Gouverneur von New Jersey, als der 600-seitige Bericht veröffentlicht wurde. Es blieb jedoch unklar, ob man die Anschläge hätte verhindern können. „Nun ist ein noch viel schlimmerer Anschlag möglich und sogar wahrscheinlich. Wir haben keine Zeit. Wir müssen uns bereitmachen und handeln."

Nach den Anschlägen erklärte die USA den „Krieg gegen den Terror" und schwor, die Verantwortlichen dafür aufzuspüren. Osama bin Laden wurde zum Staatsfeind Nr. 1 erklärt. Bin Laden, der Kopf des Terrornetzwerks al-Qaida, hatte die Anschläge aus seinem Versteck in Afghanistan geplant, zusammen mit Khalid Scheich Mohammed und anderen. Präsident Bush formte eine internationale Koalition für die Suche nach den Terroristen. Die USA und ihre Verbündeten begannen mit Militäreinsätzen in Afghanistan, einem Zufluchtsort der al-Qaida.

In den USA blieben die Probleme vom 11. September bestehen. Tausende Arbeiter, die am Ground Zero Überstunden machten, erkrankten. Fast 70 Prozent von ihnen wurde lungenkrank. Fünf Jahre nach den Anschlägen kamen Ärzte im Mount Sinai Medical Center in New York zu dem Schluss, dass der Staub am Ground Zero giftig gewesen war.

Sie untersuchten 9500 Arbeiter am Ground Zero, darunter Bauarbeiter, Polizisten, Feuerwehrleute, freiwillige Helfer und andere. Sie fanden heraus, dass die Zahl der abnormalen Lungenfunktionstests doppelt so hoch war wie die der Gesamtbevölkerung. Im Jahr 2012 gewährte der amerikanische Kongress 4,3 Milliarden US-Dollar für die medizinische

AUF EINEN BLICK

Die Aufräumarbeiten gingen täglich rund um die Uhr voran. Sie dauerten acht Monate lang. Tausende Helfer, die Überstunden machten, um die Trümmer zu entfernen, bekamen gesundheitliche Probleme.

W

Links: An diesem Platz stand der Südturm des World Trade Centers.

Unten: Bau des One World Trade Center am Ground Zero.

Versorgung. Rund 60 000 Personen nahmen an Gesundheitsprogrammen teil, die mit den Anschlägen vom 11. September im Zusammenhang standen.

Der Einsturz der Twin Towers hatte eine klaffende Lücke in die Skyline von New York gerissen. Tausende Menschen waren in den 110-stöckigen Türmen beschäftigt gewesen, und jedes Jahr hatten zahlreiche Touristen die Aussichtsplattform der Türme besucht.

Doch das World Trade Center war mehr als nur ein Bürogebäude oder eine Touristenattraktion gewesen. Es war ein Symbol des menschlichen Einfallsreichtums und der Finanzkraft der USA. Einst waren die Türme die höchsten Gebäude der Welt und galten als ein Wunderwerk der Ingenieurskunst. Das Loch in der Skyline soll nun mit einem noch größeren und schöneren Bauwerk gefüllt werden.

Im Sommer 2002 schrieben die Verantwortlichen für den Wiederaufbau einen Designwettbewerb für das neue Gebäude aus. Viele verschiedene Architekten, Designer und Ingenieure nahmen mit ihren Ideen daran teil. Letztendlich gewann das Design des Architekten Daniel Libeskind, an dem noch eine Reihe von Änderungen vorgenommen wurde.

Am 28. Juni 2006 bekam die Öffentlichkeit endlich einen ersten Eindruck vom neuen Design. Die Mitte des Entwurfs zierte ein massiver Glasturm, der ursprünglich „Freedom Tower“ heißen sollte, dann aber „One World Trade Center“ getauft wurde. Das neue Gebäude soll auf rund 240 000 Quadratmetern Platz für Büros, Restaurants und eine Aussichtsplattform bieten. Der 104-stöckige Turm wird rund 541 Meter hoch sein, mit einer 124 Meter hohen Spitze.

Bei seiner Fertigstellung Ende 2013 oder Anfang 2014 wird der Turm das höchste Gebäude der USA sein. Auf dem Gelände sollen auch noch drei weitere Wolkenkratzer stehen. Sie alle umringen das „National September 11 Memorial & Museum“, ein Mahnmal für die Opfer und Überlebenden der Anschläge.

Zwei der Stahlträger aus den alten Twin Towers werden im gläsernen Eingangsbereich des Museums ausgestellt. Das Museum soll die Geschichten der Toten, der Überlebenden und der Rettungskräfte erzählen. Die Besucher können sich die Überreste der „Survivor Stairs“ ansehen: Über diese Betontreppe flohen hunderte Menschen vor der Zerstörung. Teil des Mahnmals ist auch eine Liste mit den Namen der Verstorbenen.

Am 2. Mai 2011, fast 10 Jahre nach den Anschlägen, töteten die Amerikaner den meistgesuchten Mann der Welt: Bin Laden hatte sich im Norden Pakistans verschanzt, in einem abgeschiedenen, ummauerten Lager nahe einer pakistanischen Militärbasis. Mitten in der Nacht stürmten Soldaten der US Navy Seals das Lager und erschossen Osama bin Laden. Die jahrelange Arbeit der Geheimdienste gipfelte letzten Endes in dieser Aktion.

Fast 3000 Personen starben bei den Anschlägen. Ihnen sind viele Gedenkstätten gewidmet, und an jedem Jahrestag werden in New York die Namen der verstorbenen Opfer verlesen.

AUF EINEN BLICK

Die Anschläge vom 11. September 2001 gehören zu den schockierendsten Ereignissen der Neuzeit. Sie erschütterten die USA in ihren Grundfesten. Die Bilder dieses Schreckenstages werden die US-Bürger nie vergessen, auch wenn ein neues Gebäude die Lücke füllt.

UNTERZEICHNUNG DER MAGNA CARTA

RUNNYMEDE, ENGLAND
1215

Oben: Die Wappen der Barone und die königlichen Siegel zieren dieses Faksimile der Magna Carta.

Rechts: Das Gemälde zeigt König Johann beim Unterzeichnen der Magna Carta in Runnymede im Jahr 1215.

Die Magna Carta („Großer Freibrief") ist das berühmteste Dokument, das je verfasst wurde, und eines der wichtigsten im Europa des Mittelalters. Sie sollte die Rechte des Adels vor dem habgierigen König Johann Ohneland schützen. Johann erhöhte die Steuern immer weiter, um seine größtenteils erfolglosen Kriege gegen Frankreich zu finanzieren. Die Urkunde verankerte aber auch die Rechte aller freien Bürger des Reichs auf faire Gesetze und kostenlosen Zugang zu Gerichten und enthielt die „habeas corpus"-Klausel, die besagte, dass es keine Gefangenschaft ohne Gerichtsverhandlung geben durfte. Sie war quasi die erste Freiheitsurkunde.

König Johann unterzeichnete die Urkunde höchst widerwillig in Runnymede nahe Schloss Windsor. Die Barone hatten London eingenommen und den König ergriffen. Sie hatten dabei die Unterstützung der Bürger (und würden sich dafür revanchieren). Die Barone respektierten zwar das Recht des Königs, zu regieren, aber sie waren empört über die gewaltigen feudalen Abgaben und Steuern sowie über die Art der Abgabe: Wer beim König in Ungnade gefallen war, bezahlte oft horrende Steuern, während seine Günstlinge entschuldigt waren. Die Kriege in Frankreich erschienen wie der Versuch des Königs, alte Schulden zu begleichen. Kurz nach der beschämenden Niederlage der Engländer bei Bouvines in Frankreich entschieden sich die Adeligen zum Zusammenschluss.

Aufgrund des gegenseitigen Misstrauens wurden Klauseln in der Magna Carta festgelegt, die den Baronen die Durchsetzung des Freibriefs durch einen 25-köpfigen Rat ermöglichte. Den Baronen war bewusst, dass bei einer Auflösung ihrer Armeen der König seine Autorität geltend machen und sie vernichten würde. Darum blieben sie gerüstet. Und ihre Sorgen waren begründet. Sobald Johann wieder in London war, bat er den Papst um Erlaubnis, seinen Eid aufzulösen, was ihm auch gewährt wurde.

Die Unfähigkeit des Königs, nach Treu und Glauben zu handeln, zwang die Barone zu solchen Maßnahmen. Johann hatte sich auch mit den Adeligen und den Kriegen übernommen. Als klar wurde, dass sich der König nicht an die Magna Carta halten würde, mussten die Barone entscheiden, ob sie ihm gehorchen oder ihn enttrohnen sollten. Sie waren sich uneins und darum erleichtert, als der König im Oktober 1216 starb. Ironischerweise hatten die nachfolgenden Herrscher mehr Macht als Johann, doch die Magna Carta blieb bestehen und wurde in verschiedenen Fassungen neu aufgelegt. Selbst heute noch sind Teile davon rechtsgültig, auch wenn der Schutz durch die „habeas corpus"-Klausel seit dem Anti-Terrorgesetz von 2005 von vielen als nicht mehr gegeben angesehen wird.

AUF EINEN BLICK

Die Magna Carta wurde von den Baronen erstellt und 1215 vom englischen König Johann anerkannt. Das Dokument beschränkte u. a. die Besteuerung der Barone durch den König. Vor allem jedoch sicherte es die Rechte aller freien Bürger und gilt daher als die erste Menschenrechtserklärung und als Vorbild für spätere britische, kanadische und US-amerikanische Gesetze.

Oben: Künstlerische Darstellung der Landung des Christoph Kolumbus in der Neuen Welt.

KOLUMBUS BETRITT AMERIKA

BAHAMAS
12. OKTOBER 1492

Die Ankunft des italienischen Abenteurers Cristoforo Colombo (im Deutschen bekannt als Christoph Kolumbus) in der Neuen Welt markierte den Beginn der spanischen Kolonisierung Amerikas. Kolumbus war zwar nicht der erste Entdecker Amerikas – das waren die Vorfahren der amerikanischen Ureinwohner sowie die Wikinger, Iren, Phönizier und andere Völker östlich des Atlantiks –, aber es waren seine Forschungsreisen, die weitere Europäer auf den Kontinent bringen und ihn dauerhaft verändern sollten. In den USA wird heute noch der zweite Montag im Oktober als Kolumbus-Tag gefeiert.

Kolumbus war auf der Suche nach einer neuen Handelsroute nach Ostasien. Seine Reisen wurden von König Ferdinand und Königin Isabella von Spanien finanziert. Im Wissen, dass die Erde rund war, dachte er, dass der Weg von Europa nach Ostasien in Richtung Westen kürzer und einfacher wäre als die gefährlichen Handelswege über Land und Küsten des heutigen Nahen Ostens. So eine Route würde Spanien beträchtlichen Einfluss auf den einträglichen Handel mit Gewürzen bringen, der bis dahin in der Hand der Araber und Italiener gelegen hatte.

Im Jahr 1492 stach er von Spanien aus in See. Er machte mit seinen drei Schiffen „Santa Maria", „Pinta" und „Santa Clara" (später umbenannt in „Niña") einen Zwischenstopp auf den Kanarischen Inseln, um Vorräte aufzustocken. Er erreichte die Bahamas am 12. Oktober.

Da er den Erdumfang unterschätzt hatte, glaubte er, Indien erreicht zu haben – weswegen die Inseln den Namen „Westindische Inseln" erhielten. Sein tatsächlicher Anlegeort ist umstritten. Die drei populärsten Vermutungen sind Watling Island (das heutige San Salvador), Cat Island und Grand Turk.

Seine Beweggründe waren einerseits persönlicher Natur (man hatte ihm einen Anteil an den Reichtümern – Gold, Perlen und Gewürze – versprochen) und andererseits die Verbreitung des christlichen Glaubens. Aber seine Crew behandelte die Einheimischen, besonders die Frauen, sehr schlecht. Am 25. Dezember verlor er sein größtes Schiff, die „Santa Maria", nachdem sie auf Grund gelaufen war.

Kolumbus kehrte also ohne die versprochenen Schätze nach Europa zurück. Ferdinand und Isabella verliehen ihm dennoch den Titel „Admiral des Ozeans".

Er unternahm drei weitere Reisen, die letzte davon 1502, aber er schaffte es nie bis nach Indien und Fernost, seine ursprünglichen Ziele. Er erreichte auch nie das amerikanische Festland, nur Kuba (das er für China hielt) und viele andere karibische Inseln. Bis zu seinem Tod im Jahr 1506, zwei Jahre nach seiner vierten Reise, war er davon überzeugt, dass er die Ostküste Asiens bereist hatte.

AUF EINEN BLICK

Historisch gesehen verband Christoph Kolumbus die Alte Welt des 15. Jahrhunderts (Europa, Asien, Afrika) mit der Neuen Welt (Amerika und die umliegenden Inseln). Die Landung in Amerika im Jahr 1492 auf seiner ersten von vier Reisen wird in den USA heute noch als Kolumbus-Tag gefeiert.

Links: Nachbauten der „Pinta", der „Santa Maria" und der „Niña" stechen 500 Jahre nach Kolumbus in See.

Oben: Ein Porträt Ferdinand Magellans, der die Sterne als Navigationshilfe benutzt.

MAGELLAN SEGELT NACH SÜDAMERIKA

SEVILLA, SPANIEN
10. AUGUST 1519

Im August 1519 stach der portugiesische Seefahrer Ferdinand Magellan mit der „Trinidad" und vier weiteren Schiffen in See. Wie Kolumbus vor ihm wollte auch er in westliche Richtung über Amerika nach Ostasien segeln, anstatt die bestehenden Handelsrouten über das Land und entlang der Küsten im Osten zu nutzen. Magellan wurde spanischer Staatsbürger und segelte im Dienste Spaniens. Auch er hielt den Pazifischen Ozean für weitaus kleiner als den Atlantik. Auf den damaligen Landkarten lag Japan nur einige hundert Kilometer westlich von Mexiko.

Magellan erreichte zunächst Brasilien und segelte dann in Richtung Süden, auf der Suche nach einem Fluss, der ihn quer durch den Kontinent auf die andere Seite bringen würde. Diese Suche verlief jedoch erfolglos. Im Jahr 1520 entdeckte er schließlich die Meerenge, die man heute als Magellanstraße kennt und die zwischen der südlichsten Spitze des südamerikanischen Kontinents und der Insel Feuerland verläuft. Magellan war der erste Europäer, von dem wir wissen, dass er diese Insel erreicht hat.

Er durchsegelte die Meerenge bis in den Ozean, den er wegen des ruhigen Seegangs „Pazifik" nannte (*tepre pacificum*, „friedlicher Ozean"). Drei Monate lang segelte er weiter. Aber seinen Männern ging es schlecht, und sie aßen Ratten und tranken verschmutztes Wasser, um zu überleben.

Es war kein Land in Sicht, bis Magellan im März 1521 die Philippinen erreichte. Am 27. April wurde er in der Schlacht von Mactan getötet. Er hatte versucht, die Einheimischen zum Christentum zu bekehren. Die Expedition benötigte 18 Monate, um Afrika zu umsegeln und nach Spanien zurückzukehren. Von 250 Matrosen hatten nur 18 die Reise überstanden, und auch nur eines der fünf Schiffe, die „Victoria". Aber im September 1522 waren die überlebenden Crewmitglieder die ersten Menschen, von denen bekannt war, dass sie die Welt umsegelt hatten. Ihre Reise hatte drei Jahre gedauert.

Magellans Expedition hatte bewiesen, dass man Asien von Europa aus in westlicher Richtung erreichen konnte. Es gelang ihm jedoch nicht, einen kürzeren Weg von Spanien nach Asien zu finden. Seine Route war viel länger als der Weg um Afrika. Dennoch trug seine Reise zum besseren Verständnis der tatsächlichen Größe der Erde bei. Die Reise war im Logbuch mit 14 460 spanischen Leguas vermerkt – 60 440 Kilometer. Die Crew fand auch heraus, dass sie trotz penibler Zeitmessung bei ihrer Rückkehr einen Tag im Rückstand waren. So erkannte man die Notwendigkeit der Einführung einer Datumsgrenze.

Rechts: Diese Landkarte aus dem 17. Jahrhundert zeigt die Magellanstraße, die verbindende Meerenge zwischen dem Atlantischen und dem Pazifischen Ozean.

AUF EINEN BLICK

Ferdinand Magellans Expedition von 1519 bis 1522 war die erste bekannte Weltumsegelung, auch wenn er sie nicht überlebte. Er durchsegelte die Meerenge an der Spitze Südamerikas, die den Atlantik und den Pazifik verbindet, und gab ihr seinen Namen.

Exquisita & magno aliquot mensium periculo lustrata et iam retecta Freti Magellanici Facies.
Eÿgentlicke afbeeldinghe der Magellanischer Strate die nu met veel gevaers ettelijcke Maenden doorsien, van nieus ondecktis.
Het Derde Nau
Capo Forward
Elisabeths Baij
Mossel Baij
Capo d'Hollandt
Cordes Baij
Pinguyns Eijlanden
Het tweede Nau
t'Eerste Nau
MAR
DEL
NORT
AME
RI
P
R
Dese Eÿlanden die in gheene Pascaerten aengeteeckent bevonden en worden, Liggen van d'incomste der Strate Magellani O.N.O verscheÿden 50 mÿlen op de hoochde van 51 graden.

NIEDERLAGE DER SPANISCHEN ARMADA

ÄRMELKANAL

1588

Im Juli 1588 wurde die Armada, die 130 Schiffe starke spanische Kriegsflotte, von der britischen Flotte mit dem schillernden Sir Francis Drake unter dem Befehl von Charles Howard zurückgeschlagen. Die Spanier wollten Soldaten aus den Niederlanden (damals in spanischer Hand) nach England bringen, aber ihr Vorhaben war zum Scheitern verurteilt.

Spanien agierte aus drei Gründen: Erstens gefährdeten englische Freibeuter das spanische Handelsmonopol für Amerika. Zweitens wollte der Katholik Philip II. die seit der Krönung Elisabeths I. bestehende Vorherrschaft der Protestanten in England unterbinden, die er als „großes Übel" empfand. Drittens war auch in den Niederlanden der Protestantismus auf dem Vormarsch, und England unterstützte das Land im Widerstand gegen die spanische Herrschaft.

Die Armada, darunter 22 Kriegsgaleonen, segelte in halbmondförmiger Formation, um den schwerfälligen Galeonen in ihrer Mitte größtmöglichen Schutz zu bieten. Als sie am 29. Juli die Küste Cornwalls ansteuerte, warnte eine Reihe von Signalfeuern auf den Hügeln Englands die Königin in London vor dem heranrückenden Feind.

Von Sir Francis Drake ist überliefert, dass er vor der Schlacht noch ganz gelassen sein Bowls-Spiel beendete, aber Gezeiten und Wind waren ungünstig und ein früherer Aufbruch wäre ohnehin nicht sinnvoll gewesen. Beim Aufeinandertreffen der beiden Flotten konnten die britischen Kanonen den massiven Balken der Galeonen nichts anhaben. Aber als die Spanier nachts vor Calais ankerten, um auf Verstärkung aus den Niederlanden zu warten, entzündete Drake einige Brandschiffe, die zwischen die spanischen Schiffe trieben.

In Panik zerstreute sich die Armada, und die spanischen Galeonen waren dem Kanonendonner der Engländer ausgesetzt. Noch dazu verhinderte das schlechte Wetter die bevorzugte Taktik der Spanier: Breitseiten auf die feindlichen Schiffe abfeuern und diese dann entern. Drei ihrer Galeonen wurden versenkt, 600 Männer getötet und 800 verletzt. Den Flüchtenden wurde im Ärmelkanal von Gegenwind und den Engländern der Weg versperrt, sodass sie entlang der englischen Ostküste und über Schottland in die Heimat segeln mussten.

Von den 130 ausgesandten Schiffen kehrten nur rund 60 nach Spanien zurück. Über 20 000 spanische Matrosen und Soldaten waren umgekommen, wohingegen die Engländer keine Schiffe und nur 100 Männer verloren hatten. Jedoch starben über 7000 englische Seeleute an Krankheiten wie der Ruhr und Typhus. Der besiegte König Philip II. gab die Schuld an der Niederlage dem Wetter und sagte: „Ich schickte euch in den Krieg gegen Männer, nicht gegen Wind und Wellen". Wie dem auch sei, der Ruf Sir Francis Drakes hatte sich erheblich verbessert, während Spaniens Ruf als Weltmacht beträchtlichen Schaden erlitten hatte.

Oben: Vor der Schlacht beendet Sir Francis Drake noch seine Partie Bowls in Plymouth.

Links: Die Spanische Armada segelt im Ärmelkanal ihrem Schicksal entgegen.

AUF EINEN BLICK

Der spanische König Philip II. schickte im Sommer 1588 die Armada in den Krieg gegen England. Ihre Niederlage markierte auch den Niedergang Spaniens als europäische Großmacht sowie das Ende des spanischen Handelsmonopols für Nordamerika und Asien. Sir Francis Drake wurde zum Volkshelden, der erst sein Bowls-Spiel erledigte und dann den Feind.

Oben: Eine Abbildung von James Hargreaves' „Spinning Jenny".

Links: Eine Frau bei der Arbeit in einer automatisierten Spinnerei im frühen 20. Jahrhundert.

ERFINDUNG DER SPINNMASCHINE

LEIGH, LANCASHIRE, ENGLAND

1764

Die Erfindung der „Spinning Jenny", der ersten Spinnmaschine, war ein Meilenstein der frühen industriellen Revolution. Sie ermöglichte die Massenproduktion von Baumwollgarn, unerlässlich für die Herstellung von Stoffen. Mit dieser Mechanisierung verlagerte sich die Stoffproduktion vom Heimgewerbe in die Fabriken, in die „finsteren satanischen Mühlen" des industrialisierten Englands.

Wie bei vielen bedeutenden Erfindungen gab es auch hier mehrere mögliche Erfinder und mehrere Wegbereiter. Im Jahr 1733 ließ John Kay den Schnellschützen patentieren, ein „fliegendes" Schiffchen, mit dem ein Weber Stoffe breiter als die Länge seines Arms weben konnte. Im Jahr 1760 erfand sein Sohn Robert die Wechsellade, mit der man auf einem einzelnen Webstuhl aus drei Farben von Schussfäden (das sind die quer gewebten Fäden) Muster weben konnte. Die Herstellung von breiteren Stoffen mit mehreren Fäden erforderte mehr Garn. Die erste „Spinning Jenny" arbeitete mit sechs Spindeln gleichzeitig; zuvor war nur eine Spindel möglich gewesen.

Eigentlich soll sie bereits 1764 von Thomas Highs in Leigh erfunden worden sein, aber seine Idee wurde drei Jahre später von James Hargreaves in Blackburn weiterentwickelt. Dessen neue Maschinen wurden von wütenden Arbeitern zerstört, die dadurch ihre Jobs bedroht sahen. Und das zu Recht: Zehn Jahre später gab es bereits 20 000 Spinnmaschinen in Großbritannien.

Hargreaves floh nach Nottingham und traf dort auf den Unternehmer Richard Arkwright, der die Spinnmaschine weiterentwickelte und sie mit einem Wasserantrieb ausstattete. Arkwright eröffnete seine erste wasserbetriebene Spinnerei in Cromford (Derbyshire) und besaß schließlich Fabriken von Lancashire bis Lanarkshire in Schottland. Auch er hatte mit Widerstand zu kämpfen, als protestierende Arbeiter 1779 seine Fabrik in Birkacre (Lancashire) niederbrannten.

Im selben Jahr verband Samuel Crompton die Ideen von Arkwright, Hargreaves und Highs in der „Spinning Mule", einer Maschine, die noch feineres Garn als ihre Vorgänger spinnen konnte. Weitere Neuerungen folgten. Im Jahr 1785 wurde erstmals eine Spinnerei mit der von James Watt entwickelten Dampfmaschine betrieben, und Edmund Cartwright ließ einen mechanischen Webstuhl patentieren.

Cartwrights Webstühle waren 1792 in Manchester das Ziel von Brandstiftern. Aber weder sie noch die anderen Aufständischen konnten den Fortschritt aufhalten: Die neue Technik wurde auch in anderen Industrien eingesetzt. In kurzer Zeit veränderte die Mechanisierung nicht nur die Produktionsprozesse, sondern die gesamte britische Gesellschaft und sogar die Landschaft, deren Grün nun von Fabriken, Kanälen, Eisenbahnen und neuen Städten geprägt war.

AUF EINEN BLICK

Die Spinnmaschine war ein Symbol der industriellen Revolution, in der manuelle Arbeitskraft durch Maschinen ersetzt wurde, was den Fabrikanten größere Gewinne einbrachte. Der Widerstand der Arbeiter blieb nicht aus, war letzten Endes jedoch zwecklos.

You are therefore in pursuance of His
Majesty's Pleasure hereby required &
directed to put to Sea with the Bark
you command, so soon as the Observation of the Planet
Venus shall be finished, & observe the
following Instructions.
You are to proceed to the
southward in order to make discovery
of the Continent above mentioned until
you arrive in the Latitude of 40, unless
you sooner fall in with it. But not
having discovered it, or any evident
signs of it, in that Run, you are to
proceed in search of it to the Westward
between the Latitude beforementioned &
the Latitude of 35 until you discover
it, or fall in with the Eastern side of
the Land discovered by Tasman and
now called New Zealand.

JAMES COOK BEREIST DIE SÜDSEE

PLYMOUTH, ENGLAND
1768

Im Jahr 1768 verließ der Entdecker und Kartograf James Cook auf seinem umgebauten Kohleschiff, der „Endeavour", den Hafen von Plymouth. Er segelte Richtung Pazifik, um im Auftrag der Royal Society den Durchgang der Venus vor der Sonne zu beobachten. Dies sollte dabei helfen, die Entfernung von der Erde zur Sonne zu bestimmen.

Im Jahr 1770 erreichte Cook Neuseeland, das zuvor schon vom Holländer Abel Tasman entdeckt worden war. Er umsegelte und kartografierte die Nord- und Südinseln, bevor er gegen Westen weiterreiste. Als er an der Ostküste Neu-Hollands (dem späteren Australien) eintraf, nannte er seine Anlegebucht „Botany Bay" und das Land selbst „New South Wales". Am 26. August nahm er es für Großbritannien und König Georg III. in Besitz. Dann segelte Cook in Richtung Norden weiter und begann eine viermonatige Reise entlang der Ostküste des Kontinents.

Im Jahr 1788 folgte der britische Kapitän Arthur Phillip den Spuren Cooks und entdeckte einen idealen Naturhafen, den er nach dem damaligen britischen Innenminister Lord Sydney benannte. Nun begannen die Briten, den Kontinent zu besiedeln, vor allem durch die Verbannung von britischen Strafgefangenen.

James Cook war der Erste, der einen großen Bereich der australischen Küste genau kartografierte. In den zwölf Jahren, in denen er den Pazifik bereiste, erweiterte er das Wissen der Europäer über diese Gegend enorm. Auf seiner zweiten Reise (auf dem Schiff „Resolution") gelang es ihm, mit einer neuartigen Uhr und einem Azimutkompass die geografische Länge genauer zu bestimmen als je zuvor. Außerdem wusste er, wie wichtig der Verzehr von Gemüse war, um Skorbut vorzubeugen. Mangelhafte Ernährung auf langen Seereisen verursachte diese oft tödliche Krankheit. Auf Cooks erster Reise starb nicht ein Mann an Skorbut.

Zusammen mit Vasco da Gama und Kolumbus gehört James Cook zu den berühmtesten Entdeckern, und er hat die neuzeitliche Geschichte maßgeblich geprägt. Viele Orte an der Ostküste Australiens und in Neuseeland wurden nach ihm oder der „Endeavour" benannt, und viele der von ihm benannten Orte, wie Botany Bay oder die Whitsunday-Inseln im Great Barrier Reef, heißen auch heute noch so. Cook starb 1779 auf seiner dritten Entdeckungsreise auf Hawaii. In Greenwich in London erinnert bis heute eine Statue an ihn.

AUF EINEN BLICK

Im Jahr 1770 entdeckte der spätere Kapitän James Cook Australien. Er war ein fähiger, einfallsreicher Seefahrer und Navigator, der im Lauf seines Lebens sechs der sieben Kontinente besuchte. Zu Recht gilt er als einer der bedeutendsten Entdecker seiner Zeit.

Links: Landung in Botany Bay.

Kleines Bild: Kapitän Cooks Auftrag zur Entdeckung Australiens, ausgestellt im Nationalarchiv in London.

IN CONGRESS, JULY 4, 1776.

The unanimous Declaration of the thirteen united States of America,

When in the Course of human events it becomes necessary for one people to dissolve the political bands which have connected them with another, and to
ssume among the powers of the earth, the separate and equal station to which the Laws of Nature and of Nature's God entitle them, a decent respect to the opinions of mankind requires that th
hould declare the causes which impel them to the separation. —— We hold these truths to be self-evident, that all men are created equal, that they are endowed by their Crea
ith certain unalienable Rights, that among these are Life, Liberty and the pursuit of Happiness. — That to secure these rights, Governments are instituted among Men, deriving their j
owers from the consent of the governed, — That whenever any Form of Government becomes destructive of these ends, it is the Right of the People to alter or to abolish it, and to institute ne
overnment, laying its foundation on such principles and organizing its powers in such form, as to them shall seem most likely to effect their Safety and Happiness. Prudence, indee
ill dictate that Governments long established should not be changed for light and transient causes; and accordingly all experience hath shewn, that mankind are more disposed to suffe
vils are sufferable, than to right themselves by abolishing the forms to which they are accustomed. But when a long train of abuses and usurpations, pursuing invariably the same Obje
vinces a design to reduce them under absolute Despotism, it is their right, it is their duty, to throw off such Government, and to provide new Guards for their future security. — Such h
een the patient sufferance of these Colonies; and such is now the necessity which constrains them to alter their former Systems of Government. The history of the present King of Grea
Britain is a history of repeated injuries and usurpations, all having in direct object the establishment of an absolute Tyranny over these States. To prove this, let Facts be submitted to a
world. —— He has refused his Assent to Laws, the most wholesome and necessary for the public good. —— He has forbidden his Governors to pass Laws of immedia
nd pressing importance, unless suspended in their operation till his Assent should be obtained; and when so suspended, he has utterly neglected to attend to them. —— He has refuse
ass other Laws for the accommodation of large districts of people, unless those people would relinquish the right of Representation in the Legislature, a right inestimable to them and formidab
tyrants only. —— He has called together legislative bodies at places unusual, uncomfortable, and distant from the depository of their public Records, for the sole purpose of fatiguing them
ompliance with his measures. —— He has dissolved Represtative Houses repeatedly, for opposing with manly firmness his invasions on the rights of the people. —— He has refused
long time, after such dissolutions, to cause others to be elected; whereby the Legislative powers, incapable of Annihilation, have returned to the People at large for their exercise; the State rem
ng in the mean time exposed to all the dangers of invasion from without, and convulsions within. —— He has endeavoured to prevent the population of these States; for that purpose obs
ing the Laws for Naturalization of Foreigners; refusing to pass others to encourage their migrations hither, and raising the conditions of new Appropriations of Lands. —— He has obstructe
Administration of Justice, by refusing his Assent to Laws for establishing Judiciary powers. —— He has made Judges dependent on his Will alone, for the tenure of their offices, and the am
nd payment of their salaries. —— He has erected a multitude of New Offices, and sent hither swarms of Officers to harrass our people, and eat out their substance. —— He has kept am
s, in times of peace, Standing Armies without the Consent of our legislatures. —— He has affected to render the Military independent of and superior to the Civil power. —— He has com
ith others to subject us to a jurisdiction foreign to our constitution, and unacknowledged by our laws; giving his Assent to their Acts of pretended Legislation: — For Quartering large bod
armed troops among us: — For protecting them, by a mock Trial, from punishment for any Murders which they should commit on the Inhabitants of these States: — For cutting
ur Trade with all parts of the world: — For imposing Taxes on us with out our Consent: — For depriving us in many cases, of the benefits of Trial by Jury: — For transporting us
Seas to be tried for pretended offences — For abolishing the free System of English Laws in a neighbouring Province, establishing therein an Arbitrary government, and enlarging its Bou
o as to render it at once an example and fit instrument for introducing the same absolute rule into these Colonies: — For taking away our Charters, abolishing our most valuable Laws,
ltering fundamentally the Forms of our Governments: — For suspending our own Legislatures, and declaring themselves invested with power to legislate for us in all cases whatsoeve
He has abdicated Government here, by declaring us out of his Protection and waging War against us. —— He has plundered our seas, ravaged our Coasts, burnt our towns, and destroyed the
our people. —— He is at this time transporting large Armies of foreign Mercenaries to compleat the works of death, desolation and tyranny, already begun with circumstances of Cruelty & perf
carcely paralleled in the most barbarous ages, and totally unworthy the Head of a civilized nation. —— He has constrained our fellow Citizens taken Captive on the high Seas to bear Arms a
heir Country, to become the executioners of their friends and Brethren, or to fall themselves by their Hands. —— He has excited domestic insurrections amongst us, and has endeavoured to bring
nhabitants of our frontiers, the merciless Indian Savages, whose known rule of warfare, is an undistinguished destruction of all ages, sexes and conditions. In every stage of these Oppressions
ave Petitioned for Redress in the most humble terms: Our repeated Petitions have been answered only by repeated injury. A Prince, whose character is thus marked by every act which may define a Ty
unfit to be the ruler of a free people. Nor have We been wanting in attentions to our Brittish brethren. We have warned them from time to time of attempts by their legislature to extend an unwa
ble jurisdiction over us. We have reminded them of the circumstances of our emigration and settlement here. We have appealed to their native justice and magnanimity, and we have conjured the
y the ties of our common kindred to disavow these usurpations, which, would inevitably interrupt our connections and correspondence. They too have been deaf to the voice of justice an
nsanguinity. We must, therefore, acquiesce in the necessity, which denounces our Separation, and hold them, as we hold the rest of mankind, Enemies in War, in Peace Friends. ——
We, therefore, the Representatives of the united States of America, in General Congress, Assembled, appealing to the Supreme Judge of the world for the rectitude of ou
ntions, do, in the Name, and by Authority of the good People of these Colonies, solemnly publish and declare, That these United Colonies are, and of Right ought to be Free and Indepen
States; that they are Absolved from all Allegiance to the British Crown, and that all political connection between them and the State of Great Britain, is and ought to be totally dissolved; a
hat as Free and Independent States, they have full Power to levy War, conclude Peace, contract Alliances, establish Commerce, and to do all other Acts and Things which Independe
States may of right do. —— And for the support of this Declaration, with a firm reliance on the protection of divine Providence, we mutually pledge to each other our Lives, our For
nd our sacred Honor.

John Hancock

Button Gwinnett
Lyman Hall
Geo Walton.

Wm Hooper
Joseph Hewes,
John Penn

Edward Rutledge 1.

Thos Heyward Junr.
Thomas Lynch Junr.
Arthur Middleton

Samuel Chase
Wm Paca
Thos Stone
Charles Carroll of Carrollton

George Wythe
Richard Henry Lee
Th Jefferson

Robt Morris
Benjamin Rush
Benja Franklin
John Morton
Geo Clymer
Jas Smith
Geo Taylor
James Wilson
Geo Ross
Caesar Rodney
Geo Read

Wm Floyd
Phil Livingston
Frans Lewis
Lewis Morris
Richd Stockton
Jno Witherspoon
Fras Hopkinson
John Hart

Josiah Bartlett
Wm Whipple
Saml Adams
John Adams
Robt Treat Paine
Elbridge Gerry
Step Hopkins
William Ellery
Roger Sherman
Saml Huntington
Wm Williams

Oben: Der Konferenzraum in Philadelphia, in dem die Unabhängigkeitserklärung unterzeichnet wurde.

Links: Das historische Dokument selbst.

Nächste Seite: John Trumbulls Gemälde „Amerikanische Unabhängigkeitserklärung“ zeigt die Vorlage des Entwurfs der Unabhängigkeitserklärung vor dem Kongress.

UNABHÄNGIGKEITS-ERKLÄRUNG DER USA

PHILADELPHIA, USA
4. JULI 1776

Die Gründung der Vereinigten Staaten von Amerika im Jahr 1776 entstand aus dem Widerstand der Kolonien gegen die britische Herrschaft. Die britische Regierung hatte sich mit den Kriegen gegen Frankreich und Indien verschuldet und erhöhte die Steuern. Die Briten in Amerika lehnten dies jedoch ab, da sie bei Entscheidungen des Parlaments kein Mitspracherecht hatten. Ihr Leitspruch „Keine Besteuerung ohne Vertretung!“ drückte ihren Unmut aus.

Im September 1774 tagten zwölf Delegierte der autonomen Kolonien in Philadelphia und gründeten den ersten Kontinentalkongress, um eine Antwort auf die Forderungen Großbritanniens auszuarbeiten. Als ihre Verhandlungsversuche und sogar ihr Schreiben an König Georg III. keinen Erfolg brachten, fingen sie an, britische Waren und Dienstleistungen zu boykottieren.

Die Einwohner von Boston warfen aus Protest gegen die Steuern auf Tee und Zucker britischen Tee ins Meer und viele Siedler weigerten sich, die Stempelsteuer für Dokumente zu bezahlen. Der Siedler Patrick Henry sprach 1775 aus, was viele dachten, die sich bis dahin noch als Briten gefühlt hatten: Er forderte seine Landsleute auf, ihre Untertänigkeit beiseitezulegen und ihr Leben für das Streben nach Freiheit aufs Spiel zu setzen.

Im Jahr 1776 verabschiedete das britische Parlament den „Prohibitory Act“, der amerikanische Schiffe als feindlich erklärte und über amerikanische Häfen eine Blockade verhängte. Dieses Gesetz stärkte die öffentliche Unterstützung der Kolonien. John Adams, ein eifriger Verfechter der Unabhängigkeit, sagte dazu, dass das Parlament auf diese Art die amerikanische Unabhängigkeit bereits vor dem Kongress erklärt hätte.

Am 4. Juli 1776 unterzeichneten 55 Vertreter der 13 Kolonien die vorwiegend von Thomas Jefferson verfasste Unabhängigkeitserklärung. Darin proklamierten die Kolonien ihre Eigenstaatlichkeit und sagten sich von Großbritannien los. Rund 200 Exemplare wurden gedruckt und zur öffentlichen Bekanntmachung in den Kolonien verteilt. Das Originaldokument mit den Unterschriften der Kongressmitglieder befindet sich heute im Nationalarchiv.

Der Unabhängigkeitskrieg hatte bereits ein Jahr zuvor mit den Gefechten von Lexington und Concord begonnen, bei denen rund 55 Menschen starben. Der Krieg ging weiter mit der Unterstützung Frankreichs auf Seiten der Kolonien und endete 1783 mit der Unterzeichnung des Friedens von Paris. Dieser Vertrag erkannte die USA als eigenständigen Staat an, der sich in den Norden bis Kanada, in den Süden bis Florida und in den Westen bis zum Mississippi erstreckte. Die Verfassung der Vereinigten Staaten folgte fünf Jahre später.

Die Unterzeichnung der Unabhängigkeitserklärung wird in den USA an jedem vierten Juli, dem Unabhängigkeitstag, gefeiert.

AUF EINEN BLICK

Im Jahr 1776 unterzeichneten die 13 Kolonien in Nordamerika geschlossen die von Thomas Jefferson verfasste Unabhängigkeitserklärung und lösten sich vom britischen Empire los. Die neuen Vereinigten Staaten von Amerika wurden gegründet, weil die Kolonisten eine Besteuerung ohne parlamentarisches Mitspracherecht ablehnten. Heute gelten die USA als führende Kraft in der freien Welt.

Oben: König Ludwig XVI., vier Jahre vor seiner Hinrichtung im Jahr 1793.

Rechts: Eine zeitgenössische Darstellung des Sturms auf die Bastille von Jean-Pierre Houel.

STURM AUF DIE BASTILLE

PARIS, FRANKREICH
14. JULI 1789

Im Jahr 1787 war ein erfolgreiches Regieren Frankreichs bereits unmöglich geworden. Die Inflation grassierte, lange Kriege hatten die Staatskassen geleert und die veralteten Methoden der Land- und Feudalwirtschaft führten zu Hunger und Armut unter den Bauern. Die Minister des Königs Ludwig XVI. versuchten sich an politischen Reformen, aber der Adel, der diese als Angriff auf seinen Status sah, stellte sich ihnen in den Weg.

Im Mai 1789 gab der König dem Druck seiner Regierung und des Volks nach und beteiligte erstmals in der Geschichte die französischen Bürger an der Regierung. Die neue Konstituante tagte zum ersten Mal am 9. Juli, doch nur zwei Tage später überredeten die Adeligen den König dazu, seinen Finanzminister zu entlassen, der die Reformen unterstützt hatte.

Die Nachricht verbreitete sich in Paris wie ein Lauffeuer. Die Bürger vermuteten dahinter einen Gegenangriff des alten Regimes und protestierten, indem sie Steuerbüros und Warenlager für Lebensmittel plünderten. Waffen und Weizen wurden gestohlen, und es kam zu gewaltsamen Auseinandersetzungen. Am Morgen des 14. Juli plünderten die wütenden Demonstranten ein Lager von 30 000 Feuerwaffen und machten sich auf die Suche nach Munition.

Die Bastille war eine alte Festung, die so mangelhaft konstruiert war, dass sie bei allen sechs Belagerungen in ihrer 400-jährigen Geschichte eingenommen wurde. Das Ende ihrer Funktion als Gefängnis war bereits vor den Unruhen beschlossen worden. Am Tag ihrer Erstürmung befanden sich nur noch sieben Insassen innerhalb der Mauern. Der restliche Platz war jedoch mit großen Mengen an explosiven Materialien befüllt, und genau darauf hatte es der Mob abgesehen.

Die rasende Menge konnte die wenigen Wachen rasch überwältigen. Nach drei Tagen des Randalierens wollte sie nun Blut sehen und brachte den Gefängnisleiter auf brutale Weise um. In den Straßen von Paris feierte man mit Trinkgelagen – Berichte aus der Zeit besagen, dass viele vor lauter Erschöpfung tot umfielen. Doch die siegreichen Revolutionäre fanden noch die Kraft, die Bastille unverzüglich Stein für Stein abzureißen. Alles was von ihr übrigblieb, sind ein paar Grundmauern, die man heute noch in der U-Bahn-Station Bastille sehen kann, sowie Teile des Mauerwerks, die in der Brücke über die Seine an der Place de la Concorde verbaut wurden.

Die Bedeutung der Bastille als Gefängnis und Garnison war seither oft überschätzt worden. Ihre Kraft als Symbol für die gewaltsame Zerstörung der alten Ordnung ist jedoch unbestreitbar. Die Französische Revolution war der Beginn eines 60 Jahre dauernden politischen Umbruchs, der das gesellschaftliche Gefüge Europas veränderte. Der 14. Juli 1789 war der Anfang vom Ende des Feudalismus in Frankreich. An diesem Tag nahm das gewöhnliche Volk zum ersten Mal sein Schicksal in die eigene Hand.

AUF EINEN BLICK

Der Abriss der Bastille in Paris im Juli 1789 markierte den Beginn der Französischen Revolution. Das geknechtete Volk rebellierte gegen König Ludwig XVI. und den Adel, der es unterdrückt hatte. Heute ist Frankreich eine Republik und feiert jedes Jahr am 14. Juli den französischen Nationalfeiertag.

SCHLACHT BEI WATERLOO

BELGIEN
18. JUNI 1815

Achtzehn Jahre lang herrschte in großen Teilen Europas Krieg, ausgelöst von Napoleon Bonaparte und der Ausdehnung seines Reichs. Frankreich war zum Feind vieler Länder geworden, die sich zu einem Bündnis zusammenschlossen und im Jahr 1814 Paris einnahmen. Bonaparte wurde gefasst und auf die Insel Elba verbannt. Nicht einmal ein Jahr später, im Februar 1815, flüchtete er und ritt nach Paris. Dort nahm ihn das französische Volk mit Freuden wieder als Kaiser an, und große Teile der französischen Armee waren bereit, ihm zu dienen.

Großbritannien, Russland, Preußen und Österreich schlossen ein Bündnis, um Napoleon endgültig zu besiegen. Jedes der Länder stellte 150 000 Soldaten für die Invasion Frankreichs, die für den 1. Juli geplant war. Napoleon war jedoch ein genialer Feldherr und machte den ersten Schritt: Er griff die feindlichen Truppen einzeln an, bevor sie sich gegen ihn vereinen konnten.

Er fiel in Belgien ein und kämpfte am 16. Juni an zwei Fronten. Er besiegte die preußischen Truppen unter Feldmarschall Blücher bei Ligny und brachte die Briten unter Herzog von Wellington bei Quatre-Bras zum Stillstand. Wellingtons Truppen zogen sich nach Waterloo zurück, während sich die Preußen weiter östlich neu formierten.

Am Morgen des 18. Juni wurde bei Waterloo die Schlacht fortgesetzt. Zuerst rückte die Infanterie der Franzosen vor, wurde jedoch von britischen Geschützen und der Kavallerie zurückgedrängt. Dann sorgte ein Gegenangriff der französischen Reiterei für große Verluste bei den Briten. Als daraufhin die britischen Fußtruppen in dichtgedrängten Reihen vorrückten, gelang es der französischen Kavallerie trotz wiederholter Angriffe nicht, diese zu durchdringen. Zahlreiche Franzosen fielen dem verheerenden Geschützhagel aus britischen Musketen zum Opfer.

Den Franzosen gelang es jedoch, das strategisch günstig gelegene Bauernhaus La Haye einzunehmen, von wo aus ihre Artillerie die Briten unter Beschuss nahm. Napoleon entsandte die Kaiserliche Garde, um einen Weg zwischen den Briten hindurch zu finden und die neu eingetroffenen Preußen anzugreifen.

Doch zum ersten Mal in der Geschichte erlebte die Kaiserliche Garde eine Niederlage, besiegt von den britischen Gardisten und Infanteristen. Die Blamage der Garde ließ die Moral der Franzosen schwinden. Diesen Moment nutzte Wellington für einen allgemeinen Vormarsch. Die Franzosen flohen und wurden von der preußischen Kavallerie verfolgt und brutal niedergemetzelt, als Rache für deren Niederlage am Tag zuvor.

Bonaparte war am Ende. Er verließ Paris und versuchte, per Schiff nach Amerika zu entkommen. Aber die Royal Navy hatte die Häfen blockiert, und knapp zwei Wochen später ergab sich Napoleon. Diesmal wurde er auf die entlegene Insel St. Helena verbannt, wo er 1821 starb. Frankreichs Macht in Europa war gebrochen, und Großbritannien wurde erst 100 Jahre später wieder in einen großen Krieg verwickelt.

Oben: Napoleon im Exil auf der Insel Elba, vor seiner Niederlage bei Waterloo.

Links: Die Schlacht von Waterloo, dargestellt auf einem Gemälde von H. Chartier.

AUF EINEN BLICK

Napoleon wurde 1815 von den alliierten Truppen der Briten und Preußen besiegt. An dieser Niederlage zerbrachen nicht nur Geist und Körper des Kaisers, sondern auch der eiserne Griff Frankreichs über Europa, was den Kontinent veränderte. Napoleon wurde verbannt und starb sechs Jahre später im Exil.

ERÖFFNUNG DER LIVERPOOL–MANCHESTER–EISENBAHN

GROSSBRITANNIEN
15. SEPTEMBER 1830

Im Jahr 1823 wurde die Liverpool and Manchester Railway Company (L&MR) gegründet. Drei Jahre später genehmigte die britische Regierung den Bau der weltweit ersten öffentlichen Eisenbahnstrecke für den Personentransport. Die Linienführung gestaltete sich für den zuständigen Ingenieur George Stephenson äußerst schwierig: Die 51 Kilometer lange Strecke führte durch Berge und Täler und an einer Stelle sogar durch ein scheinbar bodenloses Torfmoor.

Oben: Züge auf der Liverpool-Manchester-Eisenbahn, illustriert von Clavell.

Rechts: Die „Northumbrian", die erste Lokomotive auf der Liverpool-Manchester-Eisenbahn. Das Bild entstand 1930 anlässlich der Hundertjahrfeier.

Als die Strecke fast fertig war, wurde auf einer Teststrecke ein Wettbewerb abgehalten, um die am besten geeignete Lokomotive zu ermitteln, die zwischen den beiden Städten verkehren sollte. Stephensons Lokomotive „Rocket" ging als Sieger aus dem Rennen hervor. Vor der endgültigen Eröffnung nahm Stephenson noch einige Verbesserungen vor, und so wurde es letztendlich seine Lokomotive „Northumbrian", die bei der Eröffnungsfahrt am 15. September 1830 Waggons voller hoher Gäste transportierte.

Die Strecke war zweispurig, und Stephenson wollte den Zug an einer Stelle anhalten, um den Ehrengästen einen Korso aus Lokomotiven auf den Nachbargleisen zu präsentieren. Einige der Passagiere nahmen die Pause zum Anlass, den Zug zu verlassen und sich die Beine zu vertreten. Ein Politiker stürzte, als er den heranfahrenden Zügen ausweichen wollte, und wurde von der „Rocket" überrollt. Er verstarb wenig später. So verwandelte sich die anfängliche Freude in Schrecken über den ersten Eisenbahntoten des Passagierverkehrs.

Trotz dieses tragischen Zwischenfalls hinterließ die Eröffnung der Liverpool-Manchester-Eisenbahn einen nachhaltigen Eindruck. Ihr unmittelbarer Erfolg – der auch die Kassen klingeln ließ – war der Beginn des Eisenbahnfiebers der 1830er- und 1840er-Jahre. Gegen Ende dieser beiden Jahrzehnte war Großbritannien von über 8000 Kilometern Schienen durchkreuzt und die Landschaft nicht mehr dieselbe.

Der Komfort und die Schnelligkeit der Eisenbahn machten Pferdekutschen für größere Entfernungen rasch überflüssig. Der Personenverkehr auf den heimischen Straßen blieb bis zur Erfindung des Autos eher gering. Die Güterzüge machten den Transportschiffen starke Konkurrenz, da man per Eisenbahn verderbliche Güter und dringende Post viel schneller liefern konnte als auf dem Wasserweg. Auch der Transport von Rohstoffen und Waren zwischen den Industriezentren des Landes wurde auf die Schiene verlegt.

Schließlich gelangten Eisenbahnen in die ganze Welt, zusammen mit Neuerungen wie der Spurweite, die Stephenson für L&MR entwickelte. Das 19. Jahrhundert ging als das Zeitalter der Eisenbahn in die Geschichte ein und Stephenson als Vater der Eisenbahnen.

AUF EINEN BLICK

Die Eröffnung einer 51 Kilometer langen Schienenstrecke zwischen den Industriezentren Liverpool und Manchester bestätigte die Eisenbahn als die Beförderungsart der Zukunft, ob für Personen oder Güter. Die Ära der Pferdekutschen war zu Ende. Bis zur Erfindung des Autos im folgenden Jahrhundert regierte die Eisenbahn.

NORTHUMBRIAN

Oben: *Ein Denkmal für William Wilberforce in der Westminster Abbey.*

Links: *Zeitgenössische Darstellung einer öffentlichen Anti-Sklaverei-Versammlung, die in der Exeter Hall in London abgehalten wurde.*

ABSCHAFFUNG DER SKLAVEREI IM BRITISCHEN EMPIRE

LONDON, GROSSBRITANNIEN
26. JULI 1833

Das Gesetz zur Abschaffung der Sklaverei von 1833 war der letzte Schliff am allmählichen gesellschaftlichen Umbruch, der rund 50 Jahre zuvor begonnen hatte. Im Jahr 1787 gründeten einige Quäker die „Gesellschaft zur Abschaffung der Sklaverei", und im selben Jahr betraute der britische Premierminister William Pitt der Jüngere den jungen Abgeordneten William Wilberforce mit dem Vorsitz der Abschaffungsbewegung im Parlament.

Wilberforce war ein evangelikaler Christ, und die Nonkonformisten und Andersgläubigen waren die stärksten Befürworter des humanitären Fortschritts. Aber die anglikanische Church of England, die Staatskirche, stand dem bestenfalls gleichgültig gegenüber. Einige ihrer Geistlichen besaßen sogar selbst Sklaven.

Das britische Volk lehnte im Lauf der Zeit den grausamen Sklavenhandel immer mehr ab, aber politische und persönliche Interessen verhinderten sämtliche Gesetze zu seiner Einschränkung. Zwar präsentierte Wilberforce dem Parlament seit 1789 fast jedes Jahr eine Gesetzesvorlage zur Abschaffung des Sklavenhandels, doch es benötigte fast 20 Jahre und eine neue Regierung, bis im Jahr 1807 sein Gesetz verabschiedet wurde.

Es war ein wichtiger erster Schritt, denn das Gesetz verbot den Sklavenhandel mit britischen Schiffen. Aber andere Länder, besonders Portugal, handelten weiterhin mit Sklaven, und der Besitz von Sklaven, wenn auch nicht ihr Transport, war nach wie vor erlaubt. Darum kämpfte Wilberforce weiter: Die Sklaverei selbst musste abgeschafft werden.

Im Jahr 1823 wurde eine neue Anti-Sklaverei-Gesellschaft gegründet, und Wilberforce veröffentlichte ein Pamphlet, in dem er mit gewohntem Nachdruck seine Meinung vertrat. Aber Jahre des Widerstands und der Enttäuschungen hatten ihn müde gemacht. Im Jahr 1825 zog er sich aus dem Parlament zurück, und 1830 führte er zum letzten Mal den Vorsitz der Anti-Sklaverei-Gesellschaft. Inzwischen hatte sich das Blatt jedoch gewendet, und der politische Wille, den Wilberforce so lange zu beeinflussen versucht hatte, spiegelte endlich die Unterstützung des Volks für dieses Anliegen wider.

Schließlich wurde das Gesetz zur Abschaffung der Sklaverei am 26. Juli 1833 im Unterhaus verabschiedet und trat am 1. August des folgenden Jahres in Kraft. Es gab noch immer Kompromisse: Sklaven konnten bis zu sechs Jahre lang als Arbeitskräfte gebunden bleiben, und die Regierung zahlte den Käufern über 20 Millionen Pfund an Entschädigung. Der bereits geschwächte William Wilberforce meinte dazu: „Gottlob durfte ich den Tag noch erleben, an dem England zwanzig Millionen Pfund für die Abschaffung der Sklaverei bezahlt." Drei Tage später starb er, am 29. Juli 1833.

AUF EINEN BLICK

Der lange, anstrengende Kampf gegen die Sklaverei forderte die Gesundheit und schließlich das Leben von William Wilberforce. Doch das Gesetz zur Abschaffung der Sklaverei von 1833 schenkte tausenden Menschen das Leben, als sich die anderen Politiker endlich der Meinung des Volks beugten und die Interessen der Führungsschicht zurückstellten.

Oben: Das südliche Querhaus des Kristallpalasts, der ursprünglich für die Weltausstellung von 1851 erbaut wurde, wird in Sydenham wieder aufgestellt.

Rechts: Ein zeitgenössischer Kupferstich des Hauptbereichs der Weltausstellung, mit Blick nach Osten.

ERSTE WELTAUSSTELLUNG

LONDON, GROSSBRITANNIEN

1. MAI 1851

Mitte des 19. Jahrhunderts war es in Großbritannien ruhig geworden. Seit ihrem Sieg über die Franzosen bei Waterloo hatten die Briten nicht mehr Krieg geführt. Sie hatten politische Umbrüche im eigenen Land und in anderen Ländern überstanden, wie das turbulente Jahr 1848, in dem es in vielen Staaten Europas zu bewaffneten Aufständen kam. Doch nun, dank der heimischen industriellen Revolution, befand sich Großbritannien im Wohlstand.

Die Idee einer Weltausstellung kam von Prinz Albert, dem deutschen Ehemann von Königin Viktoria. Nach anfänglicher Unbeliebtheit hatte er sich in der britischen Gesellschaft etabliert. Er gab der königlichen Familie die Rolle des Vorbilds für die britischen Familien, und er zeigte großes Interesse an der Politik des Landes.

Albert war ein moderner Mann, ein Bewunderer des Fortschritts und der Wissenschaft. Im Jahr 1843 wurde er zum Präsidenten der „Royal Society of Arts" ernannt, und als er deren alljährliche Ausstellungen sowie die Französische Industrieausstellung von 1844 sah, kam ihm die Idee, ein internationales Fest für Industriedesign in Großbritannien zu veranstalten.

Obwohl die Ausstellung beinahe gleich viele Exponate aus anderen Ländern wie aus Großbritannien zeigen sollte, ging es in erster Linie darum, die Errungenschaften des britischen Empires im Vergleich mit dem Rest der Welt besonders glänzen zu lassen. Auch das Ausstellungsgebäude selbst, der sogenannte Kristallpalast, war ein Wunderwerk der Technik und der Baukunst. Er war breiter als der Palast von Versailles und höher als Westminster Abbey, und seine rund 90 000 Quadratmeter Glas beherbergten problemlos mehrere ausgewachsene Bäume, die am Bauort im Hyde Park mitten in London standen.

Auf diese Weise zeigten die Briten der Welt, dass sie die Natur und die Wissenschaft zu beherrschen glaubten. Die Ausstellung gab ihnen ein Gefühl von Überlegenheit, Sicherheit und Selbstvertrauen, das sie die folgenden hundert Jahre moralisch stärkte. Aber die Ausstellung bot auch einen Rahmen für länderübergreifenden Ideenaustausch. Einige der Exponate aus dem Ausland, darunter auch jene der industriellen Erben der Briten, den USA und Deutschland, lenkten den Trend hin zu einfacheren Formen und effizienterer Massenproduktion.

Der Kristallpalast wurde nach der Ausstellung demontiert und im Londoner Süden wieder aufgebaut, wo er 1911 als Veranstaltungsort für das „Festival of Empire" vergangene Glanzzeiten wieder aufleben ließ. Im Jahr 1936 wurde er durch einen Brand zerstört.

Sechs Millionen Besucher kamen zwischen Mai und Oktober 1851 zur Weltausstellung, die für volle Kassen sorgte. Mit dem Erlös von 186 000 Pfund (über 16 Millionen Pfund bzw. 18,5 Millionen Euro nach heutigem Wert) wurden das Science Museum, das Natural History Museum und das Victoria and Albert Museum in Kensington gegründet.

AUF EINEN BLICK

Prinz Albert, der Ehemann von Königin Viktoria, war der geistige Vater von Großbritanniens Weltausstellung von 1815, auf der die Errungenschaften des Landes der Öffentlichkeit präsentiert wurden. Sie übertraf alle Erwartungen und war eine Inspiration für die ganze Welt. Von ihrem Erlös wurden drei Museen gegründet, die man auch heute noch besuchen kann.

BRITISH
TO THE GALLERIES.
TO THE GALL

Oben: Matthew C. Perry trifft den Abgesandten der japanischen Regierung in Yokohama.

Links: Schiffe der US-Marine segeln in den Hafen von Tokio.

ANGRIFF AUF TOKIO – JAPAN ÖFFNET SICH DEM WESTEN

TOKIO, JAPAN

8. JULI 1853

In der Mitte des 19. Jahrhunderts waren Japans Häfen für ausländische Schiffe geschlossen, mit Ausnahme von wenigen holländischen und chinesischen Handelsschiffen in Nagasaki. Japans Herrschaft, das feudale Tokugawa-Shogunat, verweigerte den Kontakt mit der Außenwelt, ganz gleich, ob wirtschaftlich oder diplomatisch. Die USA und andere Staaten hatten sich um Verständigung bemüht, wurden jedoch stets abgewiesen. Als 1849 Kapitän James Glynn die Freilassung einiger amerikanischer Matrosen in Nagasaki erreichte, riet er dem US-Kongress zu einer diplomatischen Mission – mit militärischer Unterstützung.

Die USA benötigten unbedingt Zugang zu den japanischen Häfen, um ihre kommerzielle Walfangflotte mit Kohlen und anderen Vorräten aufzufüllen. Der Handel mit Japan war dabei ein zusätzlicher Vorteil. Darum gab US-Präsident Millard Fillmore dem Seeoffizier Matthew C. Perry den Befehl, mit dem Ostindien-Geschwader der US Navy nach Japan zu segeln und dort diplomatische Beziehungen zu knüpfen.

Perry hatte in der Marine bereits viel erreicht. Im Jahr 1822 hatte er die karibische Insel Key West für die USA erobert. Während des Mexikanisch-Amerikanischen-Kriegs wurde er zum Kommandanten der „Home Squadron" ernannt und hatte 1847 den Angriff auf Tabasco in Zentralmexiko geführt. Auch war er als „Vater der Dampf-Marine" bekannt, der die US-Flotte modernisiert hatte.

Am 8. Juli 1853 segelten vier schwarze Schiffe in den Hafen von Tokio und sorgten für Erstaunen unter den Einheimischen, die noch nie ein Dampfschiff gesehen hatten. Die Japaner wiesen Perry an, nach Nagasaki weiterzusegeln, doch Perry weigerte sich und ließ seine Schiffe mit ihren verheerenden Granatkanonen das Feuer auf den Hafen eröffnen. Die Japaner erkannten, dass sie hiergegen machtlos waren, und ließen Perry einen offiziellen Antrag des US-Präsidenten für einen Vertrag überbringen.

Im Februar 1854 reiste Perry erneut nach Japan und erhielt ein Dokument, das den meisten Forderungen der USA zustimmte. Daraus entstand der Vertrag von Kanagawa oder der Amerikanisch-Japanische Freundschafts- und Handelsvertrag. Er machte die USA und Japan zu Handelspartnern und trug dazu bei, dass sich Japan auch anderen Ländern des Westens öffnete, was kulturelle Vielfalt brachte.

Diese Ereignisse führten zum baldigen Niedergang des Tokugawa-Shogunats und machten Japan zu einem modernen Staat. Matthew C. Perry erhielt vom US-Kongress eine Belohnung von 20 000 US-Dollar für seine Verdienste beim Aufbau von Handelsbeziehungen zwischen Japan und dem Rest der Welt.

AUF EINEN BLICK

Eine unverblümte Zurschaustellung ihrer militärischen Macht half den USA 1853 dabei, die stolzen Inselherrscher Japans für die westliche Welt zu öffnen. Der daraus entstehende Vertrag trug zu einer Veränderung der japanischen Regierungsform bei und schuf Kommunikationswege zwischen Japan und dem Westen, die für nahezu hundert Jahre offen blieben.

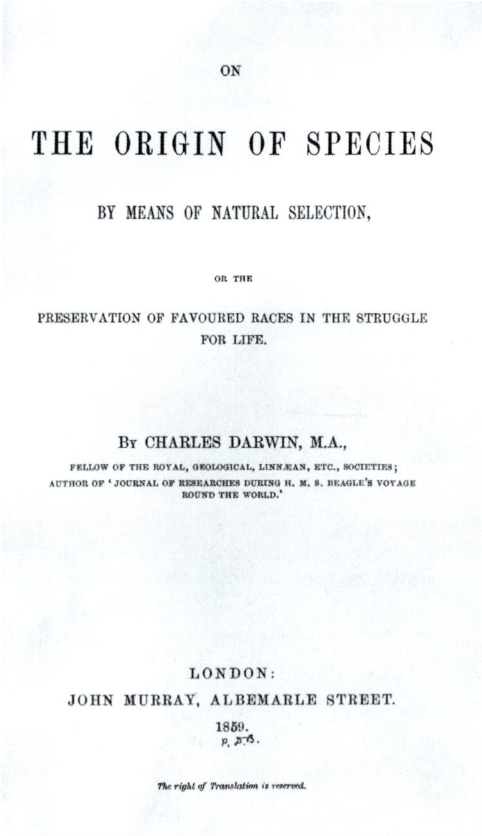

ON

THE ORIGIN OF SPECIES

BY MEANS OF NATURAL SELECTION,

OR THE

PRESERVATION OF FAVOURED RACES IN THE STRUGGLE FOR LIFE.

BY CHARLES DARWIN, M.A.,

FELLOW OF THE ROYAL, GEOLOGICAL, LINNÆAN, ETC., SOCIETIES;
AUTHOR OF 'JOURNAL OF RESEARCHES DURING H. M. S. BEAGLE'S VOYAGE ROUND THE WORLD.'

LONDON:
JOHN MURRAY, ALBEMARLE STREET.
1859.

The right of Translation is reserved.

Oben: Die Titelseite von Charles Darwins bahnbrechendem Werk „Über die Entstehung der Arten", das 1859 erschien.

Rechts: Ein Foto des Naturwissenschaftlers Charles Darwin aus dem Jahr 1875.

DARWIN UND DIE „ENTSTEHUNG DER ARTEN"

LONDON, GROSSBRITANNIEN
24. NOVEMBER 1859

Bereits als junger Mann zeigte Charles Darwin ein großes Interesse an der Naturkunde, die damals „natürliche Theologie" hieß. Damals glaubte man, dass Gott eine festgelegte natürliche Ordnung geschaffen habe und sämtliche Vielfalt auf Gottes Gesetzen beruhe. Doch Darwin beschäftigte sich mit neuen Evolutionstheorien, die bestehende christliche Ansichten in Frage stellten.

Als Medizinstudent in Edinburgh verbrachte er mehr Zeit mit dem Studium von wirbellosen Meerestieren als mit der Chirurgie, die er als verstörend empfand. Er wandte sich der Geologie zu und nahm an der zweiten Weltreise des Vermessungsschiffs „HMS Beagle" im Jahr 1831 teil. Auf dieser fünf Jahre dauernden Reise beschäftigte er sich mit Fossilien und der Pflanzen- und Tierwelt.

Seine Beobachtungen, wie jene über die verschiedenen Arten von Finken auf den Galapagosinseln, brachten ihn zur Annahme, dass es eine natürliche Selektion gebe. Er kam zu dem Schluss, dass eine Reihe von Veränderungen in einer bestimmten Spezies im Lauf der Zeit zur Entwicklung einer neuen Art führen konnte, wenn diese Veränderungen für das Überleben der Spezies in ihrem Lebensraum vorteilhaft waren.

Die am besten angepassten Arten überlebten. Diese Erkenntnis bedeutete, dass die natürliche Ordnung nicht von Gott festgelegt war, sondern dass sie sich den Umständen folgend ändern konnte – und sich bereits geändert hatte. Diese Theorie widersprach den vorherrschenden Meinungen der natürlichen Theologie, und Darwin war sich bewusst, dass seine Ansichten für Aufruhr sorgen konnten.

Während er seine Forschungen weiterführte und seinen Ruf als Biologe festigte, kamen andere Wissenschaftler unabhängig von ihm zu ähnlichen Schlüssen. Im Jahr 1844 erschien das anonym verfasste Buch „Spuren der Naturgeschichte der Schöpfung", das einen groben Umriss der Evolutionstheorie enthielt und den Zorn der Kirche auf sich zog. Es spornte Darwin und andere zu noch intensiverer Forschung an.

Eine Publikation des Wissenschaftlers Alfred Russel Wallace im Jahr 1855 überzeugte Darwin von der Notwendigkeit, seine Theorien zu veröffentlichen. Sein Buch „Über die Entstehung der Arten" erschien über 20 Jahre nach seiner Reise mit der Beagle. Um Kontroversen zu vermeiden, erwähnte sein Text mit keinem Wort die Evolution des Menschen. Dennoch bekam er die wütende Ablehnung jener zu spüren, die sich nicht vorstellen wollten, dass der Mensch „von den Affen" abstammen sollte.

Das Prinzip der Evolution wurde in der Wissenschaft rasch angenommen. Aber erst in den 1930er-Jahren wurde Darwins Theorie der natürlichen Selektion vollständig anerkannt. Heute gilt dieses Prinzip als Grundstein der Biowissenschaften, auch wenn christliche Fundamentalisten der jüngsten Zeit wieder dagegen vorgehen.

AUF EINEN BLICK

Der Wissensdrang des Medizinstudenten Charles Darwin erweiterte seinen Horizont über die Bibel hinaus und ließ ihn nach alternativen Theorien für Schöpfung und Evolution suchen. Sein Buch „Über die Entstehung der Arten" wurde trotz heftigen Widerstands zum Standardwerk.

DIE GATLING GUN

USA
1861

Die Gatling Gun sicherte sich ihren Platz in der Militärgeschichte, weil sie das weltweit erste Repetiergeschütz war, das durch die mechanische Rotation mehrerer Läufe um eine Achse schneller schießen konnte als jede Handfeuerwaffe. Die ununterbrochenen Salven feuerten bis zu 200 Schuss pro Minute ab – für die damalige Zeit eine gewaltige Feuerkraft. Sie gilt im Prinzip als eines der ersten Maschinengewehre.

Als Dr. Richard Gatling die Waffe 1861 zur Zeit des Amerikanischen Bürgerkriegs erfand, äußerte er die naive Hoffnung, dass die enorme Zerstörungskraft der Waffe für mehr Vorsicht unter zukünftigen Soldaten sorgen würde oder zumindest die Anzahl der Soldaten verringern könnte, die auf dem Schlachtfeld ihr Leben riskieren mussten.

Ihren ersten Einsatz hatte die Waffe in den Händen der Union bei ihrem Sieg über die Konföderierten im Amerikanischen Bürgerkrieg. Aufgrund ihrer unkonventionellen Bauweise gelang es Gatling jedoch nicht, die Regierung zu ihrem Kauf zu überreden. Aber General Benjamin F. Butler erwarb privat zwölf Stück für je 1000 US-Dollar und setzte sie 1864 an der Front bei Petersburg ein.

Die erste Gatling Gun wurde noch von einer Handkurbel angetrieben, darum war die erste echte vollautomatische Waffe das Maxim-Maschinengewehr des amerikanisch-britischen Erfinders Sir Hiram Maxim aus dem Jahr 1884, das die Energie des Rückstoßes zum Nachladen nutzte. Dadurch war die Waffe angenehmer zu bedienen und wirkungsvoller als die Gatling Gun. Die erste Gatling Gun, die Zündhütchen verwendete, wurde 1867 durch ein Modell abgelöst, das Metallpatronen verschoss und weniger zu Ladehemmungen neigte. Die US Army kaufte dieses neue Modell, das 600 Schuss pro Minute abfeuern konnte, in großer Stückzahl.

Gatling, der Sohn des Plantagenbesitzers und Erfinders Jordan Gatling, erfand nicht nur die nach ihm benannte Waffe, sondern ließ 1839 auch eine Sämaschine für Reis patentieren, aus der später eine Weizen-Drillmaschine entwickelt wurde. Im Jahr 1870 zog Richard Gatling mit seiner Familie nach Hartford, Connecticut, in die Nähe der Colt Armory – der Waffenfabrik, in der die Gatling Gun hergestellt wurde.

Im Jahr 1876 betrug die theoretische Feuergeschwindigkeit der Gatling Gun bereits 1200 Schuss pro Minute. Einige Zeit danach entwickelte man Gatling-ähnliche Waffen, bei denen ein Bruchteil des Gasdrucks aus dem Patronenlager zum Drehen der Läufe abgezweigt wurde. Noch später lieferten Elektromotoren den externen Antrieb.

Neue, verbesserte Modelle wurden bis ins frühe 20. Jahrhundert hergestellt, bis die Verbreitung des automatischen Maschinengewehrs die Gatling Gun in der US Army überflüssig machte. Den Gatling-Mechanismus sah man jedoch in den späten 1940er- und frühen 1950er-Jahren auf Flugzeugen wieder. Weiterentwickelte Modelle wurden außerdem im Vietnamkrieg häufig für Luft-Boden-Angriffe verwendet.

Oben: Richard Gatling erhielt Patente auf Drillmaschinen, Toiletten und Traktoren. Am bekanntesten ist jedoch seine Gatling Gun.

Rechts: Die Patentzeichnung für die Gatling Gun, das weltweit erste zweckmäßige mehrläufige Maschinengewehr.

Unten: US-Soldaten beim Einsatz einer Gatling Gun bei der philippinischen Revolte von 1899.

AUF EINEN BLICK

Die mehrläufige Gatling Gun, eines der ersten Maschinengewehre, wurde 1861 während des Amerikanischen Bürgerkriegs erfunden. Noch hundert Jahre später, im Vietnamkrieg, wurden Waffen mit diesem Rotationsmechanismus eingesetzt und zeugten von Gatlings Voraussicht.

No. 47,631.

R. J. Gatling

Battery Gun.

1½ Inch to 1 F't.

Patented May 9. 1865.

47 631

Fig. 1.

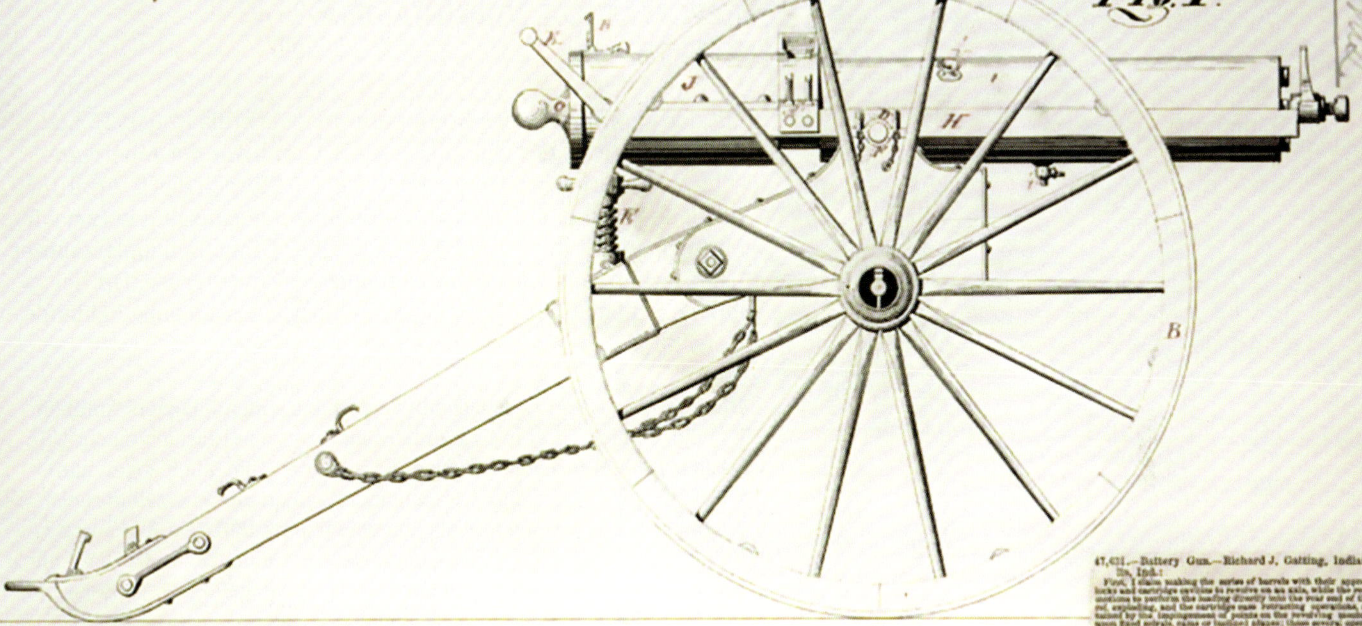

47,631.—Battery Gun.—Richard J. Gatling, Indianapolis, Ind.:

Fig. 2.

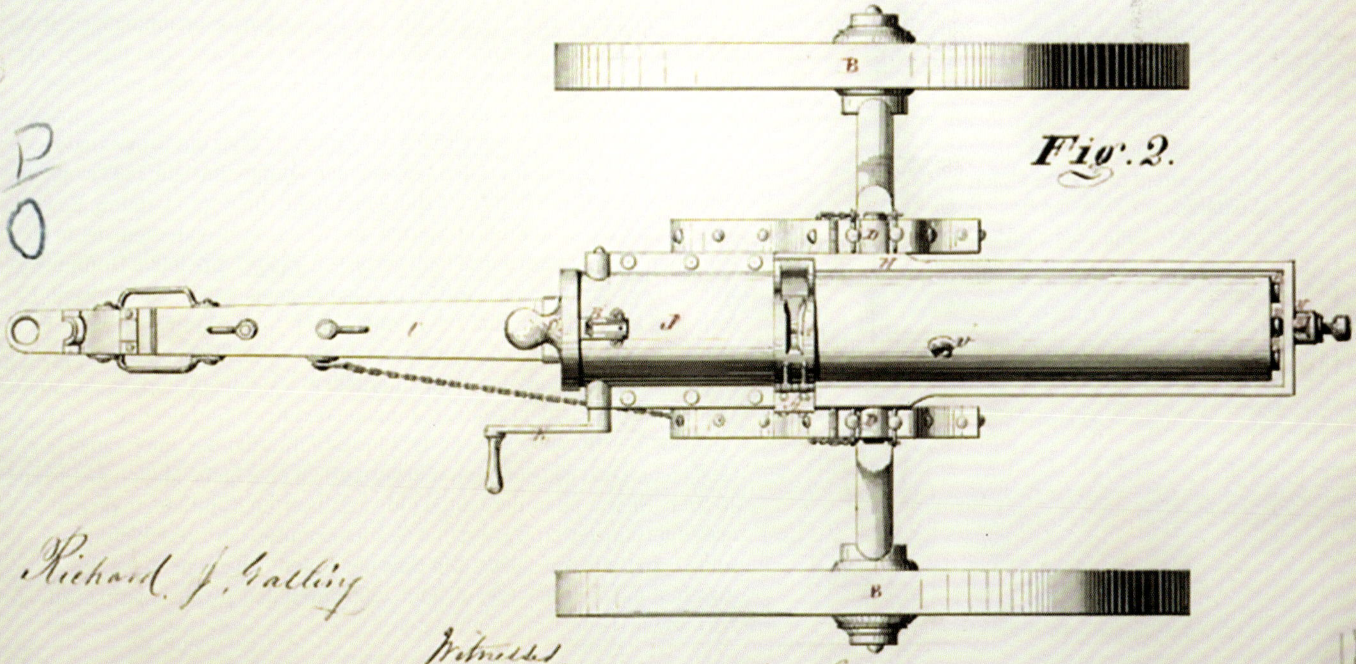

Richard J. Gatling

Witnesses

Edward H. Knight

Alex. A. C. Klaucke

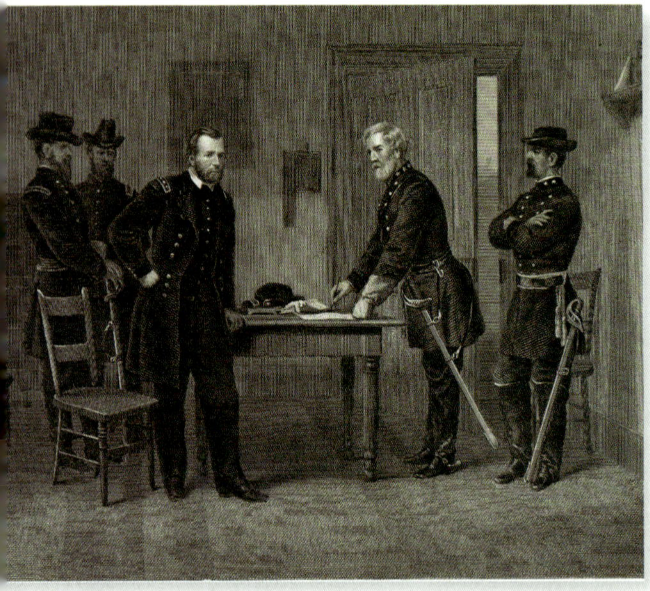

Oben: Lees Kapitulation vor Grant im Appomattox Court House beendete den Amerikanischen Bürgerkrieg.

Rechts: General Lee auf seinem Pferd Traveler nach dem Ende des Kriegs.

GENERAL LEE KAPITULIERT – ENDE DES AMERIKANISCHEN BÜRGERKRIEGS

APPOMATTOX, VIRGINIA, USA
9. APRIL 1865

Mit der Kapitulation des Konföderierten-Generals Robert E. Lee vor dem General der Union Ulysses S. Grant war der Amerikanische Bürgerkrieg im Grunde beendet. Am Morgen des 9. April 1865 handelten die beiden Männer die Bedingungen aus und kurz nach Mittag kapitulierte Lee offiziell gegenüber Grant. Schauplatz dieser historischen Begegnung war Appomattox Court House, Ort der letzten Schlacht des Appomattox-Feldzugs, dessen entscheidende Gefechte einige Wochen zuvor begonnen hatten.

Die Ursprünge des Kriegs lagen in der Wahl des Republikaners Abraham Lincoln, einem erklärten Gegner der Sklaverei, zum Präsidenten der USA im Jahr 1860. Während die Sklaverei im Norden allmählich abgeschafft wurde, war sie in den Südstaaten immer noch erlaubt und galt dort als wichtiger Wirtschaftsfaktor. Als Lincoln im März 1861 sein Amt antrat, hatten sich bereits sieben Südstaaten von der Union losgesagt: Den Anfang hatte South Carolina im Dezember 1860 gemacht, gefolgt von Mississippi, Florida, Alabama, Georgia, Louisiana und Texas.

Der Norden forderte daraufhin eine Armee aus Freiwilligen aus jedem Staat der Union an. Das führte dazu, dass sich auch die Grenzstaaten Virginia, Arkansas, Tennessee und North Carolina von der Union abspalteten und sich den neu gegründeten Konföderierten Staaten von Amerika anschlossen. Die Regierung Lincoln erklärte die Sezession für ungesetzlich und weigerte sich, die Konföderation als unabhängigen Staat anzuerkennen. Am 12. April 1861 kam es zu ersten Kampfhandlungen, als Truppen der Konföderierten Fort Sumter einnahmen, eine Festung der Union in Charleston, South Carolina.

Die Union erlangte rasch die Kontrolle über die Grenzstaaten, während Lee Erfolge im Osten verzeichnen konnte. Im Jahr 1863 siegte die Union bei Vicksburg und Gettysburg und teilte die Konföderation. Es war bereits klar, dass die Konföderierten den Krieg verloren hatten, dennoch kämpften sie fast zwei Jahre lang verbissen weiter. Ihre letzte Hoffnung war es, Lees Truppen aus North Virginia mit jenen von General Joseph E. Johnston in South Carolina zu vereinen, doch wegen Lees Niederlage in Appomattox im April 1865 kam es nie dazu. Die verbleibenden Truppen der Konföderation ergaben sich innerhalb eines Monats, und am 20. August 1865 erklärte Präsident Andrew Johnson den Krieg für beendet.

Der Bürgerkrieg war der blutigste Konflikt der amerikanischen Geschichte: 620 000 Soldaten und vermutlich eine halbe Million Zivilisten starben. Er war einer der ersten industrialisierten Konflikte, in dessen massenproduzierten Waffen und Grabenkämpfen der Erste Weltkrieg seine Schatten vorauswarf. Der Sieg der Union bedeutete die landesweite Abschaffung der Sklaverei im Jahr 1865 durch den 13. Zusatzartikel zur Verfassung der Vereinigten Staaten.

AUF EINEN BLICK

Der Konflikt um die Sklaverei war 1861 Auslöser des Amerikanischen Bürgerkriegs. Sieben Südstaaten (Befürworter der Sklaverei) erklärten ihre Unabhängigkeit von der Union; vier weitere folgten ihnen. Ihre Niederlage nach vier Jahren Krieg kostete über eine Million Soldaten und Zivilisten das Leben. Es dauerte lange, bis die Wunden dieses noch jungen Staats verheilt waren.

War Department, Washington, April 20, 1865.

$100,000 REWARD!

THE MURDERER

Of our late beloved President, ABRAHAM LINCOLN,

IS STILL AT LARGE.

$50,000 REWARD!

will be paid by this Department for his apprehension, in addition to any reward offered by Municipal Authorities or State Executives.

$25,000 REWARD!

will be paid for the apprehension of JOHN H. SURRATT, one of Booth's accomplices.

$25,000 REWARD!

will be paid for the apprehension of DANIEL C. HARROLD, another of Booth's accomplices.

LIBERAL REWARDS will be paid for any information that shall conduce to the arrest of either of the above-named criminals, or their accomplices.

All persons harboring or secreting the said persons, or either of them, or aiding or assisting their concealment or escape, will be treated as accomplices in the murder of the President and the attempted assassination of the Secretary of State, and shall be subject to trial before a Military Commission and the punishment of DEATH.

Let the stain of innocent blood be removed from the land by the arrest and punishment of the murderers.

All good citizens are exhorted to aid public justice on this occasion. Every man should consider his own conscience charged with this solemn duty, and rest neither night nor day until it be accomplished.

EDWIN M. STANTON, *Secretary of War.*

DESCRIPTIONS.—BOOTH is 5 feet 7 or 8 inches high, slender build, high forehead, black hair, black eyes, and wears a heavy black moustache.

JOHN H. SURRATT is about 5 feet 9 inches. Hair rather thin and dark; eyes rather light; no beard. Would weigh 145 or 150 pounds. Complexion rather pale and clear, with color in his cheeks. Wore light clothes of fine quality. Shoulders square; cheek bones rather prominent; chin narrow; ears projecting at the top; forehead rather low and square, but broad. Parts his hair on the right side; neck rather long. His lips are firmly set. A slim man.

DANIEL C. HARROLD is 23 years of age, 5 feet 6 or 7 inches high, rather broad shouldered, otherwise light built; dark hair, little (if any) moustache; dark eyes; weighs about 140 pounds.

GEO. F. NESBITT & CO., Printers and Stationers, cor. Pearl and Pine Streets, N. Y.

Oben: Ein Plakat mit einer ausgeschriebenen Belohnung für die Ergreifung von Lincolns Mörder.

Links: Zeitgenössische Darstellung des Attentats auf Abraham Lincoln durch John Wilkes Booth.

ABRAHAM LINCOLNS TOD

WASHINGTON D.C., USA
14. APRIL 1865

Am Karfreitag, den 14. April 1865, wurde Abraham Lincoln der erste US-Präsident, der während seiner Amtszeit einem Attentat zum Opfer fiel. Er sah sich mit seiner Frau und zwei Gästen ein Theaterstück im Ford's Theater an, als er in seiner Loge erschossen wurde.

Lincolns Mörder war der Schauspieler, Konföderierten-Sympathisant und Sklavereibefürworter John Wilkes Booth. Er war empört über Lincolns Vorhaben, die Sklaverei abzuschaffen. Mit der Niederlage von General Lee in Appomattox hatte der Süden den Amerikanischen Bürgerkrieg klar verloren, doch Booth glaubte noch immer an einen möglichen Sieg: Trotz der von Lee am 9. April unterzeichneten Kapitulationsurkunde kämpfte General Johnston weiter. Also wollten Booth und seine Mitverschwörer den Präsidenten und drei weitere hochrangige Regierungsmitglieder entführen, um so die Konföderation zu unterstützen. Als Booth erfuhr, dass Lincoln den ehemaligen Sklaven das Wahlrecht erteilen wollte, erzürnte ihn das so, dass er stattdessen ein Attentat plante.

Während andere Versuche gescheitert waren, gelang es Booth, den Präsidenten zu töten. Im Theater wartete er auf eine bestimmte Stelle im Stück, bei der laut gelacht wurde, sodass der Schuss kaum zu hören war. Lincolns Leibwächter war abwesend, und Booth konnte sich dem Präsidenten nähern und ihm in den Hinterkopf schießen. Lincoln brach zusammen und starb in den frühen Morgenstunden des nächsten Tages.

Nach dem Attentat sprang Booth auf die Bühne und rief „*Sic semper tyrannis*!" („So soll es immer den Tyrannen ergehen!"), das Staatsmotto von Virginia. Obwohl er sich dabei den Knöchel gebrochen hatte, konnte er im Getümmel entkommen und sich nach Virginia absetzen. Dort wurde er am 26. April 1865 auf der Flucht vor Soldaten der Union getötet.

Abraham Lincoln war der erste republikanische Präsident der USA. Zuvor war er Rechtsanwalt und Parlamentarier in Illinois sowie Mitglied des Repräsentantenhauses gewesen. Er galt als erbitterter Gegner der Sklaverei, und seine Wahl zum Präsidenten im Jahr 1860 hatte die Abspaltung der Südstaaten und den Beginn des Amerikanischen Bürgerkriegs zur Folge. Im Jahr 1862 erließ er die erste Emanzipations-Proklamation, die alle Sklaven in der Konföderation befreite. Mit einem Erdrutschsieg wurde er 1864 wiedergewählt. Sein primäres Wahlversprechen, die Abschaffung der Sklaverei, wurde im Dezember 1865 Gesetz, festgelegt im 13. Zusatzartikel zur Verfassung der Vereinigten Staaten.

Lincolns Führungsstil war dominant, aber gemäßigt. Sein Nachfolger Andrew Johnson und die radikalen Republikaner im Senat gingen jedoch härter gegen die Südstaaten vor, als Lincoln es geplant hatte. Die Ermordung Lincolns verzögerte somit die Versöhnung zwischen den Nord- und Südstaaten und die sogenannte „Reconstruction", die Wiedereingliederung und der Neuaufbau der USA, war ein langwieriger Prozess, der von 1865 bis 1877 dauerte.

AUF EINEN BLICK

Abraham Lincoln, der erste US-Präsident, der während seiner Amtszeit einem Attentat zum Opfer fiel, wurde 1865 getötet, aus Rache für seinen Einsatz gegen die Sklaverei im Amerikanischen Bürgerkrieg. Er starb für seine Überzeugungen, doch sein Tod hielt weder die Sklavenbefreiung auf noch änderte er den Ausgang des Kriegs, wie vom Mörder erhofft.

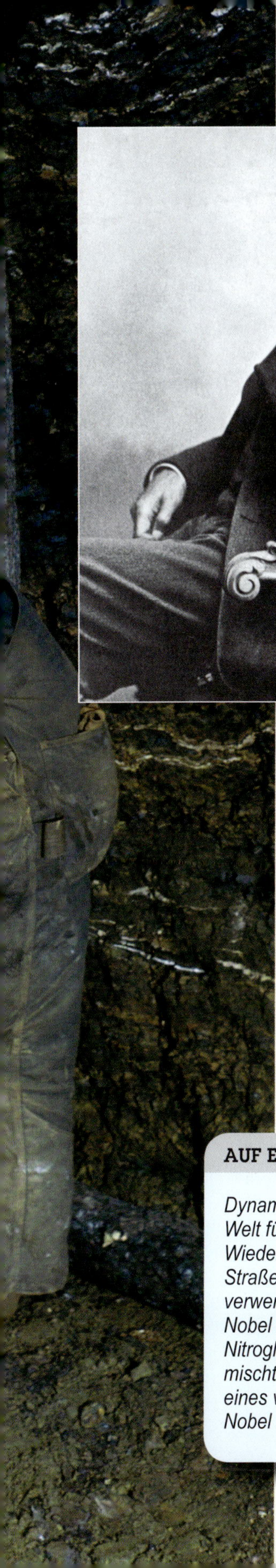

Oben: Der schwedische Chemiker und Ingenieur Alfred Nobel, Erfinder des Dynamits und Begründer des Nobelpreises.

Links: Bergarbeiter stecken Dynamit in eine Felswand, um Eisenerz zu fördern.

ERFINDUNG DES DYNAMITS

DEUTSCHLAND

1866

Alfred Nobel, mit dessen Millionen der nach ihm benannte Preis dotiert wird, verdankte den Großteil seines Vermögens seiner Erfindung des Dynamits. Er hatte eine bewegte Kindheit hinter sich: Sein Vater, ein Ingenieur und Erfinder, war in Alfreds Geburtsjahr 1833 in Konkurs gegangen und zog daraufhin mit der Familie nach St. Petersburg. Im Jahr 1850 schickte Nobels Vater seinen Sohn zum Studium der Chemietechnik ins Ausland.

Das Maschinenwerk von Nobels Vater florierte während des Krimkriegs, ging jedoch nach Kriegsende pleite. Alfred, der 1863 mit seinem Vater nach Schweden zurückkehrte, war verzweifelt auf der Suche nach neuen Produktionsmöglichkeiten. Sein Chemielehrer Nikolai N. Zinin brachte ihn auf die Idee mit dem Nitroglyzerin. Der italienische Chemiker Asciano Sobrero hatte es 1846 entdeckt, doch es war flüssig und schwierig zu handhaben.

Alfreds jüngerer Bruder Emil kam 1864 bei einem seiner Experimente mit Nitroglyzerin ums Leben, doch Alfred machte weiter und gründete in Stockholm die Firma Nitroglycerin AB. Zu dieser Zeit entwickelte Nobel auch einen Detonator (Sprengkapsel), der die Zündung mittels einer Stoßwelle statt durch Hitze auslöste.

Er gründete in Krümmel in der Nähe von Hamburg die Fabrik Alfred Nobel & Co. und im Jahr 1866 die United States Blasting Oil Company in den USA. Als das Werk in Krümmel durch eine Explosion zerstört wurde, wollte Nobel das Nitroglyzerin sicherer machen.

Bei Experimenten auf einem Floß auf der Elbe fand Nobel heraus, dass er das Nitroglyzerin mit Kieselgur (eine siliziumhaltige Ablagerung, auch Diatomeenerde genannt) mischen konnte und daraus eine pastöse Masse entstand, die man beim Bergbau in Bohrlöcher stecken und zünden konnte.

Er nannte diese Mischung „Dynamit" und erhielt 1867 für seine Erfindung das US-Patent mit der Nummer 78317. Das Dynamit machte Nobel bekannt und wurde schon bald auf der ganzen Welt im Tunnel-, Kanal- und Verkehrsbau für Sprengungen eingesetzt.

Nobel unternahm ausgedehnte Reisen und baute sich in den 1870er- und 1880er-Jahren in Europa ein Netz aus Fabriken auf. Im Jahr 1894 kaufte er eine Eisenhütte auf dem Gelände des schwedischen Rüstungsbetriebs Bofors, die zum Kernstück des Werks wurde.

Zum Zeitpunkt seines Todes im Jahr 1896 in Italien hielt Alfred Nobel 355 Patente in den Bereichen der Elektrochemie, der Optik, der Biologie und der Physiologie. In seinem Testament verfügte er, dass sein Vermögen für die Vergabe von fünf Preisen verwendet werden sollte, die Verdienste um den Frieden sowie wissenschaftliche und kulturelle Errungenschaften auszeichneten. Es gibt Nobelpreise für Physik, Chemie, Medizin, Friedensbemühungen und Literatur. Ein neuer Preis, der „von der schwedischen Reichsbank in Erinnerung an Alfred Nobel gestiftete Preis für Wirtschaftswissenschaften", wurde erstmals 1969 verliehen.

AUF EINEN BLICK

Dynamit wird auf der ganzen Welt für den Bau, Abriss und Wiederaufbau von Gleisen, Straßen, Tunneln und Kanälen verwendet. Sein Erfinder Alfred Nobel stellte es her, indem er Nitroglyzerin mit Siliziumdioxid mischte. Das Dynamit war eines von 355 Patenten, die Nobel zu Lebzeiten erhielt.

Oben: Ein Porträt des politischen Denkers und Autors Karl Marx.

Rechts: Der Lesesaal im Londoner British Museum, in dem Marx das „Kapital" verfasste. Foto aus dem Jahr 1900.

„DAS KAPITAL" ERSCHEINT

LONDON, GROSSBRITANNIEN

1867

Karl Marx gilt allgemein als der Vater des modernen Sozialismus. In seinem wichtigsten Werk „Das Kapital" entwickelte er seine radikalen Theorien über den Klassenkampf und die wirtschaftlichen Gesetzmäßigkeiten einer kapitalistischen Gesellschaft. Im Exil in London sah er mit eigenen Augen die harten Arbeitsbedingungen und die rücksichtslose Ausbeutung der Arbeiterschaft. Beeinflusst wurde er auch von den radikalen politischen Theorien seines Freunds Engels, dessen Ansichten er weitgehend teilte. Marx recherchierte für das „Kapital" im British Museum; der erste Band erschien 1867, der Rest war bei seinem Tod im Jahr 1883 noch unvollendet.

Marx führte den Ursprung des Kapitalismus auf die Zeit zurück, in der die Arbeiter vom Land und seinen Rohstoffen getrennt wurden. Sie waren dadurch gezwungen, für Eigentümer zu arbeiten, die genug Geld für Materialien und Grundstücke bezahlen konnten und dabei noch Gewinne erzielten. Die Produkte konnten noch so gefragt und kostspielig sein, die Arbeiter erhielten dafür stets nur den „Tauschwert", eine Bezahlung im Verhältnis zur geleisteten Arbeit und nicht zum Wert des Produkts.

In einer kapitalistischen Gesellschaft gehen die Gewinne an die Eigentümer, während die Löhne davon unberührt bleiben und viele Arbeiter kaum genug Geld zum Leben haben. Marx sympathisierte mit der Arbeiterschaft, aber er fällte selten moralische Urteile. Er hielt den Kapitalismus jedoch ganz klar für gefährlich, da er die Arbeiter zu Lohnsklaven machte, die oft nur immer dieselbe monotone Tätigkeit ausübten.

Das Ziel des Kapitalisten ist die Erzeugung eines großen „Mehrwerts", also eines Gewinns. Ein großer Teil des Gewinns wird dann wieder in die Produktion von neuen Waren oder Dienstleistungen gesteckt und erfordert neue Lohnarbeiter. So gesehen ist der Kapitalismus ein sich selbst erhaltendes System. Eine Rückkehr zu vorindustriellen Methoden war ausgeschlossen, da die Arbeiter nun von den Fabriken und Produktionsmitteln der Eigentümer abhängig waren. Ironischerweise waren auch die Arbeiter selbst nicht mehr als Waren, die ihre Arbeitskraft für einen Tageslohn verkauften. Und mit dem riesigen Heer an Arbeitslosen wartete bereits reichlich Nachschub an Arbeitskräften, um das Wachstum des Kapitalismus voranzutreiben.

Für Marx war im modernen Kapitalismus die Jagd nach Geld zum Selbstzweck geworden. Er dachte, dass das System auf Dauer unhaltbar sei und die schwindende Zahl an Monopolkapitalisten von der Arbeiterschaft gestürzt werden würde (wie in seinem früheren Werk, dem „Kommunistischen Manifest", umrissen). Er glaubte fest daran, dass noch zu seinen Lebzeiten eine weltweite sozialistische Revolution stattfinden werde, aber er wurde enttäuscht.

AUF EINEN BLICK

„Das Kapital" von Karl Marx ist die erste detaillierte Abhandlung über den Kapitalismus. Marx untersucht in dem Werk die wirtschaftlichen Gesetze, die den Kapitalismus steuern und legt einen besonderen Schwerpunkt auf die Entmenschlichung der ausgebeuteten Arbeiter. Das „Kapital" ist bis heute Inspiration und Zündstoff für Soziologen, Ökonomen, Historiker und Revolutionäre geblieben.

MDCCCLVII

5

AUF EINEN BLICK

In nur sechs Jahren wurde die 2800 Kilometer lange Bahnstrecke quer durch die gesamten USA vollendet. Mit ihrer Eröffnung im Jahr 1869 gehörten Pferdekutschen und Planwägen der Vergangenheit an. Personen und Waren konnten einfacher transportiert werden, und neue Handelsmöglichkeiten über den gesamten Kontinent, von der Ost- bis zur Westküste, entstanden. Das gewaltige Land erschien auf einmal viel kleiner.

FERTIGSTELLUNG DER TRANSKONTINENTALEN EISENBAHN

PROMONTORY SUMMIT, UTAH, USA

10. MAI 1869

Mit der Eröffnung der ersten transkontinentalen Eisenbahn entstand auch die erste Schienenverbindung zwischen der Ost- und der Westküste der USA. Die Strecke, die ursprünglich „Pacific Railroad" hieß, galt als eine der größten technischen Meisterleistungen der amerikanischen Geschichte. Mit der Entwicklung der Dampfeisenbahn in Großbritannien und ihrer Einführung in den USA im Jahr 1830 entstand die Idee einer transkontinentalen Strecke. Über den Verlauf der Gleise durch das teils unwirtliche Gelände wurde heftig diskutiert, und selbst die letztlich ausgewählte rund 2800 Kilometer lange Strecke über schroffe Gebirge und schier endlose Ebenen barg viele Gefahren.

Links: Die Bahnarbeiter feiern den Einschlag des goldenen Nagels in Utah.

Unten: Ein anderer Blick auf die Fertigstellung der transkontinentalen Eisenbahn.

Während der Präsidentschaft Abraham Lincolns hatte der Kongress die „Pacific Railroad Acts" von 1862 und 1864 verabschiedet, die den Bau und Betrieb der Bahnlinie gesetzlich genehmigten. Der Kongress verkaufte Staatsanleihen, um das Projekt zu finanzieren, und stellte auch staatliches Land entlang der Strecke zur Verfügung. Das war wirtschaftlich und politisch sinnvoll, da die Eisenbahn den Handel und den Personenverkehr zwischen der Ost- und der Westhälfte der USA wesentlich erleichterte und das Land durch diese engere Bindung besser regierbar wurde.

Im Jahr 1863 begann der Bau von zwei verschiedenen Abschnitten, die in Utah verbunden werden sollten. Die Central Pacific Company baute den 900 Kilometer langen Westabschnitt, der von Sacramento in Kalifornien über die Sierra Nevada durch den Staat Nevada, bis Utah reichte. Der Ostabschnitt wurde von der Union-Pacific-Bahngesellschaft verlegt. Die 1900 Kilometer lange Strecke ging vom bereits bestehenden Schienennetz der USA aus und führte von Council Bluffs in Iowa durch Nebraska, Colorado und Wyoming bis nach Utah. Sie führte nicht durch die Wüste, aber man schuf Abzweigungen nach Denver, Colorado und Salt Lake City (Utah).

Am 10. Mai 1869 wurde die transkontinentale Eisenbahn für den Verkehr geöffnet. Um die beiden Abschnitte in Promontory Summit zu verbinden, schlug der ehemalige Gouverneur von Kalifornien und Präsident der Union Pacific, Leland Stanford, den letzten Nagel in die Gleise – was ihm peinlicherweise erst beim zweiten Versuch gelang. Dieser goldene Nagel wurde danach sofort durch einen normalen Eisennagel ersetzt. Eine Eisenbahnbrücke von Council Bluffs nach Omaha über den Missouri River wurde im Jahr 1873 fertiggestellt.

Die „Overland Route", die Passagierstrecke, machte den Reisen in Kutschen und Planwägen ein Ende, denn die Eisenbahn war preiswerter, schneller und sicherer. Dadurch konnte der Westen weitläufiger besiedelt werden, was der Region rasch mehr Wohlstand brachte.

Oben: Der Erbauer des Sueskanals, Ferdinand de Lesseps, und einige seiner Ingenieure.

Rechts: Schiffe der US-Marine auf dem Sueskanal.

Unten: Die inoffizielle Eröffnung des Sueskanals auf einem Bild von Edouard Riou.

DER SUESKANAL

ÄGYPTEN

17. NOVEMBER 1869

Mit der Eröffnung des Sueskanals im November 1869 endete ein zehn Jahre dauerndes Bauprojekt, das eine Verbindung zwischen dem Mittelmeer und dem Roten Meer herstellte. Nun konnten Schiffe zwischen Asien und Europa verkehren, ohne die gefahrvolle Reise rund um den afrikanischen Kontinent machen zu müssen, was den weltweiten Handel verbesserte. Wie auch die sechs Monate zuvor eröffnete transkontinentale Eisenbahn in den USA ermöglichte der Kanal schnelleres Reisen als je zuvor. Und er führte zu einer weitreichenderen Kolonisierung Afrikas.

Bereits im Jahr 1798 hatte Napoleon Bonaparte in der Gegend Hinweise auf einen Wasserweg aus dem Alten Ägypten entdeckt und zog den Bau eines neuen Kanals in Betracht, verwarf sein Vorhaben jedoch wieder. Es war sein französischer Landsmann und der ehemalige Diplomat in Ägypten, Ferdinand de Lesseps, der eine entscheidende Rolle in der Planung des Kanals spielen sollte. Im Jahr 1854 genehmigte der ägyptische Vizekönig Said Pascha den Bau des Wasserwegs. Für die Umsetzung des Plans wurde die Sueskanal-Gesellschaft gegründet, doch außerhalb Frankreichs hielten nur wenige Europäer das Projekt für realisierbar, und die finanzielle Unterstützung war deshalb gering.

Der Bau begann im April 1859. Geschätzte 1,5 Millionen Arbeiter waren daran beschäftigt, bis zu 300 000 Arbeiter auf einmal. Sehr umstritten war dabei der Einsatz von ägyptischen Zwangsarbeitern. Dennoch hatte der Kanal bei seiner Eröffnung im November 1869 mehr als das Doppelte der ursprünglich geschätzten Kosten verschlungen. Ausgehend von Port Said im Norden bis zur Stadt Sues an seinem südlichsten Ende hat der Kanal eine Länge von über 190 Kilometern. Schiffe können den Kanal nur einspurig befahren, aber es gibt zwei Ausweichstellen: Ballah Bypass und den Großen Bittersee. Schleusen werden keine benötigt.

Im Jahr 1875 erwarb Großbritannien die Aktienanteile der ägyptischen Kanalgesellschaft. Sieben Jahre später, während eines Bürgerkriegs in Ägypten, wurden britische Truppen entsandt, um den Kanal für Großbritannien zu sichern. In der Konvention von Konstantinopel wurde 1888 der Kanal zur neutralen Zone unter britischem Protektorat erklärt. In einem Vertrag mit Ägypten wurde den Briten 1936 die weitere Kontrolle über den Kanal gewährt. Ägypten verstieß jedoch 1951 gegen dieses Abkommen, was zum Abzug aller britischen Truppen im Jahr 1956 führte.

Noch im selben Jahr wurde der Kanal von Ägyptens Präsident Nasser verstaatlicht und das Vermögen eingefroren, was die Sueskrise zur Folge hatte. Ein Krieg konnte durch die Gründung der ersten UN-Friedenstruppen abgewendet werden. Sie sorgten dafür, dass der Kanal weiterhin für alle Länder zugänglich blieb. Nur während des Sechstagekriegs von 1967, einem der Arabisch-Israelischen Kriege, wurden die UN-Truppen abgezogen und der Kanal für die Schifffahrt gesperrt – was als Nebeneffekt den Bau von Supertankern beschleunigte. Im Jahr 1975 wurde der Kanal wieder geöffnet.

AUF EINEN BLICK

Der ehemalige französische Diplomat Ferdinand de Lesseps setzte den Bau des Sueskanals durch. Seine Eröffnung im Jahr 1869 bot den Schiffen, die zwischen Asien und Europa verkehrten, eine Alternative zur gefährlichen Umfahrung Afrikas. Obwohl es im Lauf der Jahre zu einigen militärischen Konflikten über seine Benutzung kam, wird der Sueskanal auch heute noch befahren.

SELECT
SEND
CLR
PWR
1
2ABC
3DEF
4GHI
5JKL
6MNO
8TUV
0OPER
DEF
ABC
GHI
JKL
MNO
PRS
TUV
WXY
OPERATOR

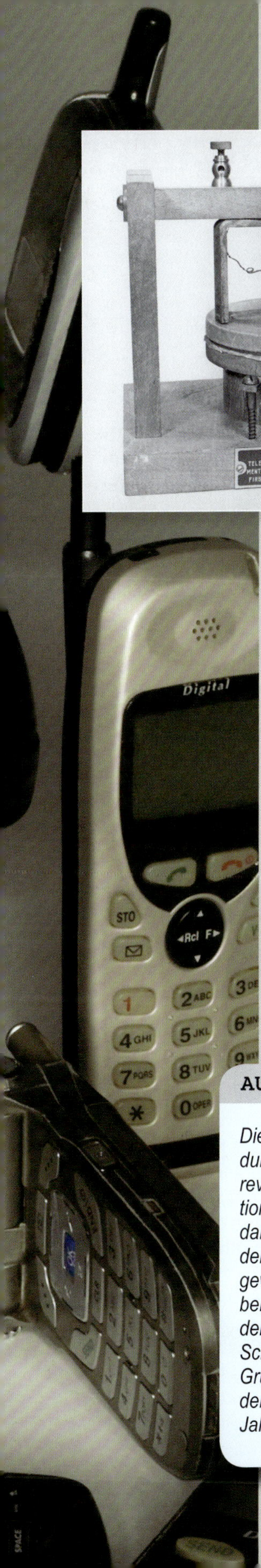

Oben: Ein Modell von Alexander Graham Bells erstem elektrischen Fernsprecher.

Links: Ein altes Telefon mit Wählscheibe, umringt von moderneren Mobiltelefonen.

ALEXANDER GRAHAM BELL ENTWICKELT DAS TELEFON

BOSTON, USA
10. MÄRZ 1876

Der Vater, der Onkel und der Großvater des in Edinburgh geborenen Aleck (Alexander) Bell waren alle im Bereich der Sprechtechnik tätig gewesen, und bereits als Kind beschäftigte sich Aleck mit Resonanz und Spracherzeugung. Im Alter von 16 Jahren baute er mit seinem Bruder eine Art Sprechroboter mit einem Blasebalg und beweglichen Lippen, der das Wort „Mama" sagen konnte.

Bells Interesse an der Wissenschaft vom Klang wurde durch die Schwerhörigkeit seiner Mutter gesteigert. Nachdem die Familie in die USA gezogen war, unterrichtete er das phonetische „Visible Speech"-System, das sein Vater entwickelt hatte, um Gehörlosen das Sprechen beizubringen. Damit konnte man Laute schriftlich ausdrücken, indem man die Bewegungen von Zunge, Lippen und Kehlkopf darstellte. Im Jahr 1873 wurde Bell zum Professor für Sprachphysiologie und Sprechtechnik an der Universität Boston ernannt.

Zu jener Zeit war Boston ein Sammelbecken für kreative Wissenschaftler, und dieses Umfeld inspirierte Bell dermaßen, dass er fast bis zur Erschöpfung arbeitete. Tagsüber unterrichtete er, nachts führte er seine Experimente durch. Er war von der Idee besessen, Töne elektrisch zu übertragen. Bell war jedoch kein Experte der Elektronik, und nachdem er einen deutschen Fachtext falsch verstanden hatte, glaubte er, dass dies bereits möglich sei und dass sein „Versagen" nur auf seine Unkenntnis der Elektrizität zurückzuführen sei. Dem war nicht so – aber ohne dieses Missverständnis hätte er diese Idee möglicherweise nie weiterverfolgt.

Am 14. Februar 1876 reichte er einen Patentantrag für einen „harmonischen Telegrafen" ein, den er ursprünglich als Gerät für die Übermittlung von mehreren Morsetelegrammen über eine einzelne Leitung konzipiert hatte. Er fand heraus, dass diese Methode auch die harmonischen Obertöne der Sprache übertrug. Am 10. März, drei Tage nachdem man ihm das Patent erteilt hatte, sprach Bell seine berühmten ersten Worte in seine Erfindung, und zwar zu seinem Elektromechaniker Thomas Watson, der im Nebenzimmer saß: „Mr. Watson, kommen Sie her. Ich möchte Sie sehen."

Im Jahr 1877 wurde die Bell Telephone Company gegründet, nachdem Western Union den Kauf des Patents um 100 000 US-Dollar mit der Begründung, das Telefon sei nur ein Spielzeug, abgelehnt hatte. Zehn Jahre später besaßen 150 000 Amerikaner ein Telefon. Es machte Bell und seine Investoren zu Millionären, wie auch viele andere in der gewaltigen Telekommunikationsbranche der Zukunft, die daraus hervorging.

In den folgenden 18 Jahren musste sich Bell Telephone in über 600 Prozessen mit Mitbewerbern auseinandersetzen, die Anspruch auf die Erfindung stellten. Die Telefongesellschaft gewann jeden Prozess.

AUF EINEN BLICK

Die Erfindung des Telefons durch Alexander Graham Bell revolutionierte die Kommunikation des 19. Jahrhunderts.Bis dahin waren Morseapparate der letzte technische Schrei gewesen. Bells Erfindung beruhte auf Methoden aus dem Sprechunterricht von Schwerhörigen und bildete den Grundstein für den Siegeszug der Mobiltelefonie im folgenden Jahrhundert.

Oben: Das Innenleben einer Teslaspule.

Rechts: Nikola Tesla in seinem Labor. Seine Experimente führten zum Einsatz von Wechselstrom in elektrischen Geräten. Foto von 1910.

NIKOLA TESLA BELEUCHTET DIE WELTAUSSTELLUNG IN CHICAGO

CHICAGO, USA
1893

Der Erfinder und Ingenieur Nikola Tesla wurde 1856 im Dorf Smiljan geboren, das damals zum Kaisertum Österreich gehörte und im heutigen Kroatien liegt. Tesla hatte als Elektroingenieur in Deutschland, Ungarn und Frankreich gearbeitet und wanderte 1884 in die USA aus, wo er in den folgenden Jahren zahlreiche Entdeckungen auf dem Gebiet des Elektromagnetismus machte.

Eine kurze Zeit lang arbeitete Tesla in New Jersey mit seinem Erfinderkollegen Thomas Edison zusammen, doch nach einem Streit wurden die beiden Männer erbitterte Rivalen. Teslas Wechselstromsystem hatte gegenüber Edisons Gleichstromsystem einige Vorteile, was deutlich wurde, als George Westinghouse, der Gründer der Westinghouse Electric Company, die Patentrechte für Teslas System kaufte und damit 1893 die Weltausstellung in Chicago beleuchtete. Edisons Firma General Electric hatte sich auch für den Auftrag beworben, aber seine Variante hätte etwa doppelt so viel gekostet und weniger Licht, dafür bedeutend mehr Hitze erzeugt.

Der Erfolg von Teslas Wechselstromgenerator bestätigte sich, als Westinghouse den Zuschlag erhielt, die gewaltigen Turbinen bei den Niagarafällen zu bauen. Dasselbe Prinzip wird auch heute noch zur Erzeugung von Licht und Elektrizität angewandt. Die Teslaspule findet sich in Radios, Fernsehern und vielen anderen elektronischen Geräten. Seit ihrer Erfindung im Jahr 1891 wurde sie nicht mehr weiterentwickelt. Sie ist die Grundlage moderner Wechselstromsysteme; ohne Teslas Erfindungen wären heutige elektrische Systeme in ihrer bestehenden Form undenkbar.

Als Tesla 1891 die amerikanische Staatsbürgerschaft erhielt, befand er sich auf dem Höhepunkt seines kreativen Schaffens. Zu seinen Projekten zählten unter anderem neuartige Generatoren und Transformatoren, ein System zur Wechselstrom-Übertragung, Leuchtstoffe und eine neuartige Dampfturbine. Tesla war fasziniert von der Idee der drahtlosen Stromübertragung. Die Bezeichnung „Tesla-Effekt" beschreibt die Anwendung dieser Art von elektrischer Übertragung, nämlich die Bewegung von Energie durch Luft und Materie, im Gegensatz zur Erzeugung von Spannung in einem Leiter.

Im Jahr 1943 – Teslas Todesjahr – entschied sich der Oberste Gerichtshof der USA dafür, Teslas Patent Nr. 645576 aufrechtzuerhalten. Der Gerichtsbeschluss diente in den USA als Grundlage für Patente in der Funktechnik. Tesla hatte sich bereits vor Marconis Erfolg mit Funk beschäftigt und behauptete, Marconi hätte seine Patente verwendet. Aber Geld bekam er dafür nie. Und obwohl Tesla die Rechte an seinem Wechselstromsystem verkauft hatte, starb er hoch verschuldet.

AUF EINEN BLICK

Nikola Tesla entwickelte das Wechselstromsystem, das heute noch, über hundert Jahre später, in Verwendung ist. Obwohl ihn viele als „verrückten Wissenschaftler" abtaten, gilt er rückblickend als einer der hellsten Köpfe der Wissenschaft. Und auch wenn ihn seine Erfindungen nicht reich machten, lebt sein Name im „Tesla-Effekt", der drahtlose Energieübertragung beschreibt, weiter.

VOTES FOR WOMEN ON THE SAME TERMS AS MEN
VOTES FOR WOMEN ON THE SAME TERMS AS MEN

EINFÜHRUNG DES FRAUEN-WAHLRECHTS

NEUSEELAND
1893

Oben: Premierministerin Jenny Shipley bei einer Pressekonferenz im Jahr 1999. Shipley war der erste weibliche Premierminister Neuseelands.

Links: Englische Suffragetten demonstrieren 1924 für das gleiche Wahlrecht, das in Neuseeland bereits vor über 30 Jahren gewährt wurde.

In Großbritannien war das Frauenwahlrecht seit der Mitte des 19. Jahrhunderts ein fortlaufendes Thema. Erst 1918 erhielt ein Teil der Frauen das Wahlrecht, und erst 1928 erhielten alle Frauen volle Rechte. Auf der anderen Seite der Welt, in Neuseeland, durften Frauen bereits seit 1893 wählen.

Unter britischer Herrschaft hielt Neuseeland seine ersten Parlamentswahlen im Jahr 1853 ab, ein Jahr nach dem Beschluss der Neuseeländischen Verfassung durch die Regierung Großbritanniens. Wie im Mutterland war auch in Neuseeland das Wahlrecht kein Grundrecht, geschweige denn ein Beispiel für Gleichberechtigung. Nur bestimmte Bürger durften ihre Stimme abgeben, abhängig von Alter, Rasse, Geschlecht und sozialem Status.

In der zweiten Hälfte des 19. Jahrhunderts wurde das Wahlrecht jedoch zügig ausgedehnt: zuerst auf Goldgräber jeder ethnischen Herkunft, dann, im Jahr 1867, auf Maoris – mit neu geschaffenen Parlamentssitzen für Maoris. Im Jahr 1879 gab es das allgemeine Wahlrecht für Männer, das für alle Männer des Landes galt, einschließlich für die europäischen Siedler.

Die Chancen hatten sich für neuseeländische Frauen im 19. Jahrhundert erheblich verbessert, nicht zuletzt im Bereich der Bildung. Das stellte die althergebrachte Meinung in Frage, dass Frauen sich nur um den Haushalt kümmern sollten. Eine der bedeutendsten Anhängerinnen dieser Strömung war die Britin Katherine Sheppard, Mitbegründerin und Mitanführerin des neuseeländischen Ablegers der Frauenorganisation „Woman's Christian Temperance Union".

In den 1870er- und 1880er-Jahren wurde die Suffragettenbewegung von immer mehr Parlamentariern unterstützt, aber die liberale Regierung stand ihr zwiespältig gegenüber, und Kabinettsmitglied Richard Seddon lehnte sie entschieden ab. Als Seddon im April 1893 die Nachfolge von Premierminister John Ballance antrat, sah die Zukunft für Neuseelands Frauen düster aus.

Doch die massive Unterstützung der Bewegung von Männern und Frauen gleichermaßen, deren Petitionen in den Jahren zuvor knapp ihr Ziel verfehlt hatten, konnte nicht länger ignoriert werden. Nachdem das Unterhaus ein Gesetz verabschiedet hatte, lag die Entscheidung beim Legislativrat. Da Seddon einige Ratsmitglieder zu sehr gedrängt hatte, änderten sie ihre Stimme, und das Gesetz wurde mit 20 zu 18 Stimmen beschlossen.

So wurde Neuseeland das erste Land mit einem allgemeinen Wahlrecht für Frauen. Das war ein Meilenstein der Frauenrechte, auch wenn erst 40 Jahre später mit Elizabeth McCombs die erste Frau ins Parlament gewählt wurde. 1997 wird schließlich Jenny Shipley der erste weibliche Premierminister des Landes.

AUF EINEN BLICK

Das Frauenwahlrecht war ein umstrittenes Thema auf der ganzen Welt. Als 1928 die Frauen in Großbritannien endlich zu denselben Bedingungen wählen durften wie die Männer, wählten neuseeländische Frauen bereits seit einem Vierteljahrhundert.

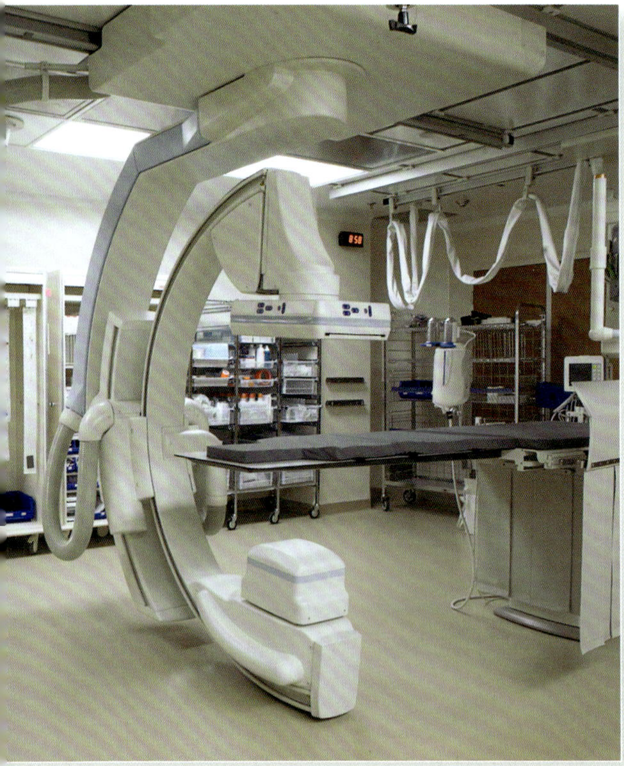

Oben: Ein moderner Röntgenapparat, möglich gemacht durch die Entdeckungen Marie Curies.

Rechts: Die Illustration zeigt Marie und Pierre Curie in ihrem Labor in Paris.

MARIE CURIE ENTDECKT DAS RADIUM

PARIS, FRANKREICH

1898

Die polnischstämmige Marie Curie war eine engagierte Frau, die zusammen mit ihrem Ehemann Pierre zur Entwicklung der Röntgentechnik beitrug und damit Millionen Menschen half. Ihre Arbeit führte auch zu Fortschritten im Kampf gegen Krebs, der gefürchtetsten Krankheit des späten 20. Jahrhunderts.

Marie stammte aus einer Akademikerfamilie. Ihre Eltern waren Lehrer, und so war es keine Überraschung, als sie im Alter von 24 Jahren nach Paris zog, um an der weltberühmten Sorbonne zu studieren. Dort lernte sie ihren späteren Ehemann Pierre Curie kennen und begann mit der Forschung, die das Leben der beiden veränderte und ihre Namen berühmt machte.

Sie setzten die Arbeit der Physiker Wilhelm Conrad Röntgen und Henri Becquerel fort. Röntgen hatte die Röntgenstrahlen entdeckt, Becquerel die Radioaktivität. Marie und Pierre untersuchten Radioaktivität (deren Bezeichnung sie jedoch erst später prägten) im Mineral Uraninit.

Bei der Erforschung des Uraninits isolierten sie die radioaktiven Elemente Uran und Thorium und stellten dabei eine weitaus höhere Radioaktivität fest als zuvor. Im Juni 1898 entdeckten sie ein neues Element, das hundertmal aktiver als Uran war. Sie nannten es Polonium, in Anlehnung an Maries Heimatland.

Bis Jahresende hatten die Curies ein weiteres Element nachgewiesen, das eine Million Mal radioaktiver als Uran war. Dieses nannten sie Radium, und es wurde die Grundlage ihrer zukünftigen Forschung. Später kam es unter anderem in der Strahlentherapie zur Anwendung, um Krebszellen an der Teilung zu hindern.

Nachdem Curie das Radium isoliert und seine relative Atommasse bestimmt hatte, legte sie ihre Forschungsergebnisse in einer Doktorarbeit dar. Ihre Prüfungskommission, der zwei spätere Nobelpreisgewinner angehörten, beschrieb ihre Arbeit als „bedeutendster Beitrag zur Wissenschaft, der je in einer Doktorarbeit geleistet wurde".

Die Curies erhielten 1903 den Nobelpreis für Physik für die Erforschung der von Becquerel entdeckten radioaktiven Strahlung. Nach Pierres plötzlichem Tod im Jahr 1906 setzte Marie die Arbeit fort und wurde als erste Frau Professor an der Sorbonne und die erste Person, die zwei Nobelpreise gewann. Den zweiten Preis erhielt sie 1911 für ihre Entdeckung der Elemente Polonium und Radium.

Curie setzte ihr Wissen auch im Ersten Weltkrieg ein: Sie brachte Röntgenapparate in Fahrzeugen an die Front und setzte radioaktives Gas zur Behandlung von krankem Gewebe ein. Sie starb im Juli 1934 an Leukämie – eine tragische Folgeerscheinung der vielen Jahre, in denen sie sich jenem Element ausgesetzt hatte, das sie weltberühmt machte.

AUF EINEN BLICK

Marie Curies Arbeiten bereiteten den Weg zu neuen Möglichkeiten in der medizinischen Forschung: Röntgenstrahlen helfen bei der Früherkennung von Krankheiten und Radium wird gegen verschiedene Krebserkrankungen eingesetzt. Curies Vermächtnis rettete vielen Menschen das Leben, deren Krankheit zuvor von der Schulmedizin nicht behandelt werden konnte.

Oben: Die Fahrradmechaniker Wilbur und Orville Wright entwickelten das erste brauchbare Flugzeug.

Links: Der berühmte „Wright Flyer" von 1903 hängt von der Decke des National Air and Space Museum in Washington D.C.

DER FLUG DER GEBRÜDER WRIGHT

NORTH CAROLINA, USA
17. DEZEMBER 1903

Ein einfacher Spielzeughubschrauber mit Gummibandantrieb, den die Brüdern Wilbur und Orville Wright 1878 von ihrem Vater bekommen hatten, weckte in ihnen den Traum vom bemannten Motorflug. Aus Interesse an der Technik entwarfen und bauten sie jedoch zuerst eine Druckerpresse und stellten später ein selbst entworfenes Fahrrad her. In den 1890er-Jahren entdeckten sie ihre Faszination für die Pioniere des Gleitflugs und begannen 1899 mit ihren eigenen Versuchen.

Wilbur und Orville wussten, dass motorisierte Flugmaschinen bereits existierten: Über 20 Motorflüge waren im 19. Jahrhundert unternommen worden. Was noch fehlte, war eine verlässliche Kontrollmöglichkeit durch den Piloten. Also konzentrierten sie sich beim Bau ihrer Gleitflugzeuge auf die Entwicklung von sicheren und effektiven Lenkmethoden.

Ihre große Neuheit war das Steuern durch das Rollen (dabei wird das Flugzeug in der Kurve seitwärts gekippt, wie bei einem Fahrrad). Die Flieger der Konkurrenz hielten ihre Flugzeuge horizontal, während sie mit dem Seitenruder lenkten, aber die Gebrüder Wright hatten Vögel dabei beobachtet, wie sie beim Wenden ihre Flügel drehten, und kopierten diese Technik, indem sie die Tragflächen ihrer Gleiter mit Drahtseilen verdrehten.

Ihre Flugversuche fanden allesamt am Strand von Kitty Hawk in North Carolina statt, wo die steten Atlantikwinde für günstige Start- und Flugbedingungen sorgten und der weiche Sand abrupte Landungen dämpfte. Nach über 700 Gleitflügen perfektionierten sie 1902 ein revolutionäres Drei-Achsen-System, mit dem sie das Gieren (Rotation um die vertikale Achse), das Nicken (Auf- und Abbewegung um die Querachse) und das Rollen (Kippen entlang der Längsachse) steuern konnten.

Als nächstes wandten sich die Brüder dem Antrieb zu und entwickelten eine frühe Version des Einspritzmotors. Sie schnitzten sich sogar eigene Propeller, die einen Wirkungsgrad von bis zu 82 Prozent besaßen (moderne Propeller haben einen Wirkungsgrad von bis zu 85 Prozent).

Am 17. Dezember 1903 wehte ein kalter, starker Gegenwind. Wilbur lief neben dem Flugzeug (dem „Wright Flyer") her, während Orville der Pilot dieses Erstversuchs war. Er erreichte eine Höhe von sechs Metern und flog zwölf Sekunden lang mit stattlichen elf Stundenkilometern dahin. Diese Flugstrecke von rund 37 Metern war kürzer als die Flügelspannweite einer Boeing 747.

Die Brüder unternahmen am selben Tag noch drei weitere Flüge, der letzte und beste war Wilburs 59 Sekunden dauernder Flug über eine Strecke von rund 260 Metern. Dann erfasste eine Windbö das Flugzeug und brachte es zum Absturz. Der „Wright Flyer" flog nie wieder, doch seit jenem Tag griff die Menschheit nach den Sternen.

AUF EINEN BLICK

Mit Orville Wrights 37 Meter weitem, 12-sekündigem Flug begann die Ära des Motorflugs. Sein Flugzeug war das erste, das über ein zweckmäßiges Steuersystem verfügte. Die heutigen Passagierflugzeuge und die militärische Überlegenheit durch die Luftmacht entstanden wegen diesem kurzen Flug in einem Doppeldecker aus Stoff, Holz und Drähten am Strand von Kitty Hawk.

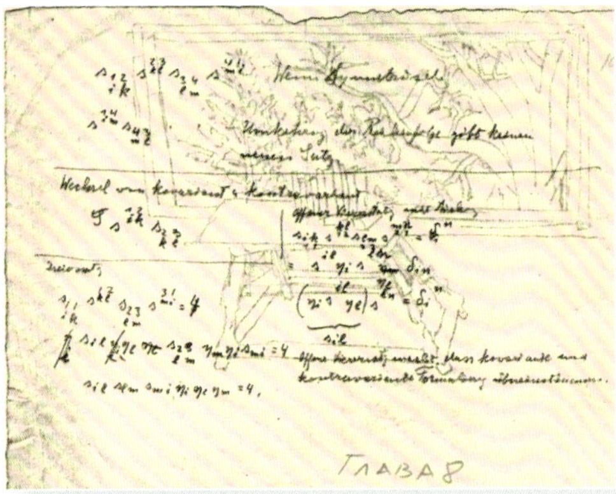

Oben: Handgeschriebene Gleichungen und eine Zeichnung von Albert Einstein.

Rechts: Albert Einstein als junger Mann. Er entwickelte die spezielle Relativitätstheorie in seinen Zwanzigern.

Unten: Einstein und seine bahnbrechende Theorie.

AUF EINEN BLICK

Albert Einsteins spezielle Relativitätstheorie wurde 1905 veröffentlicht und veränderte unser Verständnis des Universums. Sie beruht darauf, dass Bewegung relativ ist und dass Materie nicht schneller als das Licht sein kann. Ausgedrückt wird das in der berühmten Gleichung $E = mc^2$.

DIE RELATIVITÄTSTHEORIE

SCHWEIZ

1905

Albert Einstein war ein unbekannter Angestellter im Schweizer Patentamt, als er 1905 vier Arbeiten in der renommierten Fachzeitschrift „Annalen der Physik" veröffentlichte. Eines dieser Werke, heute bekannt als die spezielle Relativitätstheorie, hat unser Verständnis vom Universum grundlegend verändert.

Einstein wurde 1897 in Deutschland geboren. Sein Vater war ein Hersteller von elektrischen Geräten. Die Familie zog nach Italien und anschließend in die Schweiz. Einstein studierte Mathematik und Physik am Polytechnikum in Zürich, wo er im Jahr 1900 seinen Abschluss machte. Er bekam keine Anstellung als Lehrer, also nahm er eine Stelle im Patentamt in Bern an, wo er als Gutachter für elektromagnetische Geräte tätig war. Das Wissen, das er dort erlangte, brachte ihn auf seine Relativitätstheorien. Im Jahr 1905 erhielt er seinen Doktorgrad von der Universität Zürich.

Noch im selben Jahr machte er durch seine Theorie der speziellen Relativität auf sich aufmerksam. Dieses und weitere bahnbrechende Werke, wie seine allgemeine Relativitätstheorie, machten ihn zum Begründer der modernen Physik. Er wurde zu einem der bekanntesten Wissenschaftler der Welt. Einsteins Genie beschränkte sich jedoch nicht nur auf die Physik: Er veröffentlichte auch politische und philosophische Arbeiten. Er soll gesagt haben, dass das wahre Zeichen von Intelligenz nicht das Wissen sei, sondern die Vorstellungskraft.

Die spezielle Relativitätstheorie geht davon aus, dass Bewegung relativ ist und dass Materie nicht schneller sein kann als das Licht. Je mehr sich Materie der Lichtgeschwindigkeit annähert, desto schwerer wird sie. Das besagt die berühmte Gleichung „$E = mc^2$", wobei „E" die Energie ist (gemessen in Joule), „m" die Masse (in Kilogramm) und „c" die Lichtgeschwindigkeit (in Metern pro Sekunde). Einstein sagte auch, dass sich die Zeit für einen Körper umso langsamer bewegt, je näher er sich an der Lichtgeschwindigkeit bewegt.

Auch wenn Einstein von anderen Wissenschaftlern wie Isaac Newton, Henri Poincaré und James Clerk Maxwell beeinflusst war, stellte sein Werk doch eine radikale Abkehr von bekannten Wegen dar. Der Physiker Max Planck war der Erste, der die Bedeutung der speziellen Relativitätstheorie erkannte, und seine Unterstützung sorgte dafür, dass die Theorie breiteren Anklang fand.

Einstein bezog auch die Schwerkraft mit ein und veröffentlichte 1915 seine allgemeine Relativitätstheorie. Sie ging über Newtons Gesetze der Schwerkraft hinaus und beschrieb ein Universum der gekrümmten Raumzeit, auf dessen Basis die Theorien über Schwarze Löcher, Wurmlöcher und Weiße Löcher entstanden. Für seine Arbeit über den fotoelektrischen Effekt erhielt Einstein 1921 den Nobelpreis.

Nachdem er 1933 vor den Nazis aus Deutschland geflüchtet war, nahm er 1940 die US-Staatsbürgerschaft an und lebte bis zu seinem Tod im April 1955 in New Jersey.

AUF EINEN BLICK

Henry Fords Modell T war das erste am Fließband produzierte Kraftfahrzeug der Welt. Das Auto war für den Normalverbraucher erschwinglich und leitete die Ära des Automobils ein. Es begann eine lange Reihe von Ford-Modellen, die bis heute fortgesetzt wird.

DER FORD MODELL T LÄUFT VOM BAND

DETROIT, USA

27. SEPTEMBER 1908

Als der erste Ford „Modell T" am 27. September 1908 im Piquette-Werk in Detroit gebaut wurde, begann eine neue Ära in der Automobilindustrie. Das Modell T war das erste massenproduzierte Kraftfahrzeug, das am Fließband aus identischen Bauteilen hergestellt wurde. Es war ein erschwingliches Auto für den Normalverbraucher.

Links: Henry Ford am Steuer eines Modell T und seine Beifahrer John Burroughs und Thomas Edison (am Rücksitz).

Unten: Das Piquette-Werk von Ford in Detroit, Michigan, war die Geburtsstätte des Modell T.

Henry Ford wurde 1863 geboren und war ein produktiver Erfinder und Ingenieur, dessen frühe Begeisterung für Uhren sich in ein Talent für die Reparatur von Dampfmaschinen verwandelte. Seine Experimente mit dem Entwurf und dem Bau von Automobilen führten schließlich zur Gründung der Ford Motor Company im Jahr 1903. Das Modell T war der krönende Abschluss einer Reihe von Prototypen, die das Unternehmen entwickelt hatte.

Das Modell T, auch bekannt als „Tin Lizzie", entstammte den Entwürfen von Childe Harold Wills, Joseph A. Galamb und Eugene Farkas. Das Lenkrad wurde für amerikanische Autos einheitlich auf der linken Seite positioniert, und das Modell T war einfach in der Handhabung und Wartung. Ford baute ein landesweites Netz aus Händlern auf und bereitete die Markteinführung mit einer umfassenden Werbekampagne vor.

Im Jahr 1910 wurde die Produktion nach Highland Park in Detroit verlegt. Im Jahr 1914 rollte alle 93 Minuten ein Fahrzeug vom Band. Ford verkaufte mehr Autos als die gesamte Konkurrenz zusammen, und jedes Jahr wurde der Preis für das Modell T herabgesetzt.

Da nur schwarzer Lack schnell genug trocknete, gab es das Modell T in seinen Anfangsjahren nur in dieser Farbe. Henry Ford wird gerne mit den Worten zitiert: „Jeder Kunde kann sein Auto in der gewünschten Farbe haben, sofern es die Farbe Schwarz ist." Abgesehen von einigen Änderungen an seinem Design blieb das Modell T im Wesentlichen gleich, bis seine Produktion im Jahr 1927 eingestellt wurde. Zu diesem Zeitpunkt hatte die Konkurrenz bereits größeren Komfort und innovativere Designs zu bieten und Ford sah sich gezwungen, das Konzept eines immer gleichbleibenden Autos aufzugeben.

In seiner Autobiografie fasste Henry Ford den Beitrag des Modell T zum Kraftverkehr zusammen: „Ich werde ein Auto für die breite Masse bauen. Es wird ausreichend groß für eine Familie sein, aber auch klein genug, um von einer Person gefahren und gewartet zu werden. Es wird von den besten Arbeitern aus den besten Materialien hergestellt werden, nach den einfachsten Designs, die sich die moderne Technik vorstellen kann. Aber es wird so preisgünstig sein, dass es sich jeder mit einem normalen Einkommen leisten kann – und mit seiner Familie die vergnüglichen Stunden unter Gottes freiem Himmel genießen wird."

LOUIS BLÉRIOT ÜBERFLIEGT DEN ÄRMELKANAL

CALAIS, FRANKREICH – DOVER, ENGLAND

25. JULI 1909

Als der französische Pilot Louis Blériot am 25. Juli 1909 den Ärmelkanal überflog, war er der erste Mensch, dem ein Flug über ein größeres Gewässer in einem Luftfahrzeug gelang, das schwerer als Luft war. Dieser entscheidende Moment in der Geschichte der Luftfahrt ereignete sich nicht einmal sechs Jahre nachdem die Gebrüder Wright im Dezember 1903 in Kitty Hawk ihren Rekord für einen bemannten Motorflug aufgestellt hatten – der eine knappe Minute dauerte und über eine Strecke von rund 260 Metern über Land verlief.

Oben: Der französische Luftfahrtpionier Louis Blériot überflog als Erster den Ärmelkanal.

Rechts: Blériot in Begleitung seiner Frau an dem Hang in Dover, an dem sein Eindecker gelandet war und ihm 1000 Pfund Preisgeld einbrachte.

Unten: Louis Blériot (links) und Luftfahrtpionier Charles Lindbergh im Jahr 1927.

Die britische „Daily Mail“ bot eine Belohnung von 1000 Pfund für den ersten erfolgreichen Flug über den Ärmelkanal. Das war der neueste von mehreren Preisen, die die Zeitung für besondere Leistungen in der Luftfahrt ausgeschrieben hatte. Blériot hatte zwei Konkurrenten: Der Favorit, Hubert Latham, war ein Franzose, während Graf Charles de Lambert dem russischen Adel angehörte und ein Protegé Wilbur Wrights war. Latham wagte den ersten Versuch, aber sein Flug am 19. Juli endete wegen eines Motorschadens mit einer Notwasserung im Meer, knapp 10 Kilometer von Dover entfernt. Unterdessen hatte sich de Lambert auf einem Testflug verletzt und konnte am Wettbewerb nicht mehr teilnehmen.

Der Ingenieur und Erfinder Blériot hatte seit 1903 Flugmaschinen gebaut und den ersten Eindecker der Welt entworfen. Allerdings war das Flugzeug wie die meisten seiner frühen Prototypen im Flug instabil. Seine erfolgreichsten Eindecker waren die Blériot VII und XI, aber eine Störung an der VII verletzte Blériot nicht nur am Fuß, sondern ließ ihm nur noch die XI. Der Flug über den Ärmelkanal sollte ihr Jungfernflug sein.

Am 25. Juli um 4:30 Uhr, als Latham noch schlief, schwang sich Blériot in die Lüfte. Man hatte ihm gesagt, dass die Wetterbedingungen günstig wären, aber er befand sich bald in Schwierigkeiten. Er wurde von einem Zerstörer der französischen Marine eskortiert, verlor das Schiff jedoch bald aus den Augen. Blériot flog ohne Kompass durch dichten Nebel, und ihm blieb keine andere Wahl, als blind zu fliegen und so geradlinig und gleichbleibend wie möglich zu steuern. Für die 34 Kilometer lange Strecke von Calais nach Dover benötigte er rund 37 Minuten, und ein Regenschauer hatte den Motor so weit abgekühlt, dass ein Ausfall drohte. Als er die englische Küste erblickte, wo ein französischer Reporter die Nationalflagge Frankreichs schwenkte, gelang ihm eine wackelige Landung. Dabei wurde das Fahrwerk beschädigt, aber Blériot blieb unverletzt, und die Landung galt als Erfolg. Blériot gewann den Preis und wurde daraufhin berühmt.

Auch während des Ersten Weltkriegs entwarf und baute er weiterhin Flugzeuge. Im August 1936 starb Louis Blériot.

AUF EINEN BLICK

Der erfolgreiche, rund halbstündige Flug des Franzosen Louis Blériot über den Ärmelkanal in einem Eindecker aus „Stöcken und Schnüren" zeigte den Briten, dass ihnen das Meer nicht mehr ausreichend Schutz bot. Erstaunlicherweise war dies der Jungfernflug des Flugzeugs, nur sechs Jahre nach dem kurzen Flug der Gebrüder Wright in Kitty Hawk.

UNTERGANG DER „TITANIC“

NORDATLANTIK

14. APRIL 1912

Oben: Ein Notfallkutter mit einigen Überlebenden der „Titanic“ wird vom Rettungsschiff „Carpathia“ am Morgen des 15. April, Stunden nach der Katastrophe, aufgegriffen.

Links: Die „Titanic“ läuft aus dem Hafen aus. Es ist der Beginn ihrer verhängnisvollen Jungfernfahrt.

Man kann sich kaum vorstellen, welchen Schrecken die Passagiere der „RMS Titanic“ in jener eiskalten Aprilnacht verspürt haben mussten, als ihnen bewusst wurde, dass ihr Schiff dem Untergang geweiht war, nachdem es mit einem angeblich ungefährlichen Eisberg zusammengestoßen war. Die Reise war von ausgelassener Stimmung geprägt gewesen. Es war die Jungfernfahrt des größten, luxuriösesten Schiffs der damaligen Zeit. Man hatte stolz gefeiert, doch dieser Stolz war nun fehl am Platz.

Die „Titanic“ war trotz einer Länge von 269 Metern und einer Breite von 28 Metern bei weitem nicht unzerstörbar. Ihr Ruder war beispielsweise zu klein, um ein Schiff dieser Größe bei Höchstgeschwindigkeit noch steuern zu können, was im Eismeer aber gängige Praxis war, da man glaubte, jeden bedenklich großen Eisberg rechtzeitig sichten und umfahren zu können. Überdies konnten nur zwei der drei Schiffsschrauben in die Gegenrichtung bewegt werden, was für ein so gewaltiges Schiff jedoch nicht ausreichte. Die Ironie dabei war, dass Kapitän Edward Smiths Befehl zum Wenden die Steuerkraft des Ruders sogar noch verringerte.

Wie Fachzeitschriften vor dem Auslaufen der „Titanic“ berichteten, war sie „praktisch unsinkbar“ – dank ihres elektrisch steuerbaren Systems aus wasserdichten Schotten, die das Schiff in 16 Abteilungen unter der Wasserlinie gliederten. Das heißt, dass zwei beliebige Abteilungen, oder die ersten vier, unter Wasser stehen konnten, ohne dass das Schiff gefährdet war. Es war unglaubliches Pech, dass durch die Drehung beim Ausweichmanöver die Schiffsseite den Eisberg mit solcher Wucht traf, dass er den Schiffsrumpf entlang von fünf Abteilungen aufriss. Und selbst dann wäre der Schaden noch überschaubar geblieben, wären die Nieten im Schiffsrumpf nicht von minderwertiger Qualität gewesen. Sie und nicht die Stahlplatten gaben nach, und das eiskalte Wasser des Nordatlantiks floss durch große Lecks ins Innere des Schiffs.

Von den 2223 Passagieren und Crewmitgliedern an Bord überlebten nur 706. Selbst wenn alle Rettungsboote voll besetzt gewesen wären, wären es nicht genug gewesen, und die meisten der Opfer starben nach rund 15 Minuten im eisigen Wasser an Unterkühlung. Eines der traurigsten von vielen traurigen Schicksalen war das des Schweden Nils Pållson, der im Hafen von New York vergeblich auf die Ankunft seiner Frau Alma und ihrer vier Kinder wartete, die in der dritten Klasse reisten: Seine ganze Familie war tot.

Die „Titanic“ hatte sämtliche Sicherheitsauflagen der damaligen Zeit erfüllt. Spätere, von der Regierung in Auftrag gegebene Untersuchungen ergaben jedoch, dass die Standards durch und durch veraltet waren. Der Untergang der „Titanic“ führte zu ihrer kompletten Überholung. Aufgrund des enormen Ausmaßes der Katastrophe bleibt unsere Anteilnahme an dieser Tragödie auch heute, ein Jahrhundert später, ungebrochen.

AUF EINEN BLICK

Der Untergang der „praktisch unsinkbaren“ „Titanic“ im Jahr 1912 ist von Mythen umgeben. Bücher, Filme und Museumsausstellungen erinnern an das Unglück. Der einzige Trost für den Verlust von über 1500 Menschenleben war die Überholung der Sicherheitsstandards, die davor den Schiffen die Fahrt durch das Eismeer und andere Gefahrenzonen gestatteten, da man glaubte, dass die Schiffe fast jeder Kollision standhalten würden.

ATTENTAT AUF ERZHERZOG FRANZ FERDINAND

SARAJEVO, SERBIEN
28. JUNI 1914

Oben: Das Attentat auf Franz Ferdinand in Sarajevo auf einem Bild von I.B. Hazelton.

Rechts: Soldaten verhaften den Mörder von Erzherzog Franz Ferdinand, Gavrilo Princip, in Sarajevo.

Der 28. Juni galt in Serbien schon seit Langem als wichtiges Datum: Es ist der Jahrestag der Schlacht auf dem Amselfeld im Jahr 1389, nach der Serbien seine Unabhängigkeit verlor. Im frühen zwanzigsten Jahrhundert wollten serbische Separatisten der Schwarzen Hand an genau diesem Tag ein Zeichen für ihre Sache setzen. Die Gelegenheit bot sich, als Erzherzog Franz Ferdinand im Jahr 1914 zur Truppeninspektion nach Sarajevo kam. Nach dem Selbstmord seines Cousins Rudolf im Jahr 1889 war Franz Ferdinand Thronfolger der österreichisch-ungarischen Monarchie geworden.

Das Attentat war genauestens geplant. Sechs Männer waren entlang der Strecke stationiert, auf der die morgendliche Autokolonne des Erzherzogs durch Sarajevo fuhr. Die ersten beiden verließ der Mut; der dritte warf eine Handgranate, die Franz Ferdinand mit dem Arm abwehren konnte. Sie explodierte vor dem nachfolgenden Wagen, und der Werfer konnte rasch gefasst werden. Der Knall der Explosion ließ die verbliebenen drei Mitverschwörer glauben, dass der Anschlag gelungen war.

Nach dem Mittagessen entschied sich der besorgte Erzherzog dazu, gemeinsam mit seiner Frau die bei der Explosion verletzten Opfer im Krankenhaus zu besuchen. Zufällig fuhr sein Auto genau dann an einem Café vorbei, als Gavrilo Princip, einer der drei verbliebenen Attentäter, herauskam und ihn erkannte. Noch immer bewaffnet rannte Princip auf das Fahrzeug zu und feuerte zwei Schüsse ab: Die erste Kugel traf Franz Ferdinand in den Hals, die zweite seine Frau Sophie in den Unterleib. Als sie beide zusammenbrachen, flehte der Erzherzog die Herzogin an: „Stirb nicht! Stirb nicht! Bleib am Leben für unsere Kinder!" Der Wagen machte sich daraufhin schnellstens auf den Weg zur Residenz des Landeschefs, aber die beiden starben kurz hintereinander.

In Österreich-Ungarn war die Empörung groß, und Serbien wurde der Krieg erklärt. Unterstützt wurde die Monarchie von Deutschland und Italien, den beiden anderen Mitgliedern ihres als „Dreibund" bekannten militärischen Bündnisses. Das Russische Kaiserreich schlug sich auf die Seite Serbiens, wie auch Großbritannien und Frankreich, Russlands Verbündete in der Triple Entente. Auch Italien schloss sich letztendlich den Mächten der Entente an.

Der darauf folgende Weltkrieg veränderte die Landkarte Europas. Russlands Verluste führten zur Revolution im Land und zum Aufstieg der Sowjetunion. Nach dem Krieg zerbrach die österreichisch-ungarische Monarchie, die Grenzen der Balkanländer wurden neu gezogen und der Friedensvertrag von Versailles führte zum Aufstieg Hitlers, zum Zweiten Weltkrieg und zum Kalten Krieg. Und all das nur, weil die Kugel eines Opportunisten einen Thronfolger getroffen hatte.

AUF EINEN BLICK

Das Attentat auf Erzherzog Franz Ferdinand von Österreich durch einen Opportunisten im Juni 1914 entfesselte den Ersten Weltkrieg. Als Österreich dem eigentlich verbündeten Serbien den Krieg erklärte, begann der Umbruch des gesamten Europas.

Oben: Dieses Plakat von Bernard Partridge versinnbildlicht die Empörung Großbritanniens und (in geringerem Ausmaß) der USA über die Versenkung eines zivilen Schiffs.

Rechts: Der Passagierdampfer „Lusitania" in New York, vor seiner Reise über den Atlantik.

UNTERGANG DER „LUSITANIA"

IRLAND

MAI 1915

Im Mai 1915 war der britische Passagierdampfer „Lusitania" gerade auf dem Weg von New York nach Liverpool, als er von einem deutschen U-Boot versenkt wurde. Zuvor hatte die deutsche Regierung in New Yorker Zeitungen noch einen Artikel veröffentlicht, in dem gewarnt wurde, dass alle Schiffe, die unter der Flagge Großbritanniens oder seiner Verbündeten unterwegs seien, beim Eintritt in die Kriegszone angegriffen würden. Aber nicht alle befolgten diese Warnung. Das schnelle, moderne Schiff der Reederei Cunard wurde von einem Torpedo getroffen und sank. 1198 der Passagiere und Crewmitglieder starben – mehr als die Hälfte aller Personen an Bord. Auch 128 US-Amerikaner kamen um und wurden Opfer eines Kriegs, an dem sie nicht beteiligt waren. Dieses Ereignis erzeugte feindliche Stimmung gegenüber Deutschland und war ausschlaggebend für den Kriegseintritt der USA zwei Jahre später.

Als sich das Schiff zum Ende seiner Reise der irischen Küste näherte, schlug das U-Boot zu. Ein Torpedo traf die Seite des Schiffs, und der „Windhund der Meere" war dem Untergang geweiht. An Bord kam es zu einer Massenpanik. Die Rettungsboote erwiesen sich als unhandlich, und einige davon fielen auf die Passagiere an Deck. Aufgrund der hohen Geschwindigkeit des Schiffs war es beinahe unmöglich, die Rettungsboote zu Wasser zu lassen. Viele der überbesetzten Boote kenterten.

In Amerika urteilte man prompt und unversöhnlich. Es wurde argumentiert, dass der Angriff auf ein ziviles Schiff internationale Abkommen verletze. Dem hielten die Deutschen entgegen, dass es allgemein bekannt sei, dass das Schiff Sprengstoffe für das britische Militär transportierte. Die US-Regierung bestritt dies jedoch, und die Wahrheit kann nur vermutet werden. Viele Überlebende berichteten von zwei großen Explosionen, obwohl der Kapitän des U-Boots nur den Abschuss eines Torpedos im Logbuch vermerkt hatte. Manche sind noch immer davon überzeugt, dass die zweite Explosion durch eine illegale Sprengstoffladung verursacht wurde.

In Großbritannien hoffte man nun auf einen Kriegseintritt der USA, aber US-Präsident Woodrow Wilson vertrat gemäßigtere Ansichten. Er bestand allerdings darauf, dass Deutschland sich entschuldigte und seine Angriffe auf Handelsschiffe jeglicher Nation einstellte. Die Deutschen zeigten sich damit einverstanden. Aber im August 1915 wurde der britische Passagierdampfer „Arabic" von einem deutschen U-Boot torpediert. 44 Personen starben, darunter drei US-Amerikaner. Dieses Ereignis bestätigte, dass der Untergang der „Lusitania" kein Einzelfall war. Der Eintritt der USA in den Krieg war nun unausweichlich.

Im Jahr 1915 erschütterte die Versenkung der britischen „Lusitania" die Welt. Auf dem Weg von New York nach Liverpool wurde es von einem deutschen U-Boot torpediert und sank. Viele Menschen starben, darunter über 100 US-Bürger. Trotz ausdrücklicher Warnung im Vorfeld kam dieser brutale Angriff unerwartet. Er erzeugte Missstimmung gegen Deutschland und führte zum Eintritt der USA in den Ersten Weltkrieg.

Oben: Britische MG-Schützen in der Schlacht an der Somme.

Links: Britische Soldaten liefen aus dem Schützengraben in den beinahe sicheren Tod.

SCHLACHT AN DER SOMME

NORDFRANKREICH

1. JULI 1916

Die Offensive an der Somme im Jahr 1916 war als Gegenangriff konzipiert, um eine Bresche in die Stellungen der Deutschen zu schlagen, die den Norden Frankreichs seit 1914 besetzt hielten.

Befürworter des Feldzugs behaupten, dass diese Vorarbeit für die spätere Niederlage Deutschlands notwendig gewesen war und dass der Einsatz eine wichtige Lektion in taktischen und operativen Belangen darstellte – nämlich, wie man es nicht machen sollte. Der Feldzug verfehlte seine Ziele, und bereits am ersten Tag starben 20 Prozent der gesamten britischen Streitkräfte – die größten Verluste, die das britische Heer je erlitten hatte.

An diesem Tag kamen geschätzte 19 240 britische Soldaten ums Leben. Die gesamten Verluste des Tages, einschließlich der verwundeten, vermissten oder gefangengenommenen Soldaten, beliefen sich auf rund 57 470. Zu dieser erschreckend hohen Zahl kamen noch 7000 Verluste der kleineren französischen Armee und weitere 10 200 aus deutschen Reihen hinzu.

Deutschland hatte eine große Gegenoffensive erwartet. Seit der Invasion waren die Truppen nahezu unbehelligt geblieben und fühlten sich nun in ihrer Überlegenheit sicher. Ihre Schützengräben waren groß und boten Schutz vor dem wochenlangen Sperrfeuer, das dem Infanterieangriff vorausging. Der britische Beschuss verfehlte seine Wirkung außerdem durch den Mangel an schwerer Artillerie, die mangelnde Treffsicherheit der britischen Schützen und die falsche Munition: Selbst wenn die Geschosse ihre Ziele getroffen hätten, wären nur rund 800 der 18 900 Tonnen abgefeuerter Munition dem Feind auch gefährlich geworden.

Nicht einmal der Stacheldraht der Deutschen war zerstört worden. Geknickt und verknäult war er eine noch tödlichere Falle als zuvor. Den britischen Truppen hatte man gesagt, dass sie nach dem Beschuss einfach in die deutschen Stellungen eindringen konnten. Aber die Deutschen beherrschten die Schlacht immer noch. Die meisten Soldaten, die umgekommen waren, hatten sich im Stacheldraht verfangen und wurden – wenn sie Glück hatten – schnell erschossen.

Auch die mangelhafte Verständigung forderte ihren Tribut. Ein britischer Offizier hielt eine deutsche Leuchtkugel für ein britisches Signal für Erfolg und brachte seine 801 Soldaten des 1. Neufundland-Regiments zum Einsatz. Nur wenige der Reservisten kehrten unversehrt zurück: knapp 300 wurden verwundet, 500 starben – fast eine ganze Generation aus dieser kanadischen Provinz.

Nach zehn Tagen des Kämpfens waren die Franzosen rund zehn Kilometer in deutsches Gebiet vorgedrungen, während die Briten keine nennenswerte Erfolge erzielt hatten. Fünf Monate später, Ende November, hatte sich die Lage trotz wiederholter Angriffe kaum verändert. Als die Schlacht an der Somme vorbei war, zählten die Verluste auf beiden Seiten rund 1,2 Millionen Männer.

AUF EINEN BLICK

Die Sinnlosigkeit des Grabenkriegs war durch die britische Offensive an der Somme im Jahr 1916 deutlich geworden: Wegen zahlreicher Irrtümer und mangelhafter Informationen ließen an nur einem Tag beinahe 20 000 Männer ihr Leben, ohne etwas erreicht zu haben. Es waren die größten Verluste, die das britische Heer je erlitten hatte, und die Zahl ist auch heute noch ernüchternd.

Oben: Arbeiter und Soldaten versammeln sich für Lenins Ansprache vor dem Winterpalais.

Links: Soldaten machen sich am Palastplatz bereit, als die Russische Revolution in Gang kommt.

STURM AUF DAS WINTERPALAIS

PETROGRAD, RUSSLAND

25. OKTOBER 1917

Die militärischen Rückschläge im Ersten Weltkrieg und die wirtschaftlichen Probleme im Land schürten Unzufriedenheit im russischen Volk. Nachdem eine Streikwelle im Februar 1917 gewaltsam unterdrückt worden war, musste Zar Nikolaus II. abdanken. Mitglieder des russischen Parlaments, der Duma, bildeten eine neue, provisorische Regierung. Ihr Sitz befand sich im Winterpalais des ehemaligen Zaren in Petrograd (das bis zum Ersten Weltkrieg St. Petersburg hieß und auch heute wieder so genannt wird). Die Arbeiterschaft befürwortete jedoch die Arbeiterräte, die sogenannten „Sowjets". Eine Zeit der Doppelherrschaft begann, in der die provisorische Regierung an der Spitze stand, aber widerwillig den Einfluss und die Macht der Sowjets anerkannte.

Im April 1917 kehrte Wladimir Iljitsch Uljanow – Lenin – aus dem Exil in der Schweiz nach Petrograd zurück. Seine Ankunft weckte Begeisterung für die radikale Fraktion der Bolschewiki innerhalb der Sowjets. Aus einem Machtkampf mit den Sowjets gingen die Bolschewiki als Sieger hervor und gründeten die sowjetische Arbeitermiliz, die Rote Garde (die zukünftige Rote Armee).

Die Entschlossenheit, mit der die Regierung den Krieg gegen Deutschland weiterführte, und ihr Unvermögen, sich mit der Wirtschaftskrise des Landes zu befassen, führte zu weiteren Streiks im ganzen Land. Im August vereitelte die Rote Garde einen Putsch, was den Ruf der Bolschewisten als Beschützer des Volk festigte. Sie galten als die einzige organisierte Opposition, die sich in ihrem Umgang mit der Regierung nicht diskreditiert hatten. Lenin wusste, dass ihre Zeit gekommen war.

Die Revolution begann am 23. Oktober 1917 mit einem bolschewistischen Aufstand in Tallinn (im heutigen Estland). Zwei Tage später nahmen Rotgardisten Regierungsgebäude in Petrograd ein und stießen dabei nur auf geringen Widerstand, während die Regierungsmitglieder sich in das Winterpalais zurückzogen. Sie stellten eine primitive Verteidigungstruppe aus Kosaken und Soldatinnen des Frauenbataillons zusammen und warteten auf das Unvermeidliche.

Eine Platzpatrone, die von dem Kriegsschiff „Aurora" abgefeuert wurde, gab das Signal für den Angriff auf das Winterpalais. Es fiel in den frühen Morgenstunden des folgenden Tages.

Der Machtkampf, der auf den Sturz der provisorischen Regierung folgte, führte in Russland zu fünf Jahren Bürgerkrieg. Erst 1922 wurde die Sowjetunion gegründet. Aber der Sturm auf das Winterpalais im Jahr 1917 blieb ein Symbol für den Umsturz der alten Ordnung. Als die bolschewistische Kontrolle über Russland gefestigt war und die alten Mächte Europas nach zwei Weltkriegen zerfielen, war die Bühne frei für die Sowjetunion, die neue Supermacht des 20. Jahrhunderts.

AUF EINEN BLICK

So wie der Sturm auf die Bastille im Jahr 1789 den Freiheitsanspruch der Franzosen verkörpert hatte, symbolisierte der Sturm auf das Winterpalais 1917 das Ende der russischen Monarchie und den Beginn einer neuen Ordnung, aus der die Union der Sozialistischen Sowjetrepubliken entstand. Sie blieb beinahe unverändert bis ins letzte Jahrzehnt des 20. Jahrhunderts bestehen.

Oben: Ein britischer Panzer beim Vorrücken auf feindliche Schützengräben in Frankreich.

Rechts: Britische Panzer fahren langsam, aber sicher Richtung Front.

Unten: Ein britischer Panzer überwindet einen Graben in der Schlacht von Cambrai im Jahr 1917.

DIE ERSTE PANZER-SCHLACHT

CAMBRAI, FRANKREICH

20. NOVEMBER 1917

Die Römer hatten mit ihrer Schildkrötenformation den Grundstein gelegt, und im 16. Jahrhundert entwarf Leonardo da Vinci einen Panzerwagen. Seit den 1830er-Jahren kam die Idee immer wieder auf: 1855 zeichnete ein Ingenieur die Pläne für einen Panzer für den Krimkrieg. Aber erst die von Schützengräben zerfurchten Gelände im Ersten Weltkrieg gaben der Entwicklung von Panzern vorrangige Bedeutung. Frühe britische Prototypen wurden in den späteren Phasen der Schlacht an der Somme getestet. Aber sie waren noch nicht bereit für diesen überstürzten Einsatz: Nur neun der 49 „Mark I"-Panzer erreichten im Jahr 1916 an der Somme die deutschen Linien. Noch dazu verriet ihr Einsatz in dieser Schlacht dem Feind, dass es sie gab.

Zumindest lieferten diese Versuche wertvolle Ideen, um die Panzer in Zukunft zuverlässiger und wirkungsvoller zu machen. Ein gutes Jahr später, bei Cambrai, wurde erstmals eine größere Anzahl von Panzern in den Schlachtplan eingebaut. Sie sollten in einem Großangriff auf die stark verteidigte „Siegfriedstellung" der Deutschen im Norden Frankreichs eingesetzt werden.

381 „Mark IV"-Panzer aus 12 Bataillonen waren beteiligt und stellten sofort ihren Nutzen unter Beweis, als sie die deutschen Verteidigungslinien durchbrachen und bis zu acht Kilometer in feindliches Gebiet vordrangen. So gelang den Alliierten in sechs Stunden ein weiterer Vorstoß als in den drei Monaten zuvor. Die Zahl der Opfer lag an diesem ersten Tag bei 4000 – nur halb so groß wie bei der Schlacht von Passchendaele kurz davor.

Technische Probleme gab es jedoch nach wie vor, und der erste Tag hatte bereits 180 Panzer außer Gefecht gesetzt. Nur 65 davon waren von den Deutschen zerstört worden. Noch mehr Panzer gingen bei der erfolgreichen Eroberung einer Kanalbrücke verloren, als die Brücke unter dem Gewicht der Panzer zusammenbrach. Ein weiterer Vormarsch an dieser Front wurde dadurch verhindert.

Deutschland sorgte schnell für Verstärkung und wehrte weitere Angriffe der Briten ab, bis diese wieder fast an ihre Ausgangsstellung zurückgedrängt waren. Nach einer zwei Wochen dauernden, zermürbenden Pattsituation hatten beide Seiten rund 45 000 Männer verloren und kaum Geländegewinne gemacht.

Dennoch machte diese Schlacht deutlich, dass Panzer selbst gut verteidigte Schützengräben überwinden konnten, und das mit geringeren Verlusten als bei einem reinen Infanterieangriff. Die Kriegsführung hatte sich verändert, und seit dieser Zeit wurden Kriege immer stärker mit moderner Technik auf beiden Seiten geführt, statt schutzlose Soldaten gegen mechanisierte Abwehrsysteme in die Schlacht zu schicken.

AUF EINEN BLICK

Der Einsatz von Panzern auf den Schlachtfeldern in den späteren Phasen des Ersten Weltkriegs veränderte die weitere Kriegsführung grundlegend. Die Kombination aus schützender Panzerung, großer Feuerkraft und hoher Beweglichkeit der Panzer verlieh dem Landkrieg eine neue Dimension, die in späteren Kriegen noch weiter ausgeschöpft wurde.

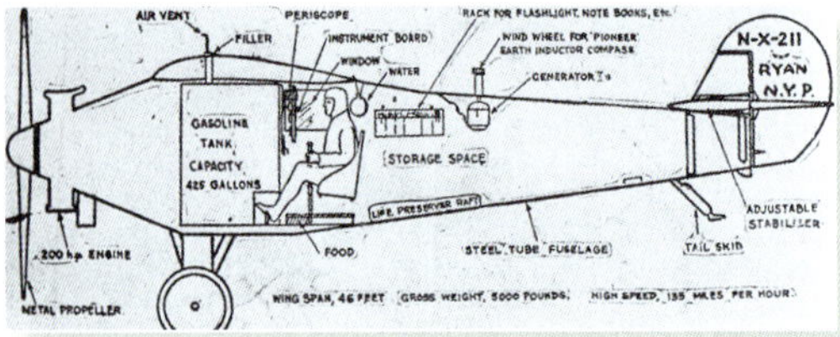

Oben: Die Zeichnung zeigt das Innere von Charles Lindberghs Flugzeug „Spirit of St. Louis“.

Rechts: Charles Lindbergh neben der „Spirit of St. Louis“.

Unten: Eine US-Briefmarke zum Gedenken an Lindberghs bahnbrechenden Flug.

LINDBERGHS ALLEINFLUG ÜBER DEN ATLANTIK

PARIS, FRANKREICH

21. MAI 1927

Im Jahr 1919 bot der französische Besitzer des Lafayette Hotels in New York, Raymond Orteig, ein Preisgeld von 25 000 US-Dollar für den ersten Piloten, der die Strecke zwischen Paris und New York mit dem Flugzeug zurücklegte. Die Luftfahrt befand sich am Beginn ihres goldenen Zeitalters und wurde durch die öffentliche Begeisterung für diese neue Fortbewegungsart und durch Belohnungen wie Orteigs Prämie vorangetrieben.

Einen Monat bevor Orteigs Preis ausgeschrieben wurde, hatten zwei britische Piloten namens Alcock und Brown von derselben Zeitung ein Preisgeld von 10 000 Pfund für den ersten Flug über den Atlantik erhalten. Sie waren von Neufundland in Kanada nach Irland geflogen. Dieser knapp 16-stündige Flug gelang ihnen nur, weil Brown auf die Tragflächen kletterte, um Eis von den Motoren zu entfernen, während Alcock das Flugzeug steuerte.

Obwohl eigentlich ein Zwei-Mann-Team benötigt wurde, war Charles Lindbergh fest entschlossen, Orteigs Preis im Alleingang zu gewinnen. Bevor es dazu kam und er acht Jahre später, am 20. Mai 1927, vom Roosevelt Field in New York startete, starben sechs Piloten bei dem Versuch, den Preis zu gewinnen. Der Postflieger und ehemalige Kunstflieger Lindbergh war jedoch ein mutiger und erfahrener Pilot. Er kämpfte gegen Nebel, Eis, Erschöpfung, Desorientiertheit, Stürme in der Höhe und Wellen über dem Meeresspiegel, bis er knapp 34 Stunden später auf dem Flughafen Le Bourget in Paris landete, wo ihm 200 000 Menschen zujubelten. Sein kleiner Eindecker „Spirit of St. Louis“ war halb so lang wie der umgebaute Bomber aus dem Ersten Weltkrieg, in dem Alcock und Brown geflogen waren, und hatte auch nur zwei Drittel der Spannweite. Und sein Flug hatte doppelt so lange gedauert wie jener der beiden Männer.

Lindbergh hatte als erster Mensch im Alleinflug den Atlantik überquert – das beflügelte die Fantasie und machte ihn auf Anhieb berühmt. Sein Flug machte aus der Luftfahrt mehr als nur eine militärische Aktivität und spannende Unterhaltung, nämlich eine Form des öffentlichen Verkehrs. Bei seiner Rückkehr nach New York wurde Lindbergh mit einer Konfettiparade geehrt, zu der vier Millionen Schaulustige erschienen. Während der folgenden jahrelangen Tour durch die USA kamen geschätzte 30 Millionen Menschen – ein Viertel der Bevölkerung –, um ihn zu sehen.

Lindbergh wurde zum Fürsprecher der Luftfahrt als Handels- und Reisemöglichkeit. In den sechs Monaten nach seinem Flug verdreifachte sich in den USA die Anzahl der Anträge auf eine Pilotenlizenz, und die Anzahl der zugelassenen Flugzeuge vervierfachte sich. 1929 gab es 30-mal mehr Flugpassagiere als 1926, vor Lindberghs Flug. Charles Lindberghs mutiges Abenteuer hatte das Zeitalter der Luftfahrt eingeleitet.

AUF EINEN BLICK

Charles Lindberghs erfolgreicher Alleinflug über den Atlantik im Jahr 1927 zeigte, dass der Luftverkehr die Welt verkleinern konnte. Er weckte auch in vielen Amerikanern den Wunsch, selbst als Privatflieger in die Lüfte zu steigen.

Spirit
of
t.Louis

Supreme
AL
IN
THE JAZZ SING
WITH VITAPHONE
2.30 TWICE DAILY 8.4
Sunday Matinees 3. P. M
WARNERS
WARNERS' THEATRE
WARNERS'
AL JOLSON in
"THE JAZZ SINGER"
NOW PLAYING
SUPREME TRIUMPH
"THE JAZZ SINGER"

Oben: Al Jolson im Film „The Jazz Singer", der erste Tonfilm in Spielfilmlänge.

Links: Eine Menschenmenge wartet vor dem Warner-Kino in New York, um den Film „The Jazz Singer" zu sehen.

DER ERSTE TONFILM

NEW YORK, USA

6. OKTOBER 1927

Das Filmstudio Warner Bros. zeigte den Film „The Jazz Singer" (deutscher Titel: „Der Jazzsänger") erstmals am 6. Oktober 1927, am Vorabend von Jom Kippur, dem jüdischen Feiertag, der auch im Mittelpunkt der Handlung stand: Der Sohn eines jüdischen Kantors hin- und hergerissen zwischen seinen religiösen Pflichten, den Erwartungen seiner Eltern und dem weltlichen Bühnenleben. Am Schluss sagt er einen Jazz-Auftritt ab, um in der Synagoge das „Kol Nidre" zu singen.

„The Jazz Singer" war nicht der erste Tonfilm im weitesten Sinne: Warner hatte 1926 zwei Filme herausgebracht, die Musik und Geräuscheffekte enthielten. Er war auch nicht der erste Film, in dem gesprochen wurde: Fox hatte im Mai 1927 Kurzfilme und Nachrichten im „Movietone"-Lichttonverfahren gezeigt. Aber er war der weltweit erste Film in Spielfilmlänge mit hörbarem Dialog – ganze zwei Minuten lang, bei einer Spielzeit von knapp eineinhalb Stunden.

Die meisten der Dialoge im Film wurden nach wie vor in Zwischentiteln eingeblendet, aber der Film enthielt auch elf Songs. Warner Bros. verwendete das „Vitaphone"-Aufnahmeverfahren: Jede Musik- und jede Dialogszene befand sich auf einer eigenen Spule, und zu jeder davon wurde die Tonspur von einer Schallplatte abgespielt. Der Filmvorführer – wohl der heimliche Star des Films – musste während jeder 89-minütigen Vorführung 15 Filmrollen einlegen und 15 Platten mit präzisester Genauigkeit synchron dazu abspielen.

Die ersten Worte des Hauptdarstellers Al Jolson, die er nach 17 Minuten sprach, waren sein berühmter Spruch: „You ain't heard nothin' yet!" („Ihr habt noch gar nichts gehört!") Das Publikum quittierte diesen und jeden weiteren Dialog mit lautem Beifall. Nach dem Film strömte die Menge hinaus und skandierte in den Straßen „Jolson! Jolson! Jolson!" Unüberhörbar hatte eine neue Ära des Films begonnen.

Der Film war ein riesiger Erfolg. Auch wenn seine Produktion Warner Bros. über 400 000 US-Dollar gekostet hatte, nahm er über 2,5 Millionen US-Dollar ein – das war fast eine Million US-Dollar mehr als der bisherige größte Kassenschlager des Studios. Warner Bros. bekam einen Ehrenoscar für diesen wegweisenden Film, und das Publikum verlangte nach mehr, also veröffentlichte Warner bereits im Juli 1928 den ersten Spielfilm mit durchgehenden Dialogen: „Lights of New York".

Der eilige Wechsel der Studios zur Tonfilmproduktion wird im Film „Singin' in the Rain" aus dem Jahr 1952 liebevoll und treffsicher thematisiert. Innerhalb von zwei Jahren nach der Premiere von „The Jazz Singer" wurde die Produktion von Stummfilmen eingestellt. Jene Stummfilmstars, die keine tonfilmtauglichen Stimmen besaßen, standen plötzlich ohne Arbeit da. Und die Bühnenfassung von „The Jazz Singer", die zur Zeit der Filmpremiere auf Tournee ging, musste ihre Pforten schließen, als ihre Drei-Dollar-Sitzplätze nicht mehr mit den 50-Cent-Tickets der Kinos konkurrieren konnten.

AUF EINEN BLICK

Der Stummfilm wich dem Tonfilm, als 1927 der Film „The Jazz Singer" mit Al Jolson ins Kino kam. Seine Länge von rund 90 Minuten erforderte großes Geschick vom Filmvorführer, der den Ton synchron zuspielen musste. Zehn Jahre später war Hollywood, wie wir es kennen, geboren.

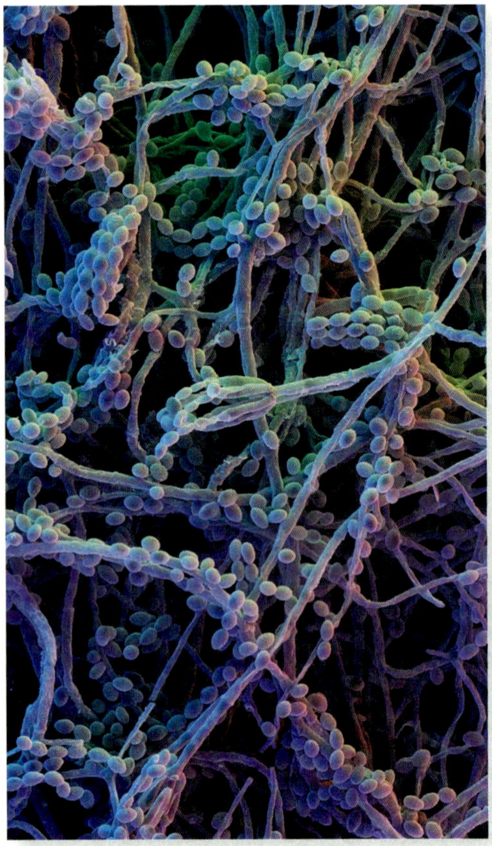

Oben: Schimmelsporen der Gattung Penicillium *unter dem Mikroskop. Aus ihnen wird das Antibiotikum Penizillin hergestellt.*

Rechts: Der Entdecker des Penizillins, Alexander Fleming, in seinem Labor in Paddington (London).

ALEXANDER FLEMING ENTDECKT DAS PENIZILLIN

PADDINGTON, LONDON, GROSSBRITANNIEN

1928

Eine Reihe von Zufällen führte zu jener Entdeckung, aus der die moderne Medizin des 20. Jahrhunderts entstand. Als der schottische Biologe Alexander Fleming im Jahr 1928 eine zweiwöchige Arbeitspause einlegte, ließ er seine Experimente an der medizinischen Fakultät des St. Mary's Hospital in Paddington unbeaufsichtigt. Bei seiner Rückkehr war in einer Bakterienkultur ein neuer Organismus am Werk, der später als Penizillin bekannt wurde.

Fleming hatte die Theorie verfolgt, dass Nasenschleim Bakterien bekämpfen konnte. Er züchtete Mikroorganismen und behandelte sie mit dem Schleim, der das antibakterielle Enzym Lysozym enthielt.

Als er aus dem Urlaub zurückkam, bemerkte er, dass sich in einer unbehandelten Staphylokokken-Kultur Schimmel gebildet hatte. Ein unbesiedelter Bereich rundherum wies darauf hin, dass die Bakterien dort zerstört worden waren. Auf der offenen Petrischale hatte sich der Schimmel rasch ausgebreitet, und die freigesetzte Substanz *Penicillium notatum* bekämpfte die Staphylokokken im Gefäß. Während Flemings Abwesenheit hatte sich ein wichtiges wissenschaftliches Ereignis zugetragen.

Fleming erkannte sofort die Bedeutung seiner Entdeckung und machte sich unverzüglich an die Bestimmung des keimtötenden Wirkstoffs, den er Penizillin nannte. Dies war ein Meilenstein der Medizin, da bakterielle Erkrankungen wie Tuberkulose und Typhus bis dahin nicht behandelbar waren und unzählige Menschen daran starben. Der wirkungsvolle neue Stoff konnte Millionen Leben retten.

Fleming hatte das Penzillin entdeckt, doch es war schwierig zu kultivieren. Da andere Wissenschaftler anfänglich nur geringes Interesse zeigten, beendete Fleming im Jahr 1940 seine Entwicklung des Penizillins als Arzneimittel. Kurz zuvor, im Jahr 1939, hatte jedoch der australische Pharmakologe Howard Florey ein Team zusammengestellt, das Flemings Arbeit weiterführte, bis das Penizillin schließlich in großen Mengen hergestellt wurde.

Florey und sein Team führten mit gereinigtem Penizillin Versuche an Mäusen und später auch an Menschen durch und wiesen damit die antibakterielle Wirkung des Stoffs nach. Nun wurde auch die Wissenschaftsgemeinde darauf aufmerksam, und das Penizillin wurde in den USA in großen Mengen produziert. Als der Zweite Weltkrieg 1945 endete, waren bereits Millionen verwundeter Soldaten mit Penizillin behandelt worden.

Florey, Fleming und der Biochemiker Ernst Boris Chain erhielten 1945 für ihre Verdienste zur Entdeckung und Anwendung des Penizillins den Nobelpreis für Medizin. Wäre Fleming nur ein klein wenig ordentlicher gewesen, hätten Millionen Menschen vielleicht nicht geheilt werden können.

AUF EINEN BLICK

Ein Zufall im Labor von Alexander Fleming im Jahr 1928 führte zur Entdeckung eines der meistverwendeten und wirksamsten Antibiotika. Heute ist das Penizillin eine Selbstverständlichkeit, aber es hat in den letzten 80 Jahren Millionen Leben gerettet.

STAGE BROADWAY SCREEN

VARIETY

PRICE 25¢.

VOL. XCVII. No. 3 NEW YORK, WEDNESDAY, OCTOBER 30, 1929 88 PAGES

WALL ST. LAYS AN EGG

Going Dumb Is Deadly to Hostess In Her Serious Dance Hall Profesh

DROP IN STOCKS ROPES SHOWMEN

Kidding Kissers in Talkers Burns Up Fans of Screen's Best Lovers

Hunk on Winchell

Many Weep and Call Off Christmas Orders—Legit Shows Hit

MERGERS HALTED

Talker Crashes Olympus

Oben: Eine Schlagzeile verkündet den Börsenkrach vom 29. Oktober 1929.

Rechts: In Panik drängen sich Börsenhändler am Tag des Crashs auf den Straßen vor der New Yorker Börse.

KRACH AN DER BÖRSE

NEW YORK, USA
29. OKTOBER 1929

Nach der Schreckenszeit des Ersten Weltkriegs machte sich rund um die Welt ausgelassener Optimismus breit. Die „goldenen Zwanziger" waren Jahre voller Genuss und Wohlstand, die ein Gefühl der finanziellen Sorglosigkeit vermittelten. Seit 1923 waren die Aktienkurse sechs Jahre lang stetig gestiegen.

Es schien leicht zu sein, Gewinne an der Börse zu machen, und wer kein Geld für Spekulationen hatte, konnte sich jederzeit an einen Börsenmakler wenden und einen Kredit aufnehmen. Auf dem Höhepunkt des Booms verliehen die Makler zwei Drittel des Aktienwerts an neue Investoren. Im Jahr 1929 war die Summe der Kredite (über 8,5 Milliarden US-Dollar) größer als die der gesamten US-Währung im Umlauf. Die pralle Spekulationsblase stand kurz davor zu platzen.

Am 3. September 1929 erreichte der Dow-Jones-Index seinen Höchststand von 381 Punkten, bevor der lange, schmerzvolle Rückgang begann. Seinen tiefsten Stand erreichte er drei Jahre später, am 8. Juli 1932, mit 41 Punkten – 89 Prozent niedriger als zu Bestzeiten. Die Kurse erreichten erst 1954 wieder Werte wie vor dem Crash. Was am 4. September 1929 als leichter Rückgang begann, setzte sich einen Monat lang fort, bevor sich der Aktienmarkt Mitte Oktober ein wenig zu erholen schien. Aber der Verlust hatte für Beunruhigung gesorgt, und gegen Ende Oktober brach Panik aus. Als die Kurse einbrachen, versuchten die Investoren, ihre Aktien schnellstmöglich zu verkaufen, um ihre Verluste in Grenzen zu halten.

Der 29. Oktober 1929 ging als „schwarzer Dienstag" in die Geschichte ein. An diesem einen Tag fiel der Dow-Jones um 12 Prozent, und unglaubliche 16 Millionen Aktien wurden an der Börse verkauft – ein Rekord, der erst 1968 gebrochen wurde. Und der schwarze Dienstag stellte einen weiteren Rekord auf: Der Gesamtwert der börsennotierten Unternehmen fiel um 14 Milliarden US-Dollar.

Einer von sechs Haushalten in den USA war direkt betroffen (jener 16 Prozent der Bevölkerung, die an der Börse spekulierten). Und es kam noch schlimmer. Der genaue Zusammenhang zwischen dem Börsencrash und der Wirtschaftskrise der 1930er-Jahre ist zwar umstritten, aber Bürger, die kein Geld haben, kaufen nicht, Hersteller produzieren nicht mehr, und Arbeitgeber stellen nicht mehr ein. Es gab massenhaft Arbeitslose und Insolvenzen in den USA, und fast jeder war irgendwie betroffen. Eine Kettenreaktion stürzte auch andere Länder in die Krise.

Das US-Bankensystem brach zusammen. Reformen im Jahr 1933 trennten die Aufgaben von Geschäfts- und Investmentbanken. Nie wieder sollten Gier und Interessenskonflikte so einen verheerenden Zusammenbruch möglich machen können.

AUF EINEN BLICK

Mit dem Börsencrash von 1929, bei dem Aktienkurse aufgrund von panischen Verkäufen der Investoren ins Bodenlose stürzten, begann in den USA die Wirtschaftskrise der 1930er-Jahre. Erst ein Vierteljahrhundert später hatten die Kurse wieder den Stand von 1929 erreicht. Die Verluste für die Menschen wirkten genauso lange nach und waren viel größer.

GANDHIS SALZMARSCH

DANDI, INDIEN
5. APRIL 1930

Oben: Ein bronzenes Denkmal erinnert in Delhi an Gandhis Salzmarsch nach Dandi im Jahr 1930.

Links: Mahatma Gandhi (Dritter von links, mit gesenktem Kopf) auf seinem berühmten Protestmarsch gegen das britische Salzmonopol.

Mohandas Karamchand Gandhi wird man immer mit Indiens Unabhängigkeitsbewegung gegen die britische Herrschaft verbinden. Er spielte eine entscheidende Rolle in Indiens Triumph, und sein Salzmarsch nach Dandi im Jahr 1930 gilt als der auslösende Moment dafür. Der geistige Anführer und wichtigste politische Aktivist in Indiens Kampf um die Unabhängigkeit ist bekannt als Mahatma („große Seele"). Seine Philosophie und Anwendung des Satyagraha trug wesentlich zum Erfolg des Salzmarsches bei – und zur Entschärfung des jahrzehntelang schwelenden Konflikts.

Satyagraha bedeutet gewaltloses Handeln, besonders durch zivilen Ungehorsam. Gandhi forderte seine Anhänger auf, sich still den Vorschriften zu widersetzen und den eigenen Prinzipien treu zu bleiben, statt mit Gewalt und Randalen vorzugehen und damit die Situation noch zu verschlimmern.

Er sagte, das Ziel des Satyagraha sei es, den Gegner zu bekehren und nicht, ihn zu bedrängen. Für Gandhi galt es als Erfolg, wenn man seinen Widersachern dabei half, das von ihnen errichtete Hindernis zu erkennen, damit man es gemeinsam aus dem Weg schaffen konnte und zu einer friedlichen, auf gegenseitigem Respekt beruhenden Lösung gelangte. So ging er auch gegen die koloniale britische Herrschaft über Indien vor.

Gandhi hatte eine Gefängnisstrafe abgesessen, weil er 1922 einen Aufstand ausgelöst hatte, aber ein paar Jahre danach war er bereits wieder aktiv. Sein Hauptaugenmerk lag diesmal auf der neuen Salzsteuer des britischen Empire, die den meisten Indern den Zugang zu diesem lebenswichtigen Gewürz verwehrte. Er wollte zu Fuß von seinem Wohnort in Sabarmati nach Dandi gehen und sein eigenes Salz herstellen. Der 390 Kilometer lange Marsch erregte die Aufmerksamkeit der internationalen Presse, und viele Inder schlossen sich Gandhi an. Er erreichte Dandi nach 26 Tagen, am 5. April 1930. Bei seiner Ankunft griff er zu Boden nach einer symbolischen Handvoll Salz. Im ganzen Land begannen daraufhin Millionen Inder, ihr eigenes Salz zu gewinnen oder es steuerfrei zu kaufen. Über 60 000 Menschen wurden verhaftet, darunter auch Gandhi. Der Konflikt zog sich noch ein Jahr lang hin, bis eine Übereinkunft erzielt wurde: die Freilassung der Gefangenen im Ausgleich für ein Ende des Widerstands.

Ein entscheidender Punkt auf dem langen Weg in die Unabhängigkeit war erreicht worden. Der Salzmarsch von 1930 wurde als einer von Gandhis größten Erfolgen bekannt. Es dauerte aber noch bis 1946, bis die Salzsteuer abgeschafft wurde. Ein Jahr später, im August 1947, wurde Indien endlich ein unabhängiger Staat.

1948 wurde Ghandi auf einer Gebetsversammlung von dem Extremisten Nathuram Godse erschossen. Ghandi war einer der größten Denker der Moderne, ein Mann, der sein Land mit friedlichen Mitteln in die Eigenstaatlichkeit geführt hatte.

AUF EINEN BLICK

Mahatma Gandhi setzte 1930 mit seinem Widerstand gegen die Salzsteuer ein Beispiel für zivilen Ungehorsam, das schließlich zur Unabhängigkeit Indiens und der Loslösung vom britischen Empire im Jahr 1947 führte. Das Salz, wichtig für alle, wurde zum Sinnbild für Freiheit. Beide Ziele wurden mit friedlichen Mitteln erreicht.

OLYMPISCHES GOLD FÜR JESSE OWENS

BERLIN, DEUTSCHLAND

3. AUGUST 1936

Oben: Owens läuft im 200-Meter-Vorlauf mit 21,1 Sekunden einen neuen olympischen Rekord.

Rechts: Start des 100-Meter-Laufs bei den Olympischen Spielen 1936 in Berlin.

Als im Sommer 1936 die Olympischen Spiele in Deutschland stattfanden, wollte Adolf Hitler dabei ein aufstrebendes Land präsentieren. In Wirklichkeit war Deutschland von pseudowissenschaftlichem Rassismus rund um die „arische Rasse" überschattet – und der afroamerikanische Leichtathlet Jesse Owens stellte die Welt auf den Kopf, als er vier Goldmedaillen gewann, eine davon im prestigeträchtigen 100-Meter-Lauf der Männer.

Der 22-jährige Owens hatte bereits als Student der Ohio State University Weltrekorde im Laufen aufgestellt. Aber wie viele schwarze Menschen in den USA hatte er kein einfaches Leben. Er lebte in einer Gesellschaft, die Rassentrennung betrieb, hatte mehrere Jobs, um sein Studium zu finanzieren, und bekam trotz seines sportlichen Könnens kein Stipendium.

Aber trotz der Rassenprobleme in den USA war es später Deutschland, das ins Blickfeld geriet, wegen seiner Verfolgung aller, die nicht Hitlers Idealbild für das Land entsprachen. Doch der Zweite Weltkrieg lag noch fünf Jahre in der Zukunft, und die Olympischen Spiele waren bereits fünf Jahre zuvor, im Jahr 1931, an Berlin vergeben worden.

Die USA erwägten wegen des bereits hinreichend bekannten NS-Regimes einen Boykott der Spiele, stimmten einer Teilnahme letztlich aber zu. Ihre Aussage, dass Sport nicht mit Politik und Diskriminierung vermischt werden sollte, war zwar gerechtfertigt, klang aus einem Land mit eigener Rassenproblematik jedoch nach Heuchelei. Berlin und Umgebung wurden „gesäubert", um den Argwohn der Gäste zu zerstreuen. Antisemitische Propaganda wurde verdeckt, und „unerwünschte" Minderheiten wurden in Lagern versteckt. Ironischerweise musste sich Owens im faschistischen Land nicht der Rassentrennung unterwerfen und genoss die gleichen Rechte wie seine weißen Mitbewerber. Er wurde sogar zum ersten schwarzen Sportler mit einem Sponsor, als ihn ein junger deutscher Unternehmer namens Adi Dassler dazu überredete, dessen Adidas-Schuhe zu tragen.

Im 100-Meter-Lauf entkam Owens der späten Aufholjagd des bisherigen Weltrekordhalters Ralph Metcalfe und gewann Gold. In den folgenden fünf Tagen gewann er drei weitere Goldmedaillen: im Weitsprung, im 200-Meter-Lauf und im Staffellauf.

Owens Triumph trübte Hitlers Vorstellung von der arischen Überlegenheit. Aber den Behauptungen, dass Hitler ihn bei den Spielen beleidigt hätte, entgegnete Owens, dass es sein eigenes Land war, das ihn gekränkt habe: Trotz seiner Leistungen hatte er keine Nachricht von Präsident Roosevelt erhalten.

Owens kehrte als Held in die USA zurück. Er starb im Jahr 1980 im Alter von 66 Jahren und wird als Mann in Erinnerung bleiben, der bewiesen hatte, dass es die Persönlichkeit ist und nicht die Nationalität, Religion oder Rasse, die einen Menschen ausmacht.

AUF EINEN BLICK

Der schwarze Leichtathlet Jesse Owens gewann bei den Olympischen Spielen 1936 in Deutschland vier Goldmedaillen und war damit haushoch überlegen. In den USA, wo die Rassentrennung noch zum Alltag gehörte, wurde sein Triumph jedoch größtenteils ignoriert – ironischerweise, da sich die USA deutlich gegen die arischen Ideale Hitlers aussprachen.

R-1108

Oben: Luftaufnahme der Erdölraffinerie.

Links: Zwei Männer besichtigen den Ort der ersten produzierenden Ölquelle in Dhahran, Saudi-Arabien.

GRÖSSTER ERDÖLFUND DES 20. JAHRHUNDERTS

SAUDI-ARABIEN

MÄRZ 1938

Erdöl ist der am meisten gehandelte Rohstoff auf der Welt, und es beeinflusst die gesamte Wirtschaft. Darum war die Entdeckung eines riesigen Ölvorkommens in Saudi-Arabien eine bedeutende Nachricht.

Bis in die 1930er-Jahre hatte das Königreich Saudi-Arabien kein besonderes Interesse an Öl gehabt. Seine Wirtschaft stützte sich auf die Pilgerreisen nach Mekka und Medina, die beiden heiligsten Städte des Islam. Abd-al-Aziz Ibn Saud hatte das Königreich im Jahr 1932 gegründet, nachdem er drei Jahre lang damit beschäftigt gewesen war, das angebliche Land seiner Familie, der Dynastie der Saud, zurückzugewinnen.

Die USA erkannten die ungenutzten Möglichkeiten der über zwei Millionen Quadratkilometer großen Landfläche Saudi-Arabiens und baten Ibn Saud um die Genehmigung, im nun größten Land des Nahen Ostens nach Erdöl zu bohren.

Der König hoffte, dass Wasser gefunden würde und gestattete 1933 dem Großunternehmen Standard Oil of California, in einer Wüste am Persischen Golf im Nordosten des Landes zu bohren. Nach vier Jahren war man noch immer nicht auf Öl gestoßen, und die Bohrungen schienen erfolglos. Im März 1938 führte man im Osten des Landes den siebenten Bohrversuch durch und stieß auf mehr Öl, als man je zuvor entdeckt hatte.

Was die Amerikaner gefunden hatten, wurde später als das Ghawar-Ölfeld bekannt – über 5 Millionen Quadratkilometer Rohöl auf einer Länge von rund 280 Kilometern. Man schätzt, dass allein dieses Ölfeld mehr als die Hälfte der Ölförderung Saudi-Arabiens ausmacht.

Sechs Jahre später wurde die ehemals US-amerikanische Ölgesellschaft in Arabian American Oil Company, kurz Aramco, umbenannt und im Jahr 1980 von den Saudis verstaatlicht. Saudi-Arabien war zum erdölreichsten Land der Welt geworden und verfügte mit diesem Status über eine enorme Verhandlungsmacht am Weltmarkt. Erdöl macht über 90 Prozent der Exporte Saudi-Arabiens aus; man schätzt, dass das Land über 250 Milliarden Barrel an Ölreserven besitzt und immer noch 5 Millionen Barrel pro Tag fördert.

Jener Tag im März 1938 hatte das Land entscheidend geprägt. Saudi-Arabien war wirtschaftlich nun nicht mehr auf Tourismus und Pilgerreisen angewiesen, sondern hatte den Jackpot geknackt und war zu einem der einflussreichsten Staaten der Welt avanciert.

AUF EINEN BLICK

Der Opportunismus der USA führte 1938 im neu gegründeten Saudi-Arabien zur Entdeckung des größten Erdölvorkommens, das je gefunden wurde. Der Besitz des meistgehandelten Rohstoffs der Welt machte Saudi-Arabien im Großteil des 20. Jahrhunderts und im frühen 21. Jahrhundert zum erdölreichsten Land und steigerte damit exponentiell seine politische Bedeutung und seinen finanziellen Wohlstand.

WESTFELDZUG DER DEUTSCHEN WEHRMACHT

NIEDERLANDE, BELGIEN, LUXEMBURG, FRANKREICH
10. MAI 1940

Oben: Deutsche Panzer bahnen sich im Mai 1940 ihren Weg durch Belgien und erobern das Land in weniger als drei Wochen.

Rechts: Deutsche Truppen fahren im Juni 1940, nach der Invasion Frankreichs, am Obelisken von Luxor in Paris vorbei.

Unten: Ju-87-Sturzkampfbomber halfen dabei, die Alliierten von Nordfrankreich an die Kanalküste zurückzudrängen.

Der Polenfeldzug der Nazis im September 1939 brachte Großbritannien und Frankreich dazu, Deutschland den Krieg zu erklären. In den ersten Monaten danach, in der Phase des sogenannten „Sitzkriegs“, warteten die Staaten ab, ob Adolf Hitler noch weitere Gebiete zu erobern versuchte.

Die Antwort kam mit seiner Invasion in Norwegen und Dänemark im April 1940. Der Sitzkrieg endete schließlich am 10. Mai, als die Nazis „Fall Gelb“ starteten, den Blitzkrieg gegen die Niederlande, Belgien und Luxemburg. Zusammen mit Frankreich, Norwegen und Dänemark (und später Deutschland selbst) bildeten die Kampfzonen dieser Länder die Westfront des Zweiten Weltkriegs.

Der Blitzkrieg überrumpelte die Alliierten total. Panzer rückten zügig über das offene Gelände vor, aber die wahre Bedrohung kam aus der Luft, in Form von zermürbenden und zerstörerischen Bombenangriffen auf größere Städte und Versorgungspunkte. Die Nazis setzten diese Methoden schnell und entschieden ein, sodass ihre Gegner kaum Gelegenheit hatten, sich zu erholen oder zurückzuschlagen.

Der Blitzkrieg machte Schluss mit den langwierigen Grabenkämpfen des Ersten Weltkriegs. Zusätzlich hatte die Kombination aus mobilen Bodentruppen und Flugzeugen den Vorteil, dass Deutschland nicht gegen den Friedensvertrag von Versailles verstieß. Dieser hatte nämlich nach dem Ersten Weltkrieg die Größe der deutschen Armee stark beschränkt. Nun rückten die Nazis weiter in die Niederlande vor, angeführt von den kampfstarken „Mark III“-Panzern, und erzwangen innerhalb von fünf Tagen ihre Kapitulation. Luxemburg hielt nur 48 Stunden lang stand, und Belgien fiel innerhalb von 18 Tagen.

Der Angriff auf die Beneluxstaaten war zum Teil nur ein Ablenkungsmanöver. Hitlers Hauptziel war Frankreich, und die Invasion unter dem Decknamen „Fall Rot“ begann am 13. Mai. Deutsche Panzereinheiten drangen aus Belgien durch die dichten Wälder der Ardennen, bevor sie rasch den Ärmelkanal ansteuerten. Die Streitkräfte der Alliierten, bestehend aus dem britischen Expeditionskorps sowie den französischen und belgischen Truppen, wurden überwältigt. Nach einem erfolglosen Gegenangriff bei Arras waren die Alliierten gezwungen, sich nach Dünkirchen zurückzuziehen. Von dort aus konnten in den neun Tagen vom 26. Mai bis zum 4. Juni 338 226 Soldaten evakuiert werden.

Nach sieben Wochen kapitulierte Frankreich vor den Deutschen, zum großen Entsetzen der restlichen Welt. Am 25. Juni wurde ein Waffenstillstand vereinbart, der den größten Teil Frankreichs besetzt ließ, während im Süden des Landes eine unbesetzte Zone verblieb. Für Deutschland war dies ein überwältigender Erfolg: In weniger als zwei Monaten hatten sie das erreicht, was sie in den vier Jahren Grabenkämpfen des Ersten Weltkriegs vergeblich versucht hatten.

AUF EINEN BLICK

Deutschland hatte aus den Grabenkämpfen des Ersten Weltkriegs gelernt und stürmte mit einer Kombination aus Bombenangriffen und wendiger Artillerie im Jahr 1940 durch Europa. Die Briten traten von Dünkirchen aus den Rückzug über den Ärmelkanal an. Erst vier Jahre später gelang es den Alliierten, die besetzten Gebiete zurückzuerobern und das Blatt des Kriegs zu wenden.

Oben: Sowjetische Panzer auf dem Weg in die Schlacht am 22. Juni 1941, dem ersten Tag des deutschen Angriffs auf die UdSSR.

Rechts: Frauen heben Panzergräben nahe Moskau aus, um Hitlers Unternehmen Barbarossa zu stören.

ANGRIFF AUF RUSSLAND

SOWJETUNION
22. JUNI 1941

Die deutsche Offensive gegen die Sowjetunion unter dem Decknamen „Unternehmen Barbarossa" war der größte militärische Einsatz der Geschichte. Über 4,5 Millionen Truppen fielen mit 600 000 Fahrzeugen und 750 000 Pferden entlang einer 2900 Kilometer langen Front ein. Der Angriff begann am 22. Juni 1941.

Hitler wollte Russland mit der Blitzkrieg-Strategie erobern, die an der Westfront so erfolgreich gewesen war. Die Deutschen waren überzeugt, dass die UdSSR genauso schnell fallen würde wie Frankreich. Unternehmen Barbarossa war das Ergebnis einer sechsmonatigen Planung mit dem Ziel, den europäischen Teil der Sowjetunion, bis zur gedachten A-A-Linie zwischen den Städten Archangelsk und Astrachan, zu erobern.

Obwohl Hitler schon lange in die Sowjetunion einmarschieren wollte, hatte er seine Absichten hinter einem Nichtangriffspakt, dem Molotow-Ribbentrop-Pakt, verschleiert, der 1939 kurz vor Deutschlands Polenfeldzug geschlossen wurde. Dieser Vertrag kam überraschend, da die Feindseligkeiten und die ideologischen Unterschiede zwischen Deutschland und der UdSSR bekannt waren. Im Jahr 1940 folgte ein Handelsabkommen, aber beide Länder misstrauten einander weiterhin. Der Sowjetunion wurde angeboten, dem Dreimächtepakt zwischen Deutschland, Italien und Japan beizutreten, aber die Verhandlungen scheiterten, und ein Krieg zwischen den beiden Ländern erschien wieder wahrscheinlicher.

Hitler hielt die Rote Armee für geschwächt. Gleichzeitig wurde die Propaganda verbreitet, dass Unternehmen Barbarossa ein notwendiger Präventivschlag gegen einen gefährlichen Feind sei. Dann entstand aus dem Balkanfeldzug Deutschlands der Krieg gegen die Sowjetunion. Trotz des Truppenaufmarschs der Achsenmächte im Grenzgebiet zwischen Rumänien (in deutscher Hand) und der Sowjetunion im Februar 1941, wurden die Sowjets vom Angriff überrascht. Der sowjetische Diktator Stalin hatte nicht geglaubt, dass Deutschland eine zweite Front errichten würde.

Zu Beginn des Unternehmens erzielten die Nazis beträchtliche Erfolge und eroberten einige wirtschaftlich bedeutsame Gebiete, wie die Ukraine. Doch sie hatten die stoische Ausdauer der Roten Armee unterschätzt. Die Nazis hatten fest mit einem Sieg vor dem Winter gerechnet und waren für die eisigen Temperaturen und schlechten Straßenverhältnisse nicht gerüstet – was auch zu ihrem Scheitern beitrug.

Im Oktober 1941 waren die Deutschen bis zur sowjetischen Hauptstadt vorgestoßen, verloren jedoch diese zweimonatige Schlacht um Moskau. Der entscheidende Moment kam am 5. Dezember, als ein Gegenangriff der Roten Armee die Nazis zurückdrängte und Unternehmen Barbarossa zerschlug. Aber der Krieg an der Ostfront ging weiter: 1942 griff Deutschland Stalingrad an, und weiter nördlich zog sich die Leningrader Blockade bis 1944 hin.

AUF EINEN BLICK

„Unternehmen Barbarossa", Hitlers Angriff gegen die Sowjetunion im Juni 1941, errichtete eine zweite Front im Krieg in Europa. Doch der russische Winter, das unwirtliche Gelände und die Rote Armee in ihrer vertrauten Umgebung waren für die Deutschen unüberwindbar. Als es ihnen nach langem Kampf nicht gelang, Moskau einzunehmen, war Unternehmen Barbarossa zum Scheitern verurteilt.

Oben: Das Schlachtschiff „USS Arizona" wird am 7. Dezember 1941 von japanischen Flugzeugen bombardiert und sinkt.

Links: Zu den sinkenden Schlachtschiffen nach dem Angriff der Japaner auf Pearl Harbor zählten die „USS California" (rechts vorne) und die „USS Oklahoma".

Kleines Bild: Mitsubishi-Sturzkampfbomber auf einem japanischen Flugzeugträger vor ihrem Angriff auf Pearl Harbor.

ANGRIFF AUF PEARL HARBOR

HAWAII
7. DEZEMBER 1941

Bis zu den Anschlägen vom 11. September 2011 war der 7. Dezember 1941 jener Tag gewesen, den die USA nie vergessen würden. Der verheerende Angriff der Japaner auf den US-Marinestützpunkt im Hafen von Pearl Harbor auf Hawaii brachte enorme Verluste und trieb die USA in den Zweiten Weltkrieg.

Schon seit einiger Zeit gab es Spannungen zwischen den USA und Japan, die in den 1930er-Jahren schließlich eskalierten. Der Grund dafür war Japans Umgang mit seinem Nachbarstaat China. Japans Einmarsch in Französisch-Indochina zu Beginn der 1940er-Jahre führte dazu, dass die USA den Export von Erdöl nach Japan einstellten. Japan sah sich daraufhin nach alternativen Öllieferanten um: Indonesien (damals unter der Herrschaft der Niederlande) und die Philippinen (in amerikanischer Hand).

Da ein Angriff auf die Philippinen einen Gegenschlag der USA provozieren würde, beschloss Japan, die US-Streitkräfte vor der geplanten Invasion außer Gefecht zu setzen. Und Pearl Harbor war jener US-Stützpunkt, der den Philippinen am nächsten lag.

Japan übermittelte den USA die Nachricht, dass es die Verhandlungen einstellen werde. Die Botschaft sollte noch vor dem Angriff eintreffen, aber Probleme bei der Übertragung und Entschlüsselung führten dazu, dass die Nachricht erst nach Beginn des Angriffs ankam.

Der Angriff kam für die USA total überraschend. Beide Länder waren sich des Konfliktpotenzials zwar bewusst gewesen, aber die USA hatten vermutet, dass Japan erst die Philippinen angreifen würde. Und sie hatten die militärische Stärke Japans unterschätzt. Die Amerikaner hatten die japanische Flotte sogar auf ihren Radarschirmen gesehen, aber sie fälschlicherweise für Verbündete gehalten.

Am Sonntag, den 7. Dezember, starteten die Japaner kurz vor 8:00 Uhr ihren fast zweistündigen Luftangriff. Es gab über 2300 Tote, die Hälfte davon stammte vom Schlachtschiff „USS Arizona", das bereits nach wenigen Minuten von einer japanischen Bombe zerstört wurde.

Mit dem Hafen in Trümmern, sieben zerstörten Schiffen und weiteren ernsthaft beschädigten mussten die USA ihren Isolationismus beenden. Am folgenden Tag sprach Präsident Roosevelt zur Nation, und knapp eine Stunde später erklärten die USA Japan den Krieg.

Deutschland kapitulierte im Mai 1945, Japan folgte im August nach den Atombombenabwürfen auf Hiroshima und Nagasaki.

AUF EINEN BLICK

Japans unangekündigter Luftangriff auf Pearl Harbor war der auslösende Moment, der die USA in den Zweiten Weltkrieg trieb. Über 2300 Menschen wurden dabei verwundet oder getötet. Vier Jahre später erlitt Japan die Atombombenabwürfe der USA auf Hiroshima und Nagasaki.

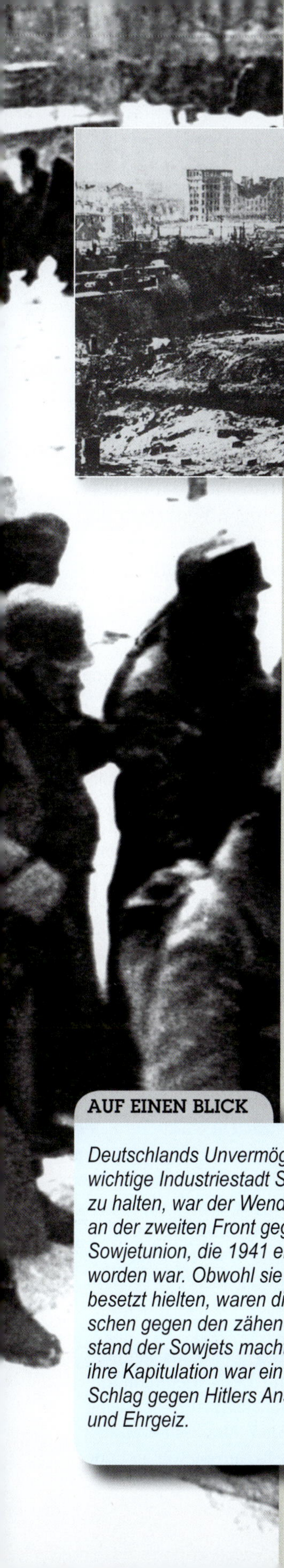

DIE NIEDERLAGE VON STALINGRAD

SOWJETUNION
2. FEBRUAR 1943

Oben: Die verwüstete Stadt Stalingrad während der Belagerung durch deutsche Truppen in den Jahren 1942 und 1943.

Links: Nach dem Sieg der Roten Armee über die Deutschen im Februar 1943 werden Gefangene durch die verschneiten Straßen von Stalingrad geführt.

Kleines Bild: Ein riesiges Denkmal für die Verteidiger von Stalingrad steht am Mamajew-Hügel, wo einige der erbittertsten Kämpfe stattfanden.

Die Schlacht von Stalingrad war eine der blutigsten Schlachten der Geschichte. Die Zahl der Opfer wird auf über 1,5 Millionen geschätzt. Die militärische und zivile Beteiligung war höher als bei jeder anderen Schlacht. Der entscheidende Sieg der Sowjetunion brachte eine wichtige Wende im Zweiten Weltkrieg: Deutschland erlitt einen ersten militärischen Rückschlag. Der Beginn der sowjetischen Gegenoffensive war mitverantwortlich für Deutschlands bedingungslose Kapitulation im Jahr 1945.

Nachdem die deutsche Wehrmacht im Dezember 1941 in Moskau zurückgeschlagen worden war, formierte sie sich neu und wartete auf den Frühling 1942 und das Ende des strengen Winters, um ihre zweite Offensive in der Sowjetunion zu starten. Die Eroberung Stalingrads war Hitler besonders wichtig, denn die Stadt war ein bedeutendes Industriezentrum in verkehrsgünstiger Lage an der Wolga. Wenn Stalingrad in den Händen der Nazis war, konnten sie der Roten Armee die Treibstoffzufuhr kappen – und Hitler freute sich auf die Propaganda, die das Erobern der nach dem sowjetischen Diktator Stalin benannten Stadt bringen würde.

Die Wehrmacht begann ihren Vorstoß in die südliche Sowjetunion am 28. Juni 1942. Sie traf auf wenig Widerstand und erreichte Ende Juli den Stadtrand von Stalingrad. Stalin war sich der entscheidenden Bedeutung der Schlacht bewusst und rief jeden zu den Waffen, der ein Gewehr halten konnte. Die Sowjets nahmen ihn beim Wort und machten sich bereit, die Stadt mit allen Mitteln zu verteidigen.

Die Bomben der Luftwaffe legten einen großen Teil Stalingrads in Trümmer. Die deutschen Truppen hatten bisweilen bis zu 90 Prozent der Stadt unter ihrer Kontrolle, konnten jedoch nie die letzten Widerstände im Stadtzentrum am Westufer der Wolga beseitigen. Die Stärke der Deutschen lag in koordinierten, vereinten Großangriffen und nicht in den Nahkämpfen und Häusergefechten in den Straßen von Stalingrad. Die Kampfhandlungen zogen sich über Monate hin, bis wieder der kalte russische Winter zuschlug, der die Nazis bereits Anfang des selben Jahres in die Knie gezwungen hatte.

Stalin nutzte diesen Vorteil aus und startete im November 1942 einen Gegenschlag unter dem Decknamen „Operation Uranus“. Eine Zangenbewegung der Sowjets schloss die Nazi-Truppen in der Stadt ein und schnitt sie von ihren Versorgungslinien ab. Nachdem sie drei Monate lang eingekesselt waren, kapitulierten die überlebenden Deutschen, ausgehungert, durchfroren und verzweifelt, im Februar 1943. Ihr Kommandant, Feldmarschall Paulus, hatte den Befehl missachtet, bis zum letzten Mann zu kämpfen und lieber Selbstmord zu begehen, als sich gefangennehmen zu lassen, und zog damit Hitlers Zorn auf sich. Nach diesem Ereignis fingen die Generäle an, ihr Vertrauen in Hitler zu verlieren.

AUF EINEN BLICK

Deutschlands Unvermögen, die wichtige Industriestadt Stalingrad zu halten, war der Wendepunkt an der zweiten Front gegen die Sowjetunion, die 1941 errichtet worden war. Obwohl sie die Stadt besetzt hielten, waren die Deutschen gegen den zähen Widerstand der Sowjets machtlos, und ihre Kapitulation war ein schwerer Schlag gegen Hitlers Ansehen und Ehrgeiz.

Oben: Omaha Beach am D-Day. Die Landung der alliierten Streitkräfte brachte die unwiderrufliche Wende im Krieg in Europa.

Rechts: US-Truppen landen am 7. Juni 1944, einen Tag nach dem D-Day, an einem der Invasionsstrände in der Normandie.

Unten: General Dwight D. Eisenhower (links) berät sich mit seinem Stellvertreter, dem britischen Feldmarschall Bernard Montgomery (rechts).

LANDUNG DER ALLIIERTEN IN DER NORMANDIE

NORMANDIE, FRANKREICH

6. JUNI 1944

Mit dem D-Day, der Landung der Alliierten im von Deutschland besetzten Frankreich, ging der Zweite Weltkrieg in Europa in seine Endphase. In den frühen Morgenstunden des 6. Juni 1944 begann Operation Overlord unter der Leitung von US-General Dwight D. Eisenhower, dem Oberbefehlshaber der Alliierten. Die Streitkräfte der Alliierten bestanden aus britischen, US-amerikanischen und kanadischen Einheiten sowie einigen Vertretern der Freien Französischen Truppen. Die „21st Army Group“ wurde vom britischen General Bernard Montgomery kommandiert, der für seinen Sieg in der Schlacht von El Alamein im Jahr 1942 in Ägypten berühmt war.

Mit einem Tag wetterbedingter Verspätung begann die Landung auf einem 80 Kilometer langen Küstenstreifen in der Normandie. Er bestand aus fünf Strandabschnitten mit den Codenamen „Gold“, „Sword“, „Juno“, „Omaha“ und „Utah“. Der Angriff fand in zwei Phasen statt: Ein Luftangriff kurz nach Mitternacht, gefolgt von einer Landung vom Wasser aus um 6:30 Uhr.

Das Invasionsheer war gewaltig. Allein aus der US-Luftwaffe waren rund 5000 Schiffe und 13 000 Flugzeuge vertreten. Zwei temporäre Häfen, die sogenannten Mulberry-Häfen, wurden errichtet, um bis zur Einnahme der richtigen Häfen Ersatz zu haben. Am ersten Tag der Operation landeten rund 175 000 Alliierte.

Die Deutschen leisteten entschlossenen Widerstand, besonders an den Stränden Omaha und Utah, wo die US-Truppen einfielen. Doch die Alliierten errichteten einen Brückenkopf mit Unterstützung aus der Luft durch Fallschirmjäger und Gleiter. Von dort aus schwärmten sie weiter in das Land aus. Während der Kampfhandlungen erlitten die Alliierten geschätzte 10 000, die Deutschen bis zu 9000 Verluste.

Innerhalb von vier Wochen landeten mehr als eine Million alliierte Soldaten in der Normandie, und die Wehrmacht wurde zur Seine zurückgedrängt. Etwa 100 000 Deutsche kapitulierten bei Falais. Und mit der Invasion Südfrankreichs war der Sieg der Alliierten zum Greifen nah.

Ende August befreiten die Alliierten Paris und rückten weiter in Richtung Niederlande und an den Rhein vor, obwohl sie auch einige Rückschläge erlitten und es ihnen nicht gelang, die Brücken bei Arnhem in den Niederlanden einzunehmen. Als der Gegenangriff der Deutschen, die Ardennenoffensive, zurückgeschlagen wurde, schwand die letzte Hoffnung der Nazis auf einen Sieg an der Westfront.

Mit dem Vorrücken der Roten Armee aus dem Osten war der Krieg beinahe zu Ende. Die Truppen der USA und der Sowjetunion trafen an der Elbe zusammen, und zwei Tage später, am 30. April 1945, beging Hitler in seinem Bunker in Berlin Selbstmord. Am 7. Mai 1945 kapitulierten die Deutschen bedingungslos, und der Krieg in Europa war zu Ende.

AUF EINEN BLICK

Unter dem Decknamen „Operation Overlord“ markierte die Landung der Alliierten in Nordfrankreich im Juni 1944 den Beginn der letzten Kriegsphase in Europa. Nach der Landung rückten britische, US-amerikanische und kanadische Truppen nach Paris und die Niederlande vor; die Rote Armee kam aus dem Osten. Hitlers Tage waren gezählt.

Oben: Colonel Paul W. Tibbets neben der Boeing B-29. Er war der Pilot beim historischen Bombenabwurf auf Hiroshima.

Links: Der Atompilz über Nagasaki am 9. August 1945 nach dem Abwurf einer zweiten Atombombe durch die USA. Fünf Tage später kapitulierte Japan, und der Krieg war zu Ende.

Kleines Bild: Nur wenige Gebäude überstanden die Explosion der Atombombe in Hiroshima.

ABWURF DER ATOMBOMBE

HIROSHIMA, JAPAN

6. AUGUST 1945

Der Zweite Weltkrieg tobte seit sechs Jahren. Die Verluste der beteiligten Länder befanden sich im siebenstelligen Bereich. Nie zuvor hatte man Tod und Zerstörung in diesem Ausmaß erlebt. Im Jahr 1945 war jedoch ein Ende in Sicht. Am 6. August warfen die USA die erste Atombombe der Welt auf die japanische Stadt Hiroshima ab.

Die Alliierten hatten den Krieg gegen die Achsenmächte Deutschland und Italien gewonnen, die nun zusammenbrachen: Italien hatte 1943 kapituliert, und Deutschland hatte seine bedingungslose Kapitulation im Jahr 1945 unterzeichnet, was den Krieg in Europa beendet hatte. Nur Japan weigerte sich, aufzugeben.

Während des Kriegs hatten die USA mit der Arbeit an ihrem streng geheimen „Manhattan-Projekt" begonnen, in dem es um den Bau von Atomwaffen ging. Aus Angst, die Nazis würden dasselbe Ziel verfolgen, weitete man das ursprünglich kleine Projekt bald in ein Großvorhaben aus, an dem über 100 000 Personen beteiligt waren – darunter auch einige der führenden Wissenschaftler der Welt.

Am 16. Juli 1945 wurde die erste Atombombe bei Los Alamos in New Mexico getestet. An diesem Tag trafen sich auch US-Präsident Harry Truman, der britische Premier Winston Churchill und der sowjetische Diktator Josef Stalin in Potsdam, um über die Zukunft des besiegten Deutschlands zu sprechen. Die drei Staatsmänner forderten die Kapitulation Japans und drohten mit „völliger Zerstörung", sollten die Japaner dem Befehl nicht Folge leisten. Doch Japan ignorierte das Ultimatum.

Am 6. August um 8:15 Uhr warf der B-29-Bomber „Enola Gay" die erste Atombombe der Welt auf Menschen ab, und zwar auf Hiroshima. Die Stadt war wegen ihrer Bedeutung als Militärdepot ausgewählt worden. Unter einer riesigen Pilzwolke aus Rauch wurde sie komplett vernichtet – ein Bild, das in die Geschichte einging.

Die Bombe hatte 2000 Mal mehr Sprengkraft als alle anderen Bomben im Krieg und tötete laut Meldungen 166 000 Menschen, die meisten davon Zivilisten. Wer nicht sofort bei der Explosion umgekommen war, starb an Verbrennungen oder an den Folgen der Verstrahlung, wovon noch Jahre später viele Bewohner der Stadt betroffen waren. Der Explosionsradius betrug 2,6 Kilometer, die Hitzestrahlung verwüstete einen Umkreis von weiteren 10 Kilometern.

Nur drei Tage später warfen die USA eine zweite Bombe ab, diesmal auf Nagasaki, einen strategisch wichtigen Hafen. Die Stadt wurde völlig zerstört, und weitere 80 000 Menschen starben.

Nachdem zwei wichtige Städte vom Erdboden getilgt waren und weitere Atombombenangriffe drohten, kapitulierte Japan fünf Tage später, am 14. August, bedingungslos, auch wenn das Dokument erst am 2. September unterzeichnet wurde. Der Krieg war zu Ende, aber der Frieden hatte einen entsetzlichen Preis gekostet. Und nun kannte die Welt eine Waffe, die sämtliches Leben auf dem Planeten auslöschen konnte.

AUF EINEN BLICK

Italien und Deutschland waren besiegt. Die Alliierten wollten den japanischen Widerstand mit der Atombombe brechen und 1945 den Zweiten Weltkrieg gewinnen. Die Angriffe auf Hiroshima und Nagasaki beendeten den Krieg – und führten zum nächsten, dem Kalten Krieg zwischen dem Westen und der Sowjetunion. Beide besaßen genügend Atomwaffen, um die Menschheit auszulöschen.

DIE AUFTEILUNG INDIENS

INDIEN/PAKISTAN
15. AUGUST 1947

Oben: Der Vizekönig von Indien, Lord Mountbatten, bespricht mit einigen indischen Herrschern die Aufteilung des Landes.

Rechts: Premierminister Nehru spricht im Oktober 1947 in Delhi zu einer Versammlung aus Hindus und Muslimen und fordert ein Ende der Gewalt.

Unten: Die Grenzstadt Amritsar war ein Übergangspunkt für Abwanderer aus Indien und Pakistan.

Seit 1612 hatte sich Indien unter britischer Herrschaft befunden: zuerst unter der britischen Ostindien-Kompanie und nach 1858 als britische Kolonie. Zu dieser Zeit bestand Indien aus einigen großen, direkt von den Briten verwalteten Provinzen und aus über 500 Fürstenstaaten, die von den Briten indirekt durch indische Untertanen Großbritanniens regiert wurden.

Im frühen 20. Jahrhundert hatte die größte politische Partei des Landes, der Indische Nationalkongress, den Kampf um die Unabhängigkeit initiiert. Indiens geistiger und politischer Anführer Mahatma Gandhi war ein Befürworter der Unabhängigkeit und des gewaltfreien Widerstands gegen die britische Herrschaft. Er war jedoch gegen eine Teilung. Der Vorsitzende der Kongresspartei, Jawaharlal Nehru, spielte ebenfalls eine entscheidende Rolle in der Unabhängigkeitsbewegung und wurde schließlich Indiens erster Premierminister.

Im Jahr 1906 entstand die indische Muslim-Liga, eine neue politische Partei von Muslimen, die mit der Vorherrschaft der Hindus im Nationalkongress unzufrieden waren. Am Parteitag der Muslim-Liga im Jahr 1930 hatte der Dichter und Philosoph Allama Iqbal die Errichtung eines unabhängigen Gebiets für Muslime vorgeschlagen. Der Parteipräsident Muhammad Ali Jinnah war ursprünglich für ein vereintes Indien, 1935 aber bereits davon überzeugt, dass eine Teilung nach Religionszugehörigkeit notwendig war.

Im Januar 1946 kam es nach einer Reihe von Meutereien in der britisch-indischen Marine zu blutigen Unruhen zwischen Hindus und Muslimen in Kalkutta, die sich auf das ganze Land ausbreiteten. Die neue Labour-Regierung in Großbritannien musste nun handeln. Der britische Premierminister Clement Attlee entschied, dass Indien nicht mehr regierbar war, und kündigte die Unabhängigkeit und Aufteilung des Landes an.

Der neu ernannte Vizekönig von Indien, Lord Mountbatten, wurde mit der Aufgabe der Teilung betraut. Gemäß des Mountbattenplans bestand das neue Indien aus jenen Gebieten, in denen überwiegend Hindus und Sikhs lebten, während die Gebiete mit einer muslimischen Mehrheit Pakistan bildeten. Letzteres wurde in Ost- und Westpakistan geteilt und war geografisch durch Indien in zwei Teile getrennt. Die Fürstenstaaten durften selbst entscheiden, welchem Land sie sich anschlossen. In den darauffolgenden Monaten wanderten Millionen Flüchtlinge über die neu gezogenen Grenzen. Es kam zu gewalttätigen Ausschreitungen in einem noch nie zuvor dagewesenen Ausmaß. Rund 500 000 Menschen starben.

Im Jahr 1947 kam es zum ersten indisch-pakistanischen Krieg um den ehemaligen Fürstenstaat Jammu und Kaschmir, in dem ein hinduistischer Herrscher über eine muslimische Mehrheit regierte. Dieser Krieg war der erste von vier Kriegen, die sich nach der Teilung ereigneten. Drei davon drehten sich um Kaschmir; im Krieg von 1971 wurde aus Ostpakistan der unabhängige Staat Bangladesch.

AUF EINEN BLICK

Als Großbritannien Indien am 15. August 1947 die Unabhängigkeit gewährte, wurde auch Pakistan gegründet. Dieses neue Land bestand aus den beiden überwiegend muslimischen Gebieten im Osten und Westen, während das verbleibende Gebiet dazwischen zu Indien gehörte, wo hauptsächlich Hindus und Sikhs lebten. Aus diesem unzulänglichen Kompromiss entstand 1971 aus Ostpakistan der unabhängige Staat Bangladesch.

AUF EINEN BLICK

Chuck Yeager durchbrach im Jahr 1947 als erster Mensch mit einem Flugzeug die Schallmauer. Ab den 1950er-Jahren wurden auch die Kampfflugzeuge des Militärs überschallfähig und waren mit Turbojets statt mit Raketenantrieben ausgestattet. In der zivilen Luftfahrt gab es im 20. Jahrhundert jedoch nur ein einziges Flugzeug, das mit Überschallgeschwindigkeit flog: die Concorde.

DER ERSTE ÜBERSCHALL-FLUG

KALIFORNIEN, USA
14. OKTOBER 1947

Auch in der Zeit nach der Atombombe strebten die USA weiterhin danach, das fortschrittlichste und erfinderischste Land der Welt zu sein. Es war demnach ein US-Amerikaner, der am 14. Oktober 1947 mit einem Flugzeug zum ersten Mal die Schallmauer durchbrach.

Alles begann im März 1945, fünf Monate vor der Vernichtung von Hiroshima und Nagasaki. Das National Advisory Committee for Aeronautics – das später als NASA Menschen auf den Mond schickte – gab drei Experimentalflugzeuge (benannt XS-1, „experimental supersonic“) in Auftrag, die Informationen über schallnahe und Überschallflüge sammeln sollten.

Das in X-1 umbenannte Luftfahrzeug ähnelte eher einem Geschoss als einem Flugzeug. Es machte im Januar 1946 seine ersten Flugversuche im Gleitflug. Den ersten Flug mit Antrieb unternahm gegen Ende des Jahres Chalmers Goodlin, dessen Forderungen nach mehr Gehalt und einer Gefahrenzulage jedoch für übertrieben gehalten wurden und ihn seinen Platz im Programm kosteten.

Unter der neuen Leitung der US Air Force wurde Charles „Chuck“ Yeager, der im Zweiten Weltkrieg Pilot gewesen war, als neuer Pilot des X-1-Projekts ausgewählt. Er nannte das Flugzeug „Glamorous Glennis“ – nach seiner Frau, die er im Februar 1945 geheiratet hatte.

Beinahe wäre der historische Flug des 23-jährigen Pilots ins Wasser gefallen: Bei einem Reitunfall hatte sich Yeager einige Rippen gebrochen. Er machte jedoch beharrlich weiter, auch wenn er vor lauter Schmerzen kaum gehen konnte. Später sagte er: „Wenn ich es körperlich nicht geschafft hätte, in die X-1 zu klettern, hätte ich die Sache abgeblasen. Aber wenn ich in den Pilotensitz gelange, kann ich auch fliegen.“

Er gelangte tatsächlich ins Cockpit, und die X-1 wurde von einem B-29-Bomber über Kalifornien abgeworfen, was auf unheimliche Weise an die Atombombenabwürfe zwei Jahre zuvor erinnerte. Das Raketenflugzeug war das erste, das Überschallgeschwindigkeit erreichte: gemessene Mach 1,06 – fast 1300 km/h.

Yeager gab an, dass er 18 Sekunden lang schneller als der Schall geflogen war. Über den Flug und seine Bedeutung für die USA sagte er: „Er hat uns den Weltraum geöffnet und uns in der Luftfahrt einen Vorsprung vor dem Rest der Welt gegeben.“

Dieser Flug war ein weiterer Wettlauf, den die USA gewonnen hatten – buchstäblich und im übertragenen Sinn. Viele weitere Leistungen folgten, der Höhepunkt davon war unzweifelhaft die Mondlandung. Doch vorerst konnten die USA mit Zufriedenheit behaupten, das schnellste Land der Welt zu sein.

Links: Charles E. Yeager, Major Gus Lundquist und Captain James Fitzgerald (von links nach rechts) stehen auf der Luftwaffenbasis Muroc in Kalifornien vor der XS-1.

Unten: Präsident Truman verleiht den angesehensten Preis der Luftfahrt, die Collier Air Trophy, an den Wissenschaftler John Stack, an Chuck Yeager und an Lawrence D. Bell, dem Präsidenten der Bell Aircraft Corporation.

Oben: Premierminister David Ben-Gurion verliest vor Angehörigen des neu gegründeten Staats Israel die Unabhängigkeitserklärung.

Links: Arabische Soldaten beschießen jüdische Streitkräfte, die versuchen, die wichtige Nachschubroute zwischen Tel Aviv und Jerusalem zurückzuerobern.

ISRAELS STAATSGRÜNDUNG

TEL AVIV, ISRAEL

14. MAI 1948

Der Zionismus, die Bewegung für einen unabhängigen jüdischen Staat, gewann im späten 19. Jahrhundert an Einfluss, als unzählige russische Juden in ihre historische Heimat Palästina auswanderten. Nach dem Zusammenbruch des Osmanischen Reichs im Jahr 1917 übernahmen die Briten die Kontrolle über das Gebiet. Ihr Premier Balfour unterstützte die Bewegung, aber Widerstände der Araber in den 1920er- und 1930er-Jahren verzögerten die Staatsgründung.

Nach dem Ende des Zweiten Weltkriegs brachten die Enthüllungen rund um den Holocaust größere internationale Unterstützung für die Idee. Aber die Araber blieben strikt gegen eine Teilung Palästinas. Seit Jahrhunderten bildeten sie die Mehrheit im Land, das sie als ihr eigenes ansahen. Großbritannien wandte sich an die Vereinten Nationen, die zugunsten einer Aufteilung des Landes entschieden.

Großbritanniens Mandat für Palästina sollte am 15. Mai 1948 enden, aber die Briten weigerten sich, den neuen Plan umzusetzen. Sie hielten den UN-Beschluss für nicht ausführbar, da die Mehrheit der Bevölkerung Palästinas nur 46 Prozent des ursprünglichen Gebiets erhalten sollte. Doch die jüdischen Siedler brachten das ihnen zugewiesene Gebiet mit Waffengewalt unter ihre Kontrolle. Am Vorabend des Abzugs der Briten verkündete das jüdische Oberhaupt David Ben-Gurion während einer Feier im Stadtmuseum von Tel Aviv die Gründung des Staats Israel.

Als die Briten aus Israel abzogen, marschierten Streitkräfte aus Ägypten, Jordanien, Syrien, dem Libanon und dem Irak ein, um die Palästinenser zu unterstützen. Doch die Juden in Israel verteidigten sich nicht nur, sondern sie eroberten weitere Gebiete und erweiterten die ursprünglichen Grenzen Israels um 50 Prozent. Die Kampfhandlungen endeten 1949, als die UNO diese Erweiterung sanktionierte. Hunderttausende Palästinenser flohen aus ihren Häusern und suchten als Flüchtlinge im verbleibenden Palästina Unterschlupf, das von Jordanien und Ägypten verwaltet wurde.

Nach dem Zweiten Weltkrieg hatten viele die Errichtung eines jüdischen Staats als moralische Pflicht betrachtet. Aber dem alteingesessenen arabischen Volk in dem Gebiet eine von außen kommende jüdische Minderheit aufzubürden, würde immer für Konflikte sorgen, und das nicht nur im Land selbst. Beispielsweise machte die starke Unterstützung Israels durch die USA (verkündet von Präsident Truman nur elf Minuten nach Ben-Gurions Unabhängigkeitserklärung) die Sowjetunion zur Opposition, da sie Waffen an die Arabische Liga lieferte.

Während des Sechstagekriegs im Jahr 1967 vergrößerte Israel sein Gebiet noch weiter und erlangte die militärische Vormachtstellung in der Region. Aber trotz Friedensverträgen mit Ägypten im Jahr 1979 und der Palästinensischen Befreiungsorganisation im Jahr 1993 ist der Konflikt auch im 21. Jahrhundert nicht gelöst.

AUF EINEN BLICK

Die Aufteilung von Juden und Arabern in die Staaten Israel und Palästina war im Jahr 1948 umstritten und ist es heute noch. Die UNO genehmigte die Ausweitung von Israels Grenzen, aber spätere Friedensverträge konnten Feindseligkeiten und Terrorismus nicht verhindern.

Links: Deutsche Polizisten und US-Soldaten stehen 1948 an der Grenze zwischen dem von den Alliierten und dem von den Sowjets kontrollierten Berlin sowjetischen Soldaten gegenüber.

Rechts: Einige Berliner winken einem amerikanischen „Rosinenbomber" zu, der den Flughafen Tempelhof ansteuert.

DIE BERLIN-BLOCKADE

OSTDEUTSCHLAND

24. JUNI 1948

Nach dem Zweiten Weltkrieg hielten die Alliierten (Frankreich, Großbritannien, die USA und die Sowjetunion) das besiegte Deutschland besetzt und unterteilten das gesamte Land wie auch seine Hauptstadt Berlin in vier Besatzungszonen. Die vier Mächte waren sich einig, dass sie ein Wiederaufleben von Deutschlands militärischen Möglichkeiten und Ambitionen verhindern wollten, aber sie hatten unterschiedliche Vorstellungen von der Rolle, die das Land im Europa der Nachkriegszeit spielen sollte.

Die Westalliierten wollten Deutschland vollständig in Westeuropa integriert haben, damit sie „ein wachsames Auge" darauf halten konnten. Die Sowjetunion war jedoch besorgt, dass das Land durch so eine starke Unterstützung durch den kapitalistischen Westen den kommunistischen Ostblock destabilisieren könne. Der sowjetische Diktator Josef Stalin glaubte außerdem, dass der Marshallplan – das Wiederaufbauprogramm der USA für Europa – nur ein Täuschungsmanöver war und der Westen die nach dem Krieg entstandene Pufferzone aus kommunistischen Staaten in Osteuropa infiltrieren wolle. Darum blieb er den europäischen Verhandlungen Anfang 1948 fern, die zur Errichtung Westdeutschlands führten.

Berlin befand sich mitten in der sowjetischen Besatzungszone, durch die sämtliche Versorgungslieferungen für die Stadt führten. Für Stalin war die Stadt ein Verhandlungsdruckmittel für seine politischen Ambitionen, darum blockierten die Sowjets in der Nacht auf den 24. Juni sämtliche Land-, Bahn- und Wasserwege, die in die Stadt hinein oder aus ihr heraus führten. Ohne die Lieferungen hatten die 2,5 Millionen Einwohner Westberlins nur noch Nahrungsmittel für fünf Wochen.

Die Westalliierten waren überrumpelt. Die USA wollten militärische Macht demonstrieren – was möglicherweise einen neuen Krieg ausgelöst hätte –, aber der britische Außenminister Ernest Bevin plädierte für die Errichtung einer Luftbrücke in die Stadt. Gemäß der Vereinbarungen nach dem Krieg waren den Westalliierten drei Luftkorridore zwischen Westdeutschland und Berlin zugewiesen worden, und Bevin argumentierte, dass die Sowjets keine Flugzeuge abschießen würden, die sich auf einer humanitären Mission befänden.

Nach eher planlosen Anfangsversuchen funktionierte die Luftbrücke reibungslos. Zu Bestzeiten waren bis zu 1000 Flugzeuge in der Luft, alle drei Minuten landete eines in Westberlin. Pro Tag wurden rund 8000 Tonnen Fracht geliefert.

Die Blockade war der erste Konflikt des Kalten Kriegs; sie führte zur Gründung der NATO im April 1949, und Europa wurde sich der potenziellen Bedrohung durch die UdSSR gewahr. Stalins Plan war vereitelt, und er hob die Blockade am 12. Mai auf. Deutschland blieb geteilt, bis der Fall des Kommunismus die deutsche Wiedervereinigung im Jahr 1990 brachte.

AUF EINEN BLICK

Als die Sowjetunion 1948 versuchte, das mitten in Ostdeutschland gelegene Berlin vom Westen abzuschneiden, versorgten Frankreich, Großbritannien und die USA die ehemalige Hauptstadt Deutschlands über eine Luftbrücke. Stalins Machtgehabe konnte die Alliierten nicht einschüchtern, und Berlin, wie auch Deutschland selbst, blieb noch 42 Jahre lang in Ost und West unterteilt.

Blume
K ller's K
ANT
M BAHNHOF

Oben: Die UN-Generalversammlung beging 1978 den 30. Jahrestag der Allgemeinen Erklärung der Menschenrechte.

Rechts: Eleanor Roosevelt, René Cassin und R. S. S. Gunawardene feiern den zehnten Jahrestag der Allgemeinen Erklärung der Menschenrechte.

ALLGEMEINE ERKLÄRUNG DER MENSCHENRECHTE

PALAIS DE CHAILLOT, PARIS, FRANKREICH

10. DEZEMBER 1948

Der zweite verheerende Weltkrieg war noch nicht lange zu Ende, als die 1945 gegründete Generalversammlung der Vereinten Nationen im Jahr 1948 die Allgemeine Erklärung der Menschenrechte (AEMR) verabschiedete. Es war ein Versuch, Unterdrückung und Diskriminierung zu verbieten. Dieses Dokument legte erstmals schriftlich fest, dass jedem Menschen gewisse persönliche Rechte und Grundfreiheiten zustehen.

Bereits während des Kriegs hatte es Forderungen nach so einer Freiheitsurkunde gegeben. In seiner Rede zur Lage der Nation im Jahr 1941 hatte US-Präsident Franklin D. Roosevelt zum Schutz der „grundlegenden vier Freiheiten" aufgerufen: Meinungsfreiheit, Glaubensfreiheit, Freiheit von Furcht und Freiheit von Not. Das wurde zum Leitspruch einer Bewegung, die Menschenrechte zu einem Teil der Friedensbedingungen nach Kriegsende machen wollte. Und als Roosevelt 1945 starb, trug seine Witwe Eleanor entscheidend dazu bei, seine Vision zu verwirklichen.

Die Menschenrechtserklärung sollte in ihren 30 Artikeln die unterschiedlichen Wertvorstellungen und Traditionen der 58 UNO-Mitgliedstaaten widerspiegeln. Sie war ein gemeinsames Bekenntnis zu gleichen Zielen – die geteilte Vision einer gerechteren Welt. Ihr Erfolg zeigt sich in ihrer nahezu weltweiten Anerkennung; die Erklärung ist heute das bekannteste Menschenrechtsdokument der Welt und wurde in rund 250 Sprachen übersetzt. Sie dient auch als Vorlage für zahlreiche internationale Abkommen und Erklärungen und wurde in vielen Ländern in Verfassungen und Gesetze aufgenommen.

Der Text wurde ab Januar 1947 in nur knapp zwei Jahren von einem achtköpfigen Redaktionsausschuss verfasst, dessen Vorsitz Eleanor Roosevelt innehatte. Andere Mitglieder waren John Peters Humphrey (Kanada), René Cassin (Frankreich), P. C. Chang (China) und Charles Malik (Libanon). Bevor sie die Erklärung der UN-Generalversammlung vorlegten, überarbeiteten sie den Entwurf unter Berücksichtigung der Meinungen der Mitgliedstaaten. Am 10. Dezember wurde die Erklärung bis auf acht Enthaltungen einstimmig verabschiedet. Dieser Tag wird seitdem jedes Jahr als Tag der Menschenrechte gefeiert.

Zum ersten Mal in der Geschichte hatte die Völkergemeinschaft ein Dokument angenommen, das allgemeingültigen Wert besaß – „das von allen Völkern und Nationen zu erreichende gemeinsame Ideal". Im Jahr 1966 verabschiedete die UN-Generalversammlung zwei detaillierte Pakte, die die internationalen Menschenrechtsgesetze vervollständigen.

AUF EINEN BLICK

Die Allgemeine Erklärung der Menschenrechte entstand als direkte Antwort auf die Schrecken des Zweiten Weltkriegs und ist die erste weltweite Festlegung von Rechten, die jedem Menschen zustehen. Ihre 30 Artikel wurden seitdem in internationale Abkommen sowie nationale Verfassungen und Gesetze eingebaut.

In Your Hands
A GUIDE FOR COMMUNITY ACTION

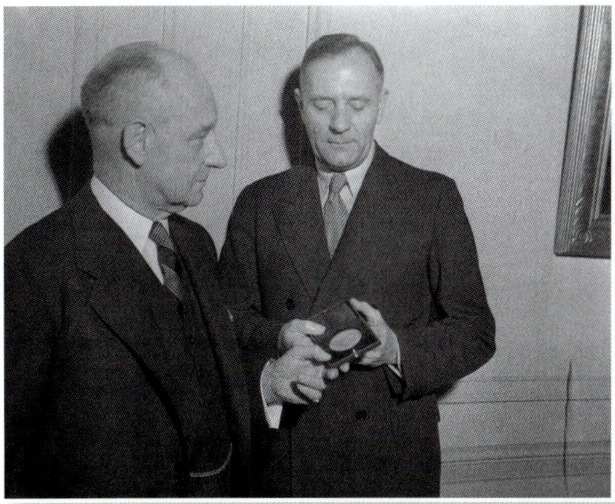

Oben: Der Präsident des Franklin-Instituts Philip Staples (links) überreicht Edwin Hubble 1939 die Franklin-Medaille.

Links: Das Hale-Teleskop im Palomar-Observatorium bei San Diego in Kalifornien.

HUBBLE BLICKT DURCH DAS HALE-TELESKOP

PALOMAR MOUNTAIN, USA
26. JANUAR 1949

Das Hale-Teleskop am Gipfel des Palomar Mountain war das jüngste in einer Reihe von neuartigen Teleskopen, die der US-amerikanische Astronom George Ellery Hale entwickelt hatte. Er hatte bereits die Observatorien Yerkes in Wisconsin und Mount Wilson außerhalb von Los Angeles gegründet, die beide große Fortschritte in der Beobachtung des Weltraums ermöglicht hatten.

Für Mount Wilson hatte Hale ein 1,53-Meter Spiegelteleskop (ein Vorgänger des Hale-Teleskops) entworfen, das 1908 sein „erstes Licht" erblickte (also erstmals für eine Beobachtung eingesetzt wurde). Es war das größte Teleskop der Welt, bis Hale in der Nähe ein zweites baute, das 2,54-Meter Hooker-Teleskop. Dieses erblickte sein erstes Licht 1917 und wurde 30 Jahre lang nicht an Größe und Qualität übertroffen.

Im Jahr 1919 stellte Hale Edwin Hubble im Mount-Wilson-Observatorium ein. Hubbles Beobachtungen dort wurden als Rotverschiebung bekannt – der Dopplereffekt des Lichts, der durch die Fluchtgeschwindigkeit entfernter Galaxien erzeugt wird – und erbrachten den Beweis, dass sich das Universum ausdehnt. Seine Entdeckung im Jahr 1929 wurde als Hubble-Konstante bekannt und bestätigte Lemaîtres „Uratom"-Theorie aus dem Jahr 1927, die später in Urknall-Theorie umbenannt wurde.

Im Jahr 1928 war es offenkundig geworden, dass man ein größeres Teleskop benötigte. Hale bekam 6 Millionen US-Dollar an Fördergeldern aus der Rockefeller-Stiftung für ein neues Teleskop mit einem gewaltigen 5-Meter-Spiegel. Der riesige Parabolspiegel bestand aus Pyrex-Glas, einem damals neuen Material.

Nicht nur bei der Herstellung dieses äußerst schweren Geräts war Erfindungsreichtum gefragt, sondern auch bei seiner Handhabung. Der ursprüngliche Spiegel wog 20 Tonnen. Er wurde 13 Jahre lang präzise geschliffen und poliert (auf zwei Nanometer), was ihn um 5 Tonnen leichter machte. Die Verspiegelungstechnik aus dem Jahr 1930 wird auch heute noch angewendet, wenn der Spiegel von Zeit zu Zeit neu beschichtet wird.

Der Bau des Hale-Teleskops überdauerte historische Ereignisse wie die Weltwirtschaftskrise oder den Zweiten Weltkrieg. Hale, der 1938 starb, erlebte den Einsatz seiner bedeutendsten Arbeit nicht mehr: Das Teleskop erblickte am 26. Januar 1949 erstes Licht, als Hubble damit einen Nebel beobachtete, der heute als Hubbles veränderlicher Nebel bekannt ist und den er zuerst durch die Teleskope von Yerkes und Mount Wilson erforscht hatte.

Das Hale-Teleskop war 27 Jahre lang das größte Teleskop der Welt, und seine Auflösung war bis 1993 unübertroffen. Es war von wesentlicher Bedeutung bei der Beobachtung von Quasaren und ist immer noch ein wichtiges Forschungsgerät für Astronomen. Zu Ehren von Hubbles Arbeit damit gab man ihm den Namen „Hubble-Teleskop".

AUF EINEN BLICK

Die Arbeit des US-amerikanischen Astronoms George Ellery Hale und seines Protegés Edwin Hubble haben unser Wissen vom Universum beträchtlich erweitert. Das Hale-Teleskop, das 1949 von Hubble eingeweiht wurde, war 27 Jahre lang das größte Teleskop der Welt und ist auch heute noch im Einsatz.

Oben: Nach der Sicherung von Incheon durch die USA werden nordkoreanische Gefangene mit vorgehaltener Waffe abgeführt.

Rechts: Rauch steigt aus den von den US-Truppen bombardierten Gebäuden in Incheon.

Unten: General Douglas MacArthur begleitet die US-Truppen während des Angriffs auf Incheon im September 1950.

DIE SCHLACHT BEI INCHEON

SÜDKOREA

15. SEPTEMBER 1950

Im Juni 1950 entlud sich eine Reihe von Gefechten entlang des 38. Breitengrads, der Korea teilte, in eine richtige Invasion. Die nordkoreanische Volksarmee (KVA) marschierte nach Süden, überrumpelte Südkorea und nahm nach nur drei Tagen die Hauptstadt Seoul ein, bevor sie weiter in Richtung der wichtigen Hafenstadt Busan im Südosten des Landes vordrang.

Ein Rückzugsgefecht der hastig zusammengestellten UN-Truppen (hauptsächlich aus Großbritannien, Australien und Nordamerika) verlangsamte die Invasionsarmee und hielt sie schließlich bei Busan auf, dem einzigen Teil Südkoreas, der nie unter der Herrschaft der Kommunisten stand. US-General Douglas MacArthur sicherte den Hafen und plante dann einen gewagten Gegenschlag.

Incheon, eine große Hafenstadt nordwestlich von Seoul, verfügte über einen gut geschützten Hafen und wurde von der KVA stark verteidigt. Es war der letzte Ort, an dem man eine umfassende amphibische Landung erwartet hätte. Darum wurden die Kommunisten am 15. September von MacArthurs Geniestreich, angeführt von US-Marines, völlig überrumpelt.

Die US-Truppen konnten Incheon mit nur minimalen Verlusten einnehmen und schnitten die nordkoreanischen Versorgungs- und Kommunikationswege ab, was zu einem chaotischen Rückzug führte. Der Kampf um die Befreiung Seouls war schwieriger und blutiger, aber MacArthur gelang es, den nun unorganisierten Feind beinahe bis an die Grenze zu China weit im Norden des Landes zu verfolgen. Diesmal war es MacArthur, der überrascht wurde, da er nicht auf das massive Eingreifen der chinesischen Armee vorbereitet war, die Nordkorea zu Hilfe eilte.

Nun waren es die UN-Truppen, die einen unorganisierten Rückzug zu den Stellungen südlich von Seoul antraten. Ende April 1951 waren sie jedoch wieder ungefähr an den 38. Breitengrad vorgerückt, wo alles begonnen hatte. Darauf folgte eine zwei Jahre dauernde Pattsituation, während über einen Waffenstillstand verhandelt wurde. Er trat im Juli 1953 in Kraft, und zwischen den beiden Ländern wurde eine entmilitarisierte Zone errichtet. Eine offizielle Friedenserklärung gab es jedoch nie.

Die Entschiedenheit der Schlacht bei Incheon war die seltene Ausnahme in einem grausamen Krieg voller Verluste (rund vier Millionen Soldaten und Zivilisten), der so gut wie nichts erreicht hatte. Der Krieg war die Folge der unerwünschten, willkürlichen und einseitig beschlossenen Teilung Koreas, die dem ehemaligen japanischen Hoheitsgebiet von den USA und den Sowjets aufgezwungen worden war. Jede der beiden Seiten strebte nach einer Wiedervereinigung unter eigenen Bedingungen, und die USA wurden in den Konflikt hineingezogen, da ihre Außenpolitik der Nachkriegszeit die Ausbreitung des Kommunismus um jeden Preis verhindern wollte. Der Vietnamkrieg stand unmittelbar bevor.

AUF EINEN BLICK

Mit dem kurzen, blutigen Koreakrieg wollten die USA die Ausbreitung des Kommunismus mit allen Mitteln eindämmen. Er war der Vorbote des längeren und noch verlustreicheren Kriegs in Vietnam. Der Koreakrieg brachte nichts, weder territoriale noch ideologische Erfolge, und eine offizielle Friedenserklärung gab es nie.

Oben: Dr. Francis Crick (links) und Dr. James Watson (rechts) bei einem Symposium über Molekularbiologie.

Links: Ein computergeneriertes Bild eines DNA-Strangs.

ENTDECKUNG DER DNA-STRUKTUR

CAMBRIDGE UND LONDON, GROSSBRITANNIEN
21. FEBRUAR 1953

Schon lange war bekannt, dass körperliche Merkmale weitervererbt werden. Welches Gen für welches Merkmal verantwortlich ist, beschäftigte die Biowissenschaften des frühen 21. Jahrhunderts. Und wenn Gene die Bausteine des Lebens sind, ist die Desoxyribonukleinsäure (DNA) ihr Bauplan.

DNA ist ein vergleichsweise einfach aufgebautes Molekül. Es besteht aus nur vier Bausteinen. Die Entdeckung der Struktur dieser Bausteine war ein entscheidender erster Schritt bei der Entschlüsselung des genetischen Codes, den sie enthalten.

In den frühen 1950er-Jahren wetteiferten zwei Teams britischer Wissenschaftler um eine Lösung dieses Problems. Am Imperial College in London entdeckten Rosalind Franklin und Maurice Wilkins eine Möglichkeit, DNA mittels Röntgenbeugung zu fotografieren. Eines ihrer Bilder zeigte ganz deutlich eine Spiralform, eine Helix. Ausgehend von diesem sichtbaren Beweis sowie von Daten über die DNA, die viele unabhängige Wissenschaftler bereits gesammelt hatten, machten sich Francis Crick und James Watson von der Universität Cambridge an den Bau der theoretischen Struktur des Moleküls.

Aus Metallstäben und -kugeln bauten sie ein Modell in der Form zweier ineinander verschlungener, miteinander verbundener Spiralen – eine Doppelhelix, die sämtliches bekanntes Wissen über die DNA darstellte. Crick und Watson verkündeten ihre Entdeckung am 28. Februar 1953. Einen Monat später erschienen Artikel von Franklin, Wilkins, Crick und Watson nebeneinander in der einflussreichen wissenschaftlichen Fachzeitschrift „Nature“.

Spätere Experimente bestätigten die Richtigkeit des Modells von Crick und Watson, und im Jahr 1962 erhielten Crick, Watson und Wilkins für ihre Entdeckung den Nobelpreis. Franklin war 1958 gestorben und damit für den Preis nicht mehr nominierbar. Weder Crick noch Watson erwähnten Franklins wegbereitende Arbeit in ihren Nobelvorlesungen, nur Maurice Wilkins würdigte ihren Beitrag.

Nun, da die Struktur der DNA bekannt war, wollte man den genetischen Code knacken. Als auch das erreicht war, gingen Wissenschaftler zur Sequenzierung des Genoms über: zuerst bei Fruchtfliegen (die nur acht Chromosomenpaare besitzen) und schließlich beim Menschen (46 Chromosomenpaare).

Die Entdeckung der DNA-Struktur hat zu wichtigen Erkenntnissen über die Entwicklung verschiedener Spezies und des Lebens selbst geführt wie auch zum besseren Verständnis von Erbkrankheiten und zu ihrer möglichen Heilung. Die DNA-Analyse gehört mittlerweile zum Standard bei der Aufklärung von Verbrechen. Doch mit den Vorteilen kommen auch ethische Risiken, und die Möglichkeit, Tiere und Pflanzen gentechnisch zu verändern, wirft moralische Fragen auf.

AUF EINEN BLICK

Der durch die DNA verkörperte genetische Code wurde 1953 von britischen Wissenschaftlern entdeckt und hat viele Bereiche des Lebens revolutioniert: von der Verbrechensaufklärung bis hin zur Erbgutveränderung von Lebewesen. Kritiker glauben, dass damit eine ethische Büchse der Pandora geöffnet wurde.

Oben: Nach ihrer Rückkehr vom Gipfel ins Camp steht Tenzing Norgay (links) und Edmund Hillary der Triumph ins Gesicht geschrieben.

Links: Der Mount Everest vom Rongpu-Kloster in Tibet aus gesehen.

BESTEIGUNG DES MOUNT EVEREST

GRENZGEBIET NEPAL/TIBET
29. MAI 1953

Erst im Jahr 1856 wurde „Gipfel 15“, wie der Mount Everest damals in der westlichen Welt genannt wurde, als höchster Berg der Welt bestätigt. In diesem Jahr ergaben Berechnungen des britischen Surveyor-Generals von Indien, Andrew Waugh, dass der Berg höher war als der bisherige Titelhalter, der Kangchendzönga. Diese Bekanntgabe war vier Jahre lang hinausgezögert worden, während das Team seine Daten immer wieder überprüfte.

Auch wenn das indische Vermessungsamt bemüht war, regionale Namen möglichst zu behalten, erfuhr Waugh nie die traditionellen Namen des Bergs, Chomolungma und Sagarmatha, da Nepal und Tibet zu dieser Zeit für Menschen aus dem Westen geschlossen waren – Waugh und sein Team mussten ihre Vermessungen aus einer Entfernung von mehr als 273 Kilometern durchführen. Waugh benannte den Berg nach George Everest, seinem Vorgänger als Surveyor-General. George Everest wies darauf hin, dass sein Name weder in Hindi geschrieben noch von den Einheimischen ausgesprochen werden konnte. Dennoch gab die britische Geologische Gesellschaft im Jahr 1865 dem höchsten Berg der Welt den offiziellen Namen „Mount Everest“. Seine allgemein anerkannte Höhe von 8848 Metern enthält eine Toleranzgröße von 3,5 Metern für Schnee und Eis.

Die erste bekannte Expedition zum Mount Everest wurde 1921 von George Mallory angeführt. Er erkundete das Gebiet, um mögliche Routen zum Gipfel zu finden, und kehrte 1924 für einen richtigen Besteigungsversuch zurück. Auf die Frage, warum er unbedingt den Mount Everest besteigen wolle, antwortete Mallory: „Weil er da ist.“ Im selben Jahr starb er bei seinem Versuch. Seine Leiche wurde 75 Jahre später gefunden. Ob er vor seinem Tod den Gipfel erreichte oder nicht, ist noch immer umstritten.

Zu anderen frühen Versuchen zählt der Flug von zwei Westland-Wallace-Doppeldeckern, die im Jahr 1933 den Everest überquerten, um eine britische Nationalflagge auf den Gipfel abzuwerfen. Gesponsert wurde der Flug von Lady Lucy Houston, einer exzentrischen Millionärin und ehemaligen Revuetänzerin.

Im Jahr 1953 leitete John Hunt die neunte britische Expedition. Er bestimmte zwei Seilschaften für den letzten Vorstoß zum Gipfel. Die erste wurde nur 100 Meter vom Gipfel entfernt von Erschöpfung übermannt. Aber am 29. Mai um 11:30 Uhr erreichte die zweite Seilschaft, bestehend aus dem Neuseeländer Edmund Hillary und dem nepalesischen Sherpa Tenzing Norgay, den Gipfel des Mount Everest und ging in die Geschichte ein. Die Nachricht dieses Erfolgs erreichte Großbritannien am Morgen der Krönung von Elisabeth II. Umgehend erhob sie Hunt und Hillary in den Ritterstand und verlieh Tenzing die George Medal. Tenzing, der sein richtiges Geburtsdatum nicht kannte, feierte seinen Geburtstag von da an am 29. Mai.

AUF EINEN BLICK

Die Erstbesteigung des höchsten Bergs der Welt, des Mount Everest, durch Tenzing und Hillary im Jahr 1953 ist auch über ein halbes Jahrhundert später immer noch die berühmteste bergsteigerische Leistung der Geschichte. Die gleichzeitig stattfindende Krönung von Elisabeth II. machte die Besteigung zu einem großen britischen Triumph, der die tristen Nachkriegsjahre erhellte und für viele ein neues, großes Elisabethanisches Zeitalter verkündete.

Oben: Senator Joseph R. McCarthy antwortet im April 1954 auf Ed Murrows im Fernsehen übertragene Kritik.

Rechts: Der Journalist Ed Murrow am Set von „See It Now“, *seiner Fernsehsendung, die von 1951 bis 1958 auf CBS ausgestrahlt wurde.*

EDWARD MURROWS KRITIK AN US-SENATOR McCARTHY

FERNSEHSENDER CBS, USA

9. MÄRZ 1954

In den Nachkriegsjahren war die Außenpolitik der USA von einem Anliegen beherrscht: der Ausbreitung des Kommunismus Einhalt zu gebieten. Bei den meisten US-Bürgern verwandelten sich Besorgnis und Misstrauen allmählich in Angst und Intoleranz. Einige Jahre lang schien sich das Freiheits- und Gerechtigkeitsdenken der USA in blinder Panik verloren zu haben. Geschürt und ausgenutzt wurde diese Panik vom Chef des FBI, J. Edgar Hoover, und einem jungen republikanischen Senator aus Wisconsin, Joseph McCarthy.

AUF EINEN BLICK

Während die USA und die Sowjetunion sich dem Wettrüsten der Supermächte widmeten, begab sich Senator Joseph McCarthy auf eine übereifrige Ein-Mann-Mission mit dem Ziel, kommunistische Sympathisanten im Land aufzuspüren. Seine Aktion traf zahlreiche Unschuldige, bis Ed Murrows Eingreifen die Wende brachte.

Die Rolle des FBI bei dieser Panikmache war geheim, also gab ihr der Senator seinen Namen: McCarthyismus. Mitarbeiter, besonders in den Bereichen Regierung, Bildung und Medien, wurden streng verhört, beim leisesten Verdacht auf kommunistische Sympathien entlassen, auf die schwarze Liste gesetzt und aufgefordert, weitere Sympathisanten der Kommunisten zu verraten. Es gab tatsächlich Hinweise auf eine kommunistische Infiltration, aber die McCarthy-Hexenjagd zerstörte das Leben und die Karriere vieler Unschuldiger und ihrer Familien. Dieses misstrauische Ausspionieren von Kollegen passte eher zu den Stasi-Praktiken der DDR als zu den freiheitsliebenden USA.

Während der Großteil der USA von der Hysterie angesteckt wurde, gab es auch kritische Stimmen. Edward Murrow war ein angesehener Fernsehjournalist, der sich während des Zweiten Weltkriegs mit Rundfunkübertragungen aus Europa in die USA einen Namen gemacht hatte. Er war für seine objektive und ehrliche Berichterstattung bekannt und hatte eine wöchentliche 30-minütige Sendung namens „See It Now“, die auf dem US-Fernsehsender CBS lief. Im Jahr 1953 wurden in der Sendung ungerechtfertigte Entlassungen in der Luftwaffe aufgedeckt. Murrow vermutete, dass er sich nun im Visier von McCarthy befand und widmete sich in der Sendung vom 9. März 1954 der ausgiebigen Kritik am Senator. Mit McCarthys eigenen Worten zeichnete Murrow ein vernichtendes Bild des Politikers und zeigte auf, welche Bedrohung für die Bürgerrechte der Senator darstellte.

Murrow war nicht der Erste, der sich gegen den McCarthyismus eingesetzt hatte: Arthur Millers Theaterstück „Hexenjagd“ aus dem Jahr 1953, in dem es vordergründig um die Hexenverfolgung in Salem in den 1690er-Jahren ging, war eine kaum verdeckte Kritik dieser Praktiken. Aber erst Murrows Sendung führte zu McCarthys Sturz. McCarthy nutzte sein Recht auf Gegendarstellung, doch seine Antwort kam nicht gut an. Verbale Entgleisungen über die Integrität der Streitkräfte schadetem seinem Ansehen noch mehr, und noch im selben Jahr erhielt McCarthy eine offizielle Rüge wegen unwürdigen Verhaltens für ein Kongressmitglied. Das Misstrauen gegenüber dem Kommunismus blieb in den USA jedoch bestehen.

Oben: Der Polioforscher Dr. Jonas Salk bei einer Pressekonferenz im Jahr 1960.

Rechts: US-Präsident Eisenhower lobt Jonas Salk im Jahr 1960, am fünften Jahrestag der Entwicklung des Polioimpfstoffs.

Kleines Bild: Ein Poliovirus unter dem Kryo-Elektronenmikroskop.

WIRKSAMER POLIO-IMPF-STOFF WIRD VERFÜGBAR

UNIVERSITÄT VON PITTSBURGH, PENNSYLVANIA, USA

12. APRIL 1955

Poliomyelitis ist eine Viruserkrankung, die das Nervensystem befällt. Sie tritt für gewöhnlich bei Kindern auf und führt zu Deformationen und Lähmungen. In der ersten Hälfte des 20. Jahrhunderts waren tausende Menschen auf der ganzen Welt davon betroffen, und die Krankheit galt als globale Epidemie. Das änderte sich im April 1955, als öffentlich bekanntgegeben wurde, dass es einen Impfstoff gab.

Die USA schienen eine regelrechte Brutstätte für das Virus zu sein, das für gewöhnlich im Sommer zuschlug. In den frühen 1950er-Jahren blickte man dem Beginn der warmen Jahreszeit bereits mit großer Sorge entgegen, da immer mehr Kinder und Erwachsene an Polio starben oder davon gelähmt blieben. Auch vom verstorbenen US-Präsidenten Franklin D. Roosevelt vermutete man damals, dass seine Lähmung eine Folge von Polio war.

Die Öffentlichkeit reagierte mit Schrecken auf diese Krankheit, die vor allem Kinder betraf, und Wissenschaftler auf der ganzen Welt forschten verzweifelt nach einem Heilmittel, einem Impfstoff, der die steigende Zahl der Todesfälle und Lähmungen verringern und einen Durchbruch in der modernen Medizin bringen würde.

Dem US-Virologen Jonas Salk gelang dieser Durchbruch. Nachdem die Impfversuche anderer Wissenschaftler mit Polio-Lebendimpfstoff zu Tod und Lähmungen geführt hatten, glaubte Salk, dass ein wirksamer Schutz nur durch einen Totimpfstoff erzielt werden konnte. Er vermutete, dass bei einer Impfung mit inaktivierten Polioviren der Körper lernen würde, das lebende Virus im Fall einer Ansteckung abzuwehren. Nach den Polio-Epidemien in den Jahren 1952 und 1953 in den USA war es nun höchste Zeit für eine Lösung.

Salk hatte bereits 1952 einen Impfstoff entwickelt, aber der musste in den darauffolgenden Jahren erst getestet werden, bevor er zum Einsatz kommen konnte. Im Jahr 1955 gab Salk in seinem Labor an der Universität von Pittsburgh bekannt, dass der weltweit erste wirksame Impfstoff gegen Polio entdeckt worden war.

Dies war der krönende Abschluss einer drei Jahre dauernden Reihe von Versuchen, die erst an Tieren und dann – was entscheidend war – an Menschen durchgeführt wurden. Kurz darauf wurden im gesamten Land großangelegte Impfkampagnen für Kinder gestartet, und Salk wurde als Retter verehrt.

Jahre später war das Virus in den USA und im Großteil der entwickelten Welt erfolgreich ausgerottet worden, und es gab nur noch wenige tausend Fälle von Polio. Das war eine beachtliche Kehrtwende, die in nur einem halben Jahrhundert vollzogen wurde.

AUF EINEN BLICK

Die als Polio bekannte Seuche konnte jeden treffen. Angeblich litt sogar der US-Präsident Franklin D. Roosevelt darunter. Dem US-Wissenschaftler Jonas Salk gelang es, Kinder mit inaktivierten Viren zu immunisieren und dadurch späteren Generationen das Leid zu ersparen, das diese Krankheit verursachte.

ROSA PARKS GIBT IHREN SITZPLATZ NICHT AUF

MONTGOMERY, ALABAMA, USA

1. DEZEMBER 1955

„Niemand kann verstehen, was Mrs. Parks getan hat, außer ihm wird bewusst, dass das Fass der Geduld irgendwann überläuft und der menschliche Geist ausruft: ‚Ich halte es nicht mehr aus.'" Das schrieb Martin Luther King Jr. im Jahr 1958. Drei Jahre zuvor war er noch ein relativ unbekannter Pastor in der Dexter Avenue-Baptistenkirche in Montgomery, Alabama. Und dann sagte Rosa Parks: „Nein."

Oben: Die Bürgerrechtspionierin Rosa Parks spricht am 25. Jahrestag der Unterzeichnung des Bürgerrechtsgesetzes zu einer Menschenmenge.

Links: Rosa Parks im Jahr 1956, nachdem der Oberste Gerichtshof der USA die Rassentrennung in den öffentlichen Verkehrsmitteln von Montgomery verboten hatte.

Parks war eine ehrenamtliche Sekretärin der NAACP (der nationalen Organisation für die Förderung farbiger Menschen) in Montgomery. Als sie sich weigerte, ihren Sitzplatz im Bus für einen weißen Mann aufzugeben, da der „weiße" Bereich bereits besetzt war, war sie nicht die Erste, die sich gegen die Rassentrennung im Süden der USA wehrte. Aber an diesem Abend hatte sie es satt. Sie wurde zur Leitfigur des überbordenden Unmuts der schwarzen Bevölkerung gegen den vorherrschenden Rassismus in Bussen und anderen Institutionen dieser Region. „Als der weiße Fahrer auf mich zukam", erinnerte sie sich, „fühlte ich mich von Entschlossenheit umhüllt wie von einer warmen Decke in einer Winternacht."

Der Fahrer rief die Polizei, die Parks wegen ihres Verstoßes gegen die Gesetze der Rassentrennung verhaftete. Nach ihrem Prozess und ihrer Verurteilung vier Tage später begann die schwarze Gemeinde einen 381 Tage dauernden Boykott der städtischen Busse. Bei jedem Wetter fuhren die 40 000 schwarzen Pendler nun in Fahrgemeinschaften oder Taxis mit schwarzen Fahrern, oder gingen zu Fuß (manchmal über 30 Kilometer), bis man ihre Forderungen nach schwarzen Busfahrern und grundlegender Höflichkeit erfüllte und Sitzplätze im Bus jenen zustanden, die sie zuerst besetzten.

Eine neue Vereinigung, die Montgomery Improvement Association, wurde gegründet, um den Boykott zu organisieren. Ihr Präsident war ein Neuankömmling in der Nachbarschaft: der junge Martin Luther King Jr. Dieses neue Amt brachte ihn buchstäblich in die Schusslinie: Während des Boykotts zündeten Befürworter der Rassentrennung Kirchen an und verübten ein Bombenattentat auf Kings Haus.

Die NAACP gewann ihren Prozess vor dem Obersten Gerichtshof der USA, und die Rassentrennung in Bussen wurde als verfassungswidrig erklärt. Am folgenden Tag, am 20. Dezember 1956, wurde der Boykott beendet. Aber Scharfschützen feuerten auf Busse und auf Kings Haus, wo sie auch wieder eine Bombe zündeten. Als Anführer des Boykotts wurde King zum Aushängeschild für die Bürgerrechtsbewegung: eine einflussreiche Stimme für ihre Anhänger und ein gefährliches Ziel für ihre Gegner. Rosa Parks sagte rückblickend: „Alle sagen immer, dass ich meinen Sitz nicht aufgab, weil ich müde war, aber das stimmt nicht, nein. Ich war es nur müde, immer nachzugeben."

AUF EINEN BLICK

Rosa Parks' symbolische Weigerung im Jahr 1955, ihren Sitzplatz für einen Weißen aufzugeben, wurde zum Mittelpunkt der Protestbewegung des Bürgerrechtsaktivisten Martin Luther King Jr. Der Kampf dauerte ein Jahr und läutete das Ende der Rassentrennung in den USA ein.

Oben: Die Staatsmänner von sechs europäischen Ländern unterzeichnen im Jahr 1957 den Vertrag zur Gründung der Europäischen Wirtschaftsgemeinschaft.

Rechts: Der französische Politiker Robert Schuman (rechts), ein starker Befürworter eines vereinten Europas, begrüßt den westdeutschen Bundeskanzler Konrad Adenauer.

DIE VERTRÄGE VON ROM

ITALIEN

25. MÄRZ 1957

Winston Churchill forderte in seiner Rede im neutralen Zürich im Jahr 1946 die Gründung einer Art „Vereinigte Staaten von Europa". Nach zwei kräftezehrenden Weltkriegen waren die europäischen Staaten entschlossen, die notwendigen Strukturen für einen dauerhaften Frieden zu errichten.

Der erste Schritt in diese Richtung war die Gründung der Bundesrepublik Deutschland und die Einbindung dieses größeren Teils des besiegten Landes in das wirtschaftliche Gefüge des Westens. Danach folgte 1951 der Vertrag von Paris zwischen Italien, Frankreich, Belgien, Luxemburg, der BRD und den Niederlanden, der die Europäische Gemeinschaft für Kohle und Stahl begründete – ein grenzübergreifender Markt für diese Branchen. Der Vorschlag dazu war ein Jahr zuvor vom französischen Außenminister Robert Schuman gekommen, um einen Krieg „nicht nur undenkbar, sondern materiell unmöglich" zu machen.

Dieser eingeschränkte Versuch der internationalen Kooperation war für die sechs beteiligten Staaten erfolgreich genug, um den Vertrag zu verlängern. Im Jahr 1957 unterzeichneten sie gleich zwei Verträge in Rom. Einer davon gründete die Europäische Atomgemeinschaft (Euratom) und diente der Verfolgung gemeinsamer Interessen im Bereich der Atomkraft. Der zweite war jener Vertrag, den man als den „Vertrag von Rom" kennt und der die Europäische Wirtschaftsgemeinschaft beschloss. Die EWG war im Großen und Ganzen eine Handelsorganisation und wurde auch „Gemeinsamer Markt" genannt.

Großbritannien hatte einen Beitritt abgelehnt, da es sich den vielen nichteuropäischen Staaten verbunden fühlte, die Mitglieder oder ehemalige Mitglieder des britischen Empire oder des Commonwealth waren. Die Briten erkannten bald die Vorteile der EWG, doch ihre Beitrittsgesuche wurden vom französischen Präsidenten Charles de Gaulle wiederholt abgeblockt. Er wollte, dass sich die EWG neben den USA und der UdSSR zu einer dritten Supermacht entwickelte, und ihm missfielen die engen Beziehungen zwischen Großbritannien und den USA. Erst nach seinem Tod konnte Großbritannien die Beitrittsverhandlungen aufnehmen und wurde 1973 ein Mitglied der EWG.

Mit der Erweiterung der EWG erweiterten sich auch ihre politischen Ziele. Die ersten Wahlen für das Europäische Parlament fanden 1979 statt. Grenzkontrollen wurden zwischen vielen Mitgliedsländern durch das Schengen-Abkommen 1985 abgeschafft. Im Jahr 1986 wurde die Wirtschaft aus dem Namen der Gemeinschaft gestrichen, und man nannte sich fortan „Europäische Union" (EU). Nach dem Ende des Kommunismus im Jahr 1990 erweiterte sich die Gemeinschaft rasch in Richtung Osten. Als Nächstes wurde 2002 eine gemeinsame Währung eingeführt: der Euro. 2012 verwendeten bereits 16 der 27 EU-Mitgliedstaaten die neue Währung. Auch wenn die Debatte über das politische Ausmaß der EU alles andere als friedlich verläuft, ist ein Krieg zwischen Mitgliedern, wie es Schuman bereits voraussah, unvorstellbar.

AUF EINEN BLICK

Nach dem Zweiten Weltkrieg wollten die Staatsoberhäupter der Welt Bündnisse schließen, um weitere Kriege zu verhindern und gleichzeitig den wirtschaftlichen Wiederaufbau durch den Handel zu fördern. Großbritanniens Beziehungen zum Commonwealth ließ die Briten außerhalb der Europäischen Wirtschaftsgemeinschaft, der sie erst 1973 beitraten. Im Jahr 2010 war die EU unter anderem durch den Beitritt vieler ehemals kommunistischer Staaten bereits auf 27 Mitglieder angewachsen.

DER START VON SPUTNIK 1

TJURATAM, KASACHSTAN

4. OKTOBER 1957

Mit dem Start des Satelliten Sputnik 1 begann zwischen den USA und der Sowjetunion der Wettlauf ins All. Was auch immer die Beweggründe dahinter waren: Das Rennen um neue Meilensteine in der Erforschung des Weltraums trieb die Regierungen der beiden Länder auf beflügelnde Entdeckungsreisen der Wissenschaft, die 30 Jahre zuvor noch unvorstellbar schienen. Obwohl die Projekte unglaubliche Summen an staatlichen Geldern verschlungen haben, ist ihr Nutzen für die Menschheit unermesslich, da viele moderne Technologien aus der Weltraumforschung stammen. Zukünftige Erkundungen stehen und fallen mit den Launen der Politik, aber die Möglichkeiten sind so unendlich wie das Universum selbst.

Oben: Ein Reserveexemplar von Sputnik 1 (rechts) und ein Nachbau von Sputnik 2 in einem Museum in Moskau.

Links: Sputnik 1 in einer Halterung aus Metall, bevor er ins All gebracht wurde. Die vier hervorstehenden Stäbe sind die Antennen des Satelliten.

Unten: Dieses Diagramm vergleicht die Umlaufbahnen von Sputnik 3 mit denen der drei US-Satelliten Explorer 1, Vanguard 1 und Explorer 3.

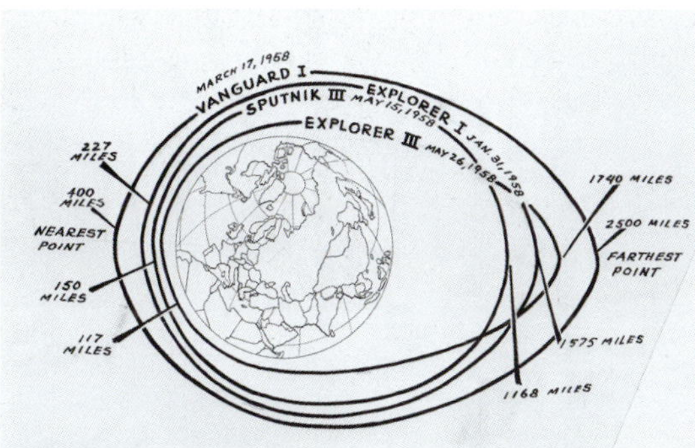

Die ersten konkurrierenden Schritte beim Wettlauf ins All wurden allerdings bereits 1955 getan, in einem Abstand von zehn Tagen: Am 29. Juli hatten die USA angekündigt, dass eine ihrer wissenschaftlichen Demonstrationen für das Internationale Geophysikalische Jahr 1957/58 der Start eines künstlichen Satelliten sein würde; am 9. August gab die Sowjetunion einen identischen Startschuss, und zwar für das Sputnik-Programm.

In den USA wurde das Forschungslabor der US Navy mit dem Bau des Satelliten betraut. Aber während die Amerikaner noch an einer Trägerrakete für die erste Stufe ihres Vanguard-Projekts bastelten, erreichte sie am 4. Oktober 1957 die Nachricht vom erfolgreichen Start des sowjetischen Satelliten Sputnik 1. Der verletzte Stolz der USA war auf der ganzen Welt spürbar. Und die Sowjets setzten dem noch die Krone auf, indem sie alle Funker dazu aufforderten, das Piepsignal des Satelliten zu verfolgen, der in 240 Kilometern Höhe alle 96 Minuten eine Erdumrundung vollendete.

Schon bald folgte Sputnik 2, der am 3. November die Hündin Laika ins All brachte. Die katastrophalen Fehlstarts zweier Vanguard-Satelliten in den folgenden vier Monaten versetzten die USA noch tiefer in Trübsinn, und die US Navy war besonders beschämt, als der Konkurrenzsatellit der US Army, Explorer 1 (nach dem Sputnik-Erfolg schnell reaktiviert), am 1. Februar 1958 als erster künstlicher Satellit der USA ins All geschossen wurde. Der langersehnte Erfolg von Vanguard 1 am 17. März desselben Jahres wurde bereits zwei Monate später durch den Start von Sputnik 3 wieder in den Schatten gestellt.

Vanguard 1 war der erste solarbetriebene Satellit, und für die US Navy mag es ein Trost sein, dass er alle seine Vorgänger überdauerte. Er sendete sieben Jahre lang und ist auch heute noch im All, während seine Vorgänger von ihrer Umlaufbahn abkamen und beim Wiedereintritt in die Atmosphäre verglühten. Die herkömmlichen Akkus von Sputnik 1 übertrugen seine Informationssignale gerade einmal drei Wochen, bevor der Satellit am 4. Januar 1958 auf die Erde fiel: Mission erfüllt.

AUF EINEN BLICK

Das Geltungsstreben der beiden atomaren Supermächte USA und Sowjetunion brachte die ersten Satelliten in die Erdumlaufbahn. Der sowjetische Satellit Sputnik 1 gewann die erste Runde des Wettrennens ins All, und die Sowjets waren auch die Ersten, die dreieinhalb Jahre danach den ersten Menschen in den Weltraum schickten.

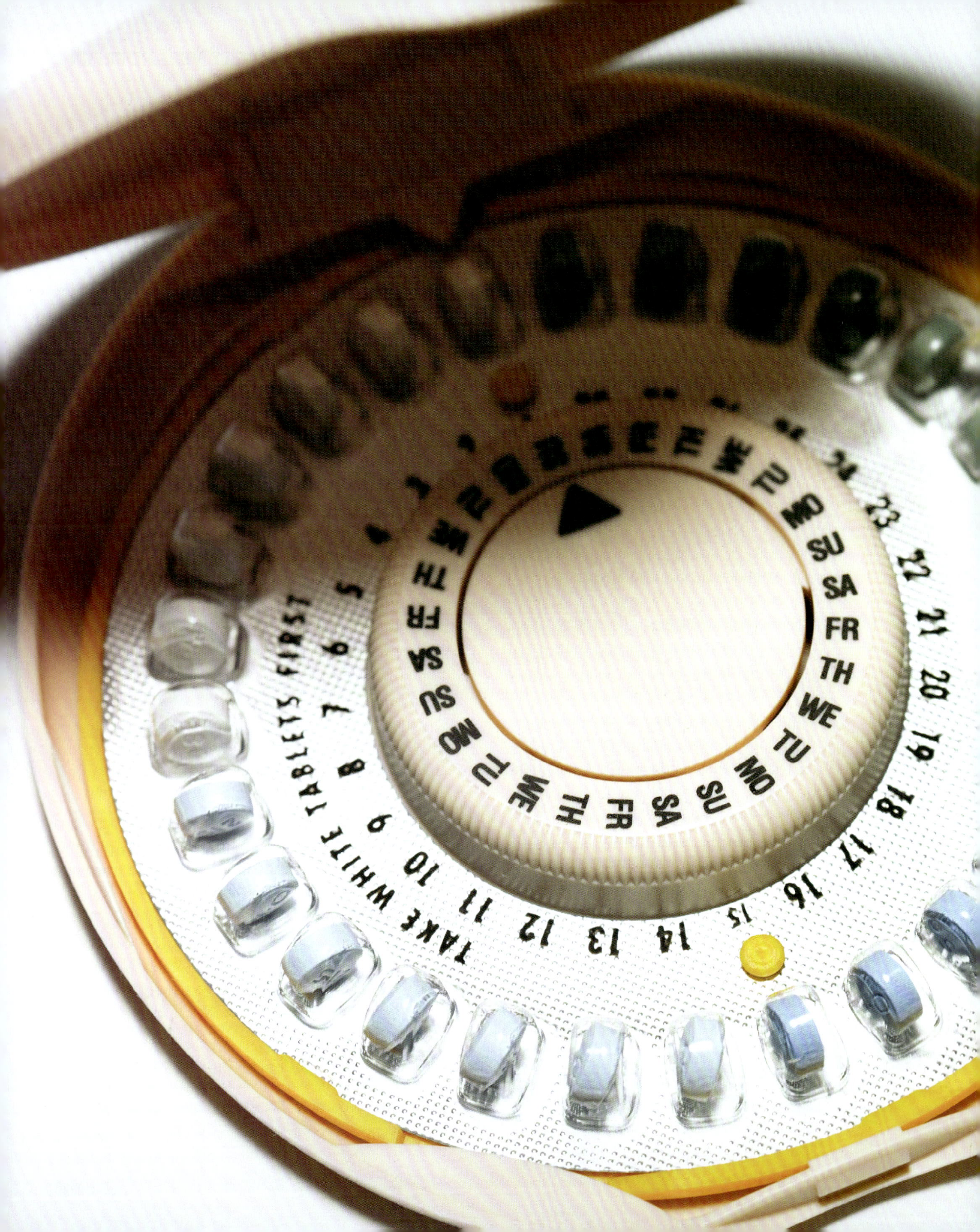
TAKE WHITE TABLETS FIRST

DIE ANTIBABYPILLE KOMMT AUF DEN MARKT

USA
9. MAI 1960

Nachdem die Antibabypille 1956 in Puerto Rico und Haiti getestet worden war, wurde sie am 9. Mai 1960 von der Arzneimittelbehörde der USA für den Markt freigegeben. Im Frühling 1961 kam sie in den USA unter den Namen Enovid und Norlutin in den Handel. Der Preis für einen Monatsvorrat betrug zehn US-Dollar.

Die Pille, wie sie allgemein genannt wird, gilt als die bedeutendste medizinische Errungenschaft des 20. Jahrhunderts. Sie wurde vom US-amerikanischen Biologen Dr. Gregory Pincus entwickelt, an den 1953 zwei Aktivistinnen für Geburtenkontrolle, Margaret Sanger und Katherine McCormick, herangetreten waren. Er führte die Forschungsarbeiten von Frank Colton weiter, einem Chemiker für die Searle Company, und im Jahr 1957 wurde die Pille als Medikament gegen Zyklusstörungen zugelassen.

Die erste Pille enthielt die synthetisch hergestellten Hormone Östrogen und Progestin, die die natürlichen Hormone des Körpers imitierten und den Eisprung unterdrückten. In ihren Anfangsjahren enthielt die Pille rund 50 Mikrogramm Östrogen, was mittlerweile aufgrund von gesundheitlichen Bedenken auf etwa 30 Mikrogramm reduziert wurde. Die Progestinmenge wurde auf ein Zehntel des ursprünglichen Anteils verringert.

Die Pille ermöglichte den Frauen größere sexuelle Selbstbestimmung. Innerhalb von fünf Jahren verwendeten 40 Prozent aller verheirateten US-Frauen unter 30 Jahren, die verhüteten, die Pille. In den frühen 1970er-Jahren wurde der Einfluss der Pille noch größer, als die Volljährigkeit auf 18 Jahre herabgesetzt wurde. Junge, ledige Frauen konnten nun einfach „die Pille nehmen“, was dazu führte, dass innerhalb von wenigen Jahren 73 Prozent aller ledigen Frauen im Alter von 18 und 19 Jahren, die verhüteten, die Pille nahmen.

Die Testreihe in Puerto Rico war auf Nebenwirkungen überprüft worden: Eine von fünf Frauen gab an, unter Übelkeit und/oder Gewichtszunahme zu leiden. Vorherige Erkenntisse wiesen auf eine Verringerung des Risikos für Brust- und Gebärmutterhalskrebs hin, aber die gesundheitlichen Bedenken blieben bestehen: Bei Kongressanhörungen zur Sicherheit der Pille wurde die US-Arzneimittelbehörde dazu angehalten, die Pharmafirmen aufzufordern, jeder Pillenpackung Informationen zu möglichen Risiken und Nebenwirkungen beizulegen. Solche Warnhinweise gab es für ein verschreibungspflichtiges Medikament zum ersten Mal.

Studien wiesen auf mögliche Zusammenhänge zwischen der Pille und Brustkrebs, Schlaganfällen, Herzinfarkten und Thrombosen hin. Einige dieser Risiken traten in Verbindung mit den Hormonmengen in der Pille auf, die mittlerweile noch weiter verringert wurden.

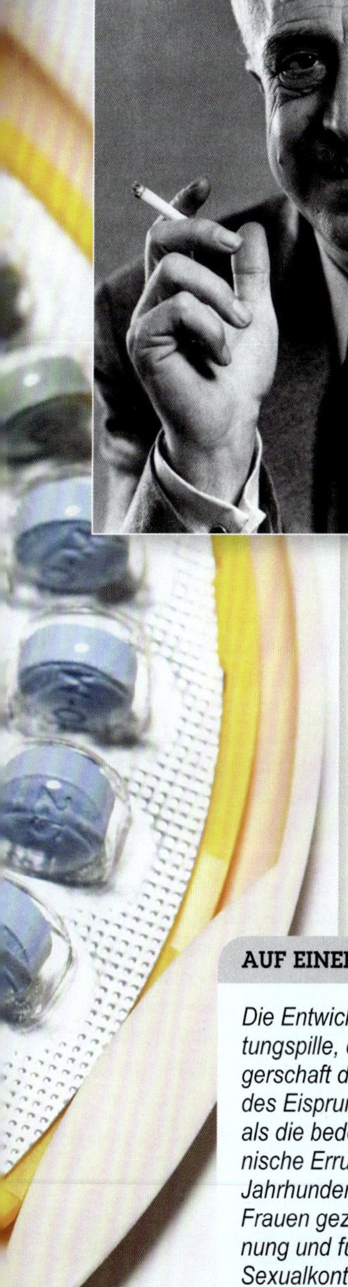

Oben: Dr. Gregory Pincus gilt als der Erfinder der Antibabypille.

Links: Eine Packung der Pille, wie sie von Millionen Frauen auf der ganzen Welt verwendet wird.

AUF EINEN BLICK

Die Entwicklung einer Verhütungspille, die eine Schwangerschaft durch Unterdrückung des Eisprungs verhindert, gilt als die bedeutendste medizinische Errungenschaft des 20. Jahrhunderts. Sie ermöglichte Frauen gezielte Familienplanung und führte zu häufigeren Sexualkontakten. Die wilden Sechziger standen vor der Tür.

US-WAHLKAMPF MIT ERSTEM FERNSEHDUELL

CHICAGO, USA
26. SEPTEMBER 1960

Oben: So sahen die USA die erste im Fernsehen übertragene Präsidentschaftsdebatte zwischen Vizepräsident Richard Nixon und Senator John F. Kennedy im Jahr 1960.

Rechts: Die Kandidaten Kennedy und Nixon begrüßen sich vor ihrer ersten Debatte.

Unten: Eine Menschenmenge empfängt Kennedy bei seiner Ankunft in Chicago vor seinem Fernsehduell.

Der republikanische Vizepräsident Richard Nixon und der Demokrat John F. Kennedy waren 1960 die Kontrahenten in der ersten im Fernsehen übertragenen US-Präsidentschaftsdebatte. Sie fand im Studio des Senders WBBM-TV in Chicago statt und wurde von allen größeren Fernseh- und Radiostationen der USA ausgestrahlt.

Die Fragen stellten Vertreter der TV-Sender NBC, CBS, ABC und Mutual; der Moderator war Howard K. Smith von CBS. In der einstündigen Sendung konnten beide Kandidaten punkten: Nixon behauptete, dass Kennedys geplante Ausgaben die Steuerzahler Milliarden von US-Dollar kosten würden, während Kennedy dem Vizepräsidenten vorwarf, „nur Lippenbekenntnisse" zur Anhebung des Mindestlohns auf einen US-Dollar pro Stunde abzulegen. Kennedy kritisierte auch Nixons Pläne für mehr Schulen und eine bessere Gesundheitsversorgung von alten Menschen: Sie seien seinen eigenen Plänen unterlegen.

Von 179 Millionen Einwohnern in den USA sahen über 66 Millionen die Sendung, die damit eine der meistgesehenen Übertragungen der US-Fernsehgeschichte war. Dennoch ergaben Umfragen danach, dass die Wahlabsichten der meisten Zuseher unverändert blieben. Als Kennedy am 8. November die Wahl mit knappem Vorsprung gewann, vermutete man, dass doch die TV-Debatte dieses Kopf-an-Kopf-Rennen entschieden hatte.

Der 43-jährige Kennedy galt im Gegensatz zum vier Jahre älteren Nixon als der telegenere der beiden. Er war kurz vor der Debatte aus dem Urlaub zurückgekehrt, sonnengebräunt und entspannt, und sein marineblauer Anzug bot einen besseren Kontrast als Nixons grauer, der sich kaum vom Hintergrund abhob. Nixon sah etwas mitgenommen aus, einerseits, weil er nicht für das Fernsehen geschminkt werden wollte, aber auch aus Erschöpfung: Erst vor Kurzem war er wegen einer Knieoperation im Krankenhaus gewesen und wirkte im Scheinwerferlicht „unrasiert, müde und verschwitzt", wie es ein Kommentator ausdrückte.

Erst 1976 fanden wieder TV-Debatten während des Präsidentschaftswahlkampfs statt, diesmal zwischen Jimmy Carter und Gerald Ford. Von da an waren die Fernsehduelle der Präsidenten und Vizepräsidenten Fixpunkte in jedem Wahlkampf. Großbritannien übernahm dieses Format 2010, als sich die Vorsitzenden der Labour-Partei, der Liberaldemokraten und der Konservativen eine Dreier-Debatte lieferten.

AUF EINEN BLICK

Die erste im Fernsehen übertragene US-Präsidentschaftsdebatte fand 1960 zwischen Richard Nixon und John F. Kennedy statt. Ihre Auswirkung auf das Wahlergebnis war nicht messbar, aber von diesem Zeitpunkt an spielte das neue Medium Fernsehen eine immer größere Rolle bei den Präsidentschaftswahlen. Es gab Fernsehkampagnen der Kandidaten, und für die Politiker wurde es wichtig, sich vor der Kamera gut in Szene setzen zu können.

MRBM FIELD LAUNCH SITE
SAN CRISTOBAL NO 1
14 OCTOBER 1962
ERECTOR/LAUNCHER EQUIPMENT
TENT AREAS
EQUIPMENT
ERECTOR/LAUNCHER EQUIPMENT
8 MISSILE TRAILERS
CONSTRUCTION

AUF EINEN BLICK

Eineinhalb Jahrzehnte voller Machtgehabe der USA und der Sowjetunion führten 1962 zur Krise um die Insel Kuba, wo sowjetische Raketen stationiert waren. Ein falsches Manöver konnte einen weltweiten Atomkrieg herbeiführen. Die Pattsituation wurde jedoch aufgelöst, die Raketen abgezogen und die Supermächte bemühten sich um eine (wenn auch etwas angespannte) Entspannungspolitik.

CHRUSCHTSCHOW ENTFERNT RAKETEN AUS KUBA

KUBA
28. OKTOBER 1962

Im Jahr 1961 versuchten die USA, das kommunistische Regime in Kuba zu stürzen. Doch eine Invasion durch von den USA ausgebildete Exilkubaner scheiterte kläglich. Die Exilanten, die in der Schweinebucht landeten, wurden innerhalb von drei Tagen von der sowjetisch unterstützten kubanischen Armee bezwungen.

Es war eine Blamage, die, wie der ehemalige US-Präsident Eisenhower vorhersagte, „die Sowjets zu etwas ermutigt, was sie sonst nicht tun würden". 18 Monate später stationierte die Sowjetunion Atomraketen auf der strategisch wichtigen Insel Kuba. Es war eine Antwort auf die anhaltenden Übergriffe der USA auf die Insel, an Land und aus dem Wasser, sowie auf die Stationierung von US-Raketen in der Türkei – mit Moskau in Angriffsreichweite.

Die neuen Raketenstandorte auf Kuba wurden am 15. Oktober 1962 von US-amerikanischen Aufklärungsflugzeugen des Typs U-2 entdeckt. Eine Woche später verkündete Präsident Kennedy eine Seeblockade der Insel, um das Eintreffen weiterer Sprengköpfe zu verhindern. Er gab bekannt, dass jeder von Kuba aus stattfindende Angriff auf jegliches Ziel als Angriff auf die USA gewertet würde und einen Gegenangriff auf die UdSSR zur Folge hätte.

Zwei Wochen lang hielt die Welt ihren Atem an, während sich die Truppen in Florida sammelten, dem nächstgelegenen Punkt zu Kuba auf dem US-Festland. Die Befehlshaber des US-Militärs befürworteten wie immer einen harten Kurs und damit eine präventive Invasion Kubas. Kennedy versicherte ihnen, dass er einen Angriff auf die Raketenstellungen genehmigen würde, falls Kuba irgendwelche Spionageflugzeuge der USA abschießen sollte. Ein Atomkrieg zwischen den USA und der UdSSR schien plötzlich sehr wahrscheinlich. Medienberichten zufolge war die Mehrheit der US-Bürger für einen Krieg, aber überall auf der Welt wurden Antikriegsdemonstrationen abgehalten.

Letzten Endes kehrten die sowjetischen Schiffe um, ohne die US-Blockade anzugreifen. Der sowjetische Regierungschef Nikita Chruschtschow bot an, die Raketen abzuziehen, wenn die USA eine Invasion Kubas unterließen. Während Präsident Kennedy über dieses Angebot beratschlagte, erreichte ihn die Nachricht von einem abgeschossenen US-Spionageflugzeug über Kuba. Kennedy schloss jedoch richtig, dass es die Einzelaktion eines abtrünnigen Sowjetoffiziers war. Statt einen Vergeltungsschlag zu befehlen, nahm er Chruschtschows Bedingungen an.

Die Kubakrise führte zur Einführung des „heißen Drahts", einer Fernschreiberverbindung zwischen dem Weißen Haus und dem Kreml, sowie drei Monate später zur Entfernung der US-Raketen in der Türkei. Diesmal hatte im Kalten Krieg die Vernunft gesiegt.

Kleines Bild: Luftaufnahme einer Raketenstellung in San Cristobal auf Kuba, aufgenommen im Oktober 1962 von US-Aufklärungsflugzeugen.

Links: Das sowjetische Frachtschiff „Anosov" verlässt Kuba nach Ende der Krise mit acht Raketen an Bord.

Oben: Die Anführer des Marschs auf Washington verschränken auf ihrem Weg entlang der Constitution Avenue ihre Arme ineinander. Martin Luther King ist der Siebente von rechts.

Rechts: Tausende Menschen versammeln sich am Lincoln Memorial und um das Reflexionsbecken, um sich zum Abschluss des Marschs auf Washington die Reden anzuhören.

Unten: Martin Luther King Jr. bei seiner berühmten „I Have a Dream"-Rede vor dem Lincoln Memorial.

AUF EINEN BLICK

Martin Luther Kings „I Have a Dream"-Rede vor dem Lincoln Memorial in Washington im Jahr 1963 inspirierte eine Generation und brachte die Gleichheitsbewegung auf den Punkt. Die Rede wurde zur besten amerikanischen Rede des 20. Jahrhunderts gekürt.

MARSCH AUF WASHINGTON

USA

28. AUGUST 1963

Im Jahr 1963 arbeitete die Regierung unter US-Präsident John F. Kennedy auf die Verabschiedung eine Bürgerrechtsgesetzes hin, das aus den USA einen modernen Staat mit Rassengleichheit in der Gesellschaft, an den Arbeitsplätzen und im Bildungsbereich machen sollte. Aber selbst acht Jahre nachdem Rosa Parks „Nein" gesagt hatte, waren manche Bundesstaaten immer noch von stark verwurzelten Vorurteilen geprägt, besonders im „tiefen Süden" der USA.

Ein Bürgerrechtsmarsch auf die Hauptstadt Washington, der für den 28. August 1963 geplant war, sollte Unterstützung für das Gesetz demonstrieren und auf die Ungleichheiten aufmerksam machen, die Millionen schwarze Menschen in den USA noch immer erdulden mussten.

Sein Aushängeschild war der Geistliche Dr. Martin Luther King Jr., aber eigentlich war der Marsch eine gemeinschaftliche Aktion verschiedener Gruppierungen der Bürgerrechtsbewegung. Sein Hauptorganisator war Asa Philip Randolph, Vorsitzender der Bürgerrechtsfraktion „Brotherhood of Sleeping Car Porters". Aber nicht alle Bürgerrechtsaktivisten machten mit: Malcolm X, Anführer der religiösen Gruppierung „Nation of Islam", nahm am Marsch nicht teil und übte heftige Kritik, da er die Teilnahme von Weißen am Marsch für kontraproduktiv hielt.

Ungeachtet dessen fand die Veranstaltung statt. Über 250 000 Menschen machten sich auf den Weg nach Washington, zur größten Demonstration in der Geschichte der USA. Der Marsch endete am Lincoln Memorial, wo führende Bürgerrechtler Reden hielten und Künstler wie Bob Dylan und Joan Baez das Anliegen musikalisch unterstützten.

Der Höhepunkt der Veranstaltung war die emotionale und inspirierende, im Stil einer Predigt gehaltene Rede von Martin Luther King, die auch vom US-Fernsehen und von internationalen Medien aufgegriffen wurde. Die meistzitierten Sätze dieser Rede waren: „Ich habe einen Traum, dass sich eines Tages diese Nation erheben wird und die wahre Bedeutung ihres Glaubensbekenntnisses ausleben wird. Wir halten diese Wahrheit für selbstverständlich, dass alle Menschen gleich geschaffen sind."

Kennedys Bürgerrechtsgesetz wurde 1964 verabschiedet. Es verbot die Rassentrennung und gab allen Männern und Frauen in den USA das Wahlrecht. Und auch wenn es den Rassismus nicht auslöschen konnte, so ebnete das Gesetz doch den Weg für Veränderung und führte schließlich 2009 zum Amtsantritt des ersten schwarzen Präsidenten der USA, Barack Obama.

Der Marsch auf Washington im Jahr 1963 war nicht nur für die USA, sondern auch für die ganze Welt ein bedeutendes Ereignis. Martin Luther King starb, wie auch Präsident Kennedy, eines gewaltsamen Todes und sah nie die Früchte seiner Bemühungen. Aber die Veränderungen in der amerikanischen Gesellschaft, zu denen er wesentlich beigetragen hatte, waren unbestreitbar.

Oben: Jacqueline Kennedy sieht zu, wie ihr Mann auf der Andrews-Luftwaffenbasis in einen Krankenwagen geladen wird.

Links: Präsident Kennedy, First Lady Jacqueline Kennedy und der Gouverneur von Texas John Connally fahren in einer Autokolonne durch Dallas, kurz bevor der Präsident und der Gouverneur von Schüssen getroffen werden.

ATTENTAT AUF JOHN F. KENNEDY

DALLAS, TEXAS, USA

22. NOVEMBER 1963

Als US-Präsident John F. Kennedy auf der Dealy Plaza in Dallas einem Attentat zum Opfer fiel, hallte das Echo der Kugeln um die Welt. Es war der Tod des Optimismus und der Unschuld der Nachkriegszeit, die im wirtschaftlichen Wohlstand der 1950er-Jahre erblüht waren. Die Kugel, die dem jungen, starken Präsidenten das Leben nahm, traf auch Millionen Menschen, die ihn bewunderten. In den Tagen nach dem Attentat war die Welt wie gelähmt.

Die Menschen konnten nicht glauben, dass jemand so eine beliebte Persönlichkeit töten wollte, und dieser Unglauben findet seit dem Attentat in zahlreichen Verschwörungstheorien seinen Ausdruck. Viele davon stehen im Widerspruch zueinander: War es ein Schütze oder waren es zwei, war es die Mafia, das FBI, der CIA, kubanische Castro-Anhänger, kubanische Castro-Gegner oder gar Vizepräsident Lyndon B. Johnson? Diese und noch mehr Verdächtige stehen im Blickpunkt vieler aufwändig konstruierter „Lösungen“ des Mordfalls.

In der offiziellen Version des Tathergangs schoss ein einzelner Schütze, Lee Harvey Oswald, aus dem Fenster des texanischen Schulbuchlagers, wo er arbeitete, auf die Autokolonne des Präsidenten. Oswald war ein psychisch labiler ehemaliger Marinesoldat, der zur Sowjetunion übergelaufen war und dann in die USA zurückkehrte, wo er sieben Monate vor dem Attentat von Dallas versucht hatte, einen ehemaligen Major-General zu töten. Oswald stritt seine Beteiligung am Attentat ab, und die Wahrheit wird möglicherweise nie ans Licht kommen: Zwei Tage später wurde Oswald vom Nachtclubbesitzer Jack Ruby aus Dallas erschossen, der angeblich diesen Verlust für die USA persönlich rächen wollte.

Mindestens fünf verschiedene Ermittlungen wurden zum Fall Kennedy inzwischen durchgeführt. Die erste war die Warren-Kommission, die vom neuen Präsidenten Johnson eine Woche nach dem Attentat einberufen wurde. Sie kam zu dem Schluss, dass Oswald ein Einzeltäter gewesen war – aber ein Untersuchungsausschuss des Repräsentantenhauses untermauerte die Möglichkeit eines zweiten Schützen, der von einem Grashügel auf der anderen Straßenseite aus geschossen (und verfehlt) habe.

Bis zum heutigen Tag werden sämtliche Zeugenaussagen, alle Ton- und Bildaufnahmen und jedes Beweisstück vom Tatort wieder und wieder überprüft, in der Hoffnung auf neue Erkenntnisse über den Mörder und sein Motiv. Im Jahr 1981 setzte ein Autor sogar Oswalds Exhumierung durch.

AUF EINEN BLICK

Der Mörder des 35. Präsidenten der USA ist immer noch nicht eindeutig identifiziert, obwohl seine Tat sogar auf Film gebannt wurde. Sicher ist nur, dass der charismatische 46-jährige Kennedy, der 1960 die Präsidentschaftswahl gegen Richard Nixon gewonnen hatte, noch vieles erreichen wollte.

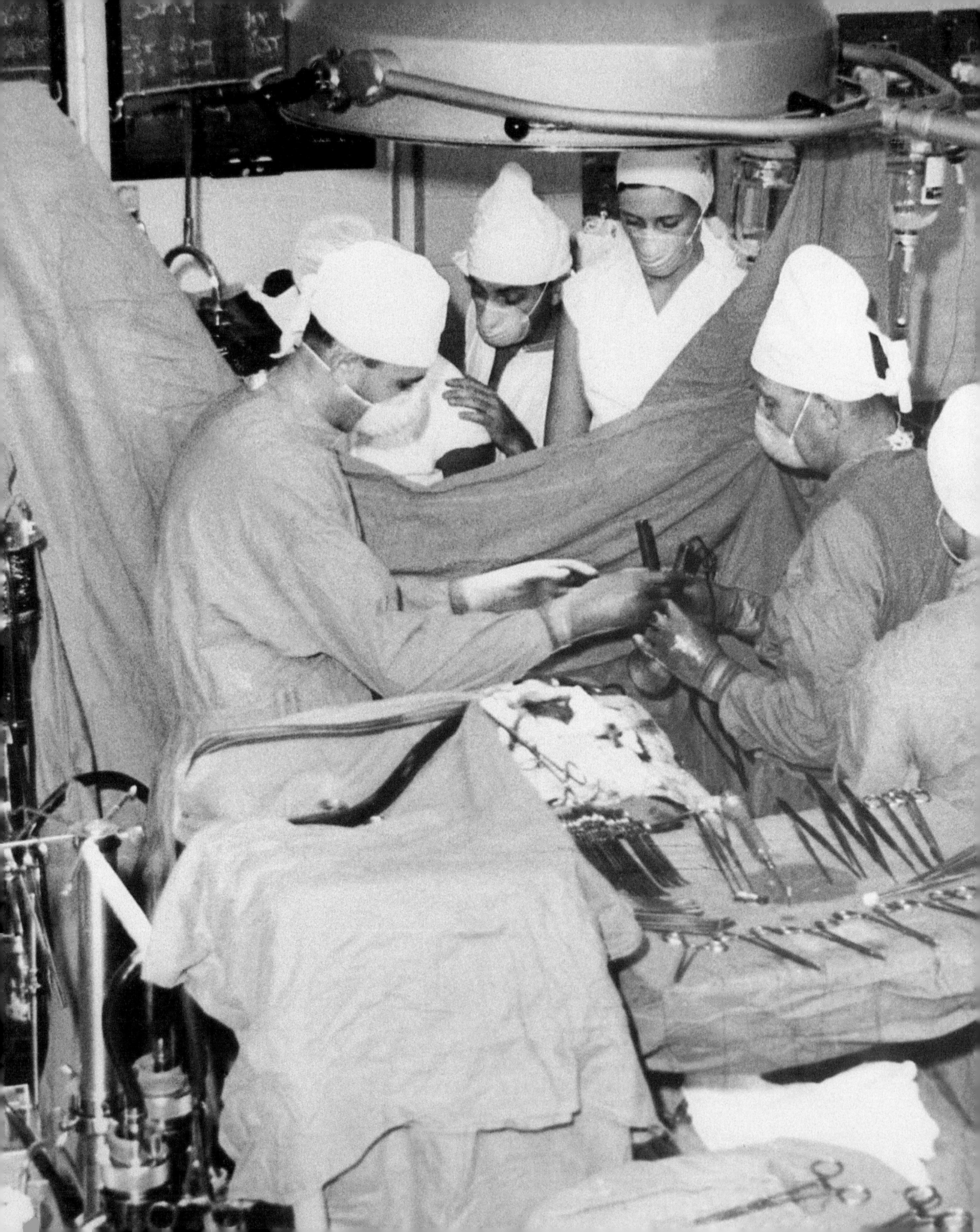

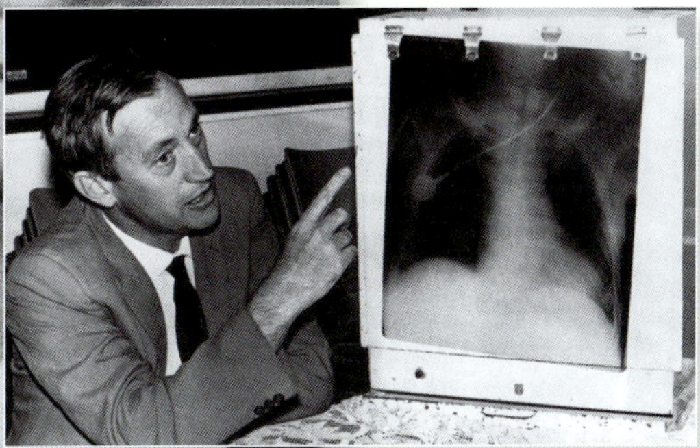

Oben: Der Chirurg Christiaan Barnard zeigt eine Röntgenaufnahme von Louis Washkanskys Brustkorb, die während der historischen ersten Herztransplantation gemacht wurde.

Links: Mitglieder von Christiaan Barnards Chirurgenteam operieren am offenen Herzen. In diesem OP-Saal wurde auch Washkansky operiert.

Unten: Louis Washkansky, ein Ladenbesitzer mittleren Alters, bekam das Herz von Denise Darvall.

ERSTE HERZTRANSPLANTATION

KAPSTADT, SÜDAFRIKA

3. DEZEMBER 1967

1967 wurde in Kapstadt eine Operation durchgeführt, die die Chirurgie revolutionierte und ein Verfahren vorstellte, das Millionen Menschen das Leben retten würde. Am 3. Dezember führte Christiaan Barnard die erste vollständige Herztransplantation durch.

Barnard war ein Chirurg aus Beaufort West in Südafrika. Nach seinem Studium ging der 34-Jährige im Jahr 1956 in die USA und absolvierte eine Ausbildung zum Herzchirurgen. Zwei Jahre später kehrte er nach Südafrika zurück und begann seine Karriere als Assistenzarzt im Lehrkrankenhaus Groote Schuur, wo er das erste Kardio-Team zusammenstellte.

Er bereitete sich auf den bahnbrechenden Eingriff vor, indem er im Oktober 1967 Südafrikas erste Nierentransplantation durchführte. Bereits jetzt galt er als einer der besten Chirurgen des Landes, und nach einigen Herztransplantationen bei Tieren war der nächste Schritt klar.

Der Patient stand fest: Louis Washkansky litt an einer unheilbaren Herzerkrankung und war mit 54 Jahren noch verhältnismäßig jung. Mit dem Tod vor Augen stimmte er ohne zu zögern der Operation zu. Sein Spender kam auf tragischem Wege zu ihm: Denise Darvall, eine junge Frau, war bei einem Autounfall ums Leben gekommen.

Barnards 30-köpfiges Team, darunter auch sein Bruder Marius, benötigte fünf Stunden, um das Herz von Darvall in Washkansky zu verpflanzen, aber nach der Operation funktionierte das Herz ohne maschinelle Unterstützung. Das Schicksal schlug erst 18 Tage später zu, als Washkansky einer schweren Lungenentzündung erlag. Sein geschwächtes Immunsystem konnte so kurz nach dem Eingriff die Infektion nicht bekämpfen. Dennoch galt die Transplantation als großer Erfolg, da Washkanskys neues Herz bis zu seinem Tod selbstständig schlug. Weitere Transplantate hielten länger durch: Der Patient Dirk van Zyl lebte nach seiner Operation 1971 noch 23 Jahre lang bis zu seinem Tod im Alter von 68 Jahren. Im Jahr 1984 führte der britische Chirurg Sir Terrence English die weltweit erste Herz-Lungen-Transplantation durch.

AUF EINEN BLICK

Die Leistungen von Christiaan Barnard und seinem Chirurgenteam im Jahr 1967 in Südafrika setzten neue Maßstäbe in der Chirurgie. Die Verpflanzung eines schlagenden Herzens von einem Menschen in einen anderen ermöglichte es, das Leben zu verlängern. Dieser Erfolg veränderte wahrhaftig die Welt.

Oben: Ein Fußabdruck des Astronauten Neil Armstrong auf der Mondoberfläche.

Rechts: Buzz Aldrin steht während der Apollo-11-Mission auf der Tranquility-Basis neben einer US-Flagge auf dem Mond.

Nächste Seite: Buzz Aldrin kehrt nach dem Einsatz einiger wissenschaftlicher Geräte zur Mondlandefähre „Eagle" zurück.

DIE ERSTE MONDLANDUNG

20. JULI 1969

Es war ein Ereignis, so unglaublich und bedeutsam, dass manche behaupten, es hätte nie stattgefunden, und bis heute halten sich Verschwörungstheorien. Aber als die Bilder eines Mannes auf dem Mond im Jahr 1969 um die Welt gingen, sahen alle staunend zu.

Seit dem Start des sowjetischen Satelliten Sputnik 1 im Jahr 1957 befanden sich die USA und die Sowjetunion in einem Wettrennen ins All. Beide Länder wollten die regierende Supermacht sein: zu Land, zu Wasser, in der Luft und im Weltraum. Und die Krönung dieser Überlegenheit war die Landung des ersten Menschen auf dem Mond. Die USA steckten Millionen US-Dollar in die NASA (North American Space Administration) und gewannen das Rennen. Die Apollo-11-Mission startete am 16. Juli 1969.

Die Besatzung wurde vom ehemaligen Kampfpiloten Neil Armstrong angeführt; die beiden anderen Astronauten waren Michael Collins und Edwin „Buzz" Aldrin. Ihre Saturn-V-Rakete startete kurz nach 9:30 Uhr vom Kennedy Space Center in Florida und war unterwegs, um Geschichte zu schreiben. Vier Tage später löste sich die Mondlandefähre „Eagle" (dt.: Adler) mit Armstrong und Aldrin von der Kommandokapsel „Columbia", in der sich noch Collins befand, und begann ihren Sinkflug zum Mond. Ihr Ziel war die Mondebene Mare Tranquillitatis. Nach der Landung funkte Armstrong: „Houston, hier Tranquility-Basis. Der Adler ist gelandet."

Sechseinhalb Stunden nach der Landung wurde Neil Armstrong zum ersten Menschen, der den Mond betrat. 600 Millionen Zuschauer auf der Erde hörten seine unsterblichen Worte: „Es ist ein kleiner Schritt für einen Menschen, aber ein riesiger Sprung für die Menschheit."

Kurz darauf betrat auch Aldrin den Mond. Die beiden fotografierten die Mondoberfläche und die Landefähre und entnahmen Bodenproben zur Analyse, bevor sie eine US-Flagge aufstellten. Über ein Funktelefon sprachen die Astronauten mit Präsident Richard Nixon, der dies als „das historischste Telefonat, das je aus dem Weißen Haus geführt wurde" beschrieb.

Die Crew der Apollo 11 kehrte zur Erde zurück und wasserte am 24. Juli im Pazifik. Ein Schiff der US-Marine brachte sie an Land, wo sie drei Wochen in Quarantäne verbrachten. Als sie wieder in die Öffentlichkeit traten, waren sie berühmt und wurden von den Massen verehrt: Sie waren die einzigen Menschen, die je einen anderen Himmelskörper betreten hatten.

In den darauffolgenden Jahren fanden noch sechs weitere Mondlandungen im Rahmen des Apollo-Programms statt. Dann fehlten der NASA die finanziellen Mittel, und sie wandte sich anderen Projekten zu. Aber es war dieser Moment, in dem ein Mann seine ersten Schritte auf dem Mond machte, der für immer im Gedächtnis blieb.

AUF EINEN BLICK

Die erste Mondlandung ließ die Sechziger optimistisch ausklingen. Die USA vergaßen Vietnam und den Mord an Kennedy und feierten ihren Triumph im Wettrennen ins All. Neil Armstrong und seine Crew machten Geschichte, auch wenn sich die Weltraumforschung in den folgenden Jahrzehnten anderen Bereichen zuwandte.

Oben: Präsident Nixon trifft auf seinem Besuch in China Kinder, die Mao-Zedong-Buttons tragen.

Links: US-Präsident Richard Nixon und der Premierminister der Volksrepublik China Zhou Enlai applaudieren bei einem sportlichen Wettkampf in China während Nixons historischem Besuch im Jahr 1972.

RICHARD NIXONS BESUCH IN CHINA

CHINA
21. FEBRUAR 1972

Es war ein unerwartetes Friedensangebot, das zu einem historischen Ereignis wurde. Nach zwei Jahrzehnten der Feindseligkeiten zwischen den beiden Ländern unternahm US-Präsident Richard Nixon einen überraschenden Besuch in die Volksrepublik China und tat damit den ersten Schritt zur Versöhnung der beiden Länder.

Bei seinem Amtsantritt im Jahr 1968 verkündete Nixon: „Der ehrenvollste Titel, den die Geschichte verleihen kann, ist der des Friedensstifters." Dennoch hätten nur wenige mit dem gerechnet, was ein paar Jahre später folgen sollte. Bei seiner Wahl war Nixon, wie auch der Rest der USA, ein erklärter Gegner des Kommunismus, und das Land stand darum in einem ständigen Konflikt mit der Sowjetunion. Auch China war ein kommunistischer Staat, also schien eine friedliche Zukunft unwahrscheinlich.

Es gab Gründe für Nixons Besuch: Die Präsidentschaftswahlen standen bevor, und seine Kritiker glaubten, dass eine Verbesserung der seit langem angespannten Beziehungen zu China Nixons Wiederwahl begünstigen würde. Auch das Treffen der beiden Tischtennisspieler Glenn Cowan aus den USA und Zhuang Zedong aus China war ein Beweis für die auftauenden Beziehungen zwischen den beiden Ländern: Die Medien hatten ausgiebig darüber berichtet, und China betrachtete es als einen offiziellen diplomatischen Schachzug der USA.

Nixons nationaler Sicherheitsberater Henry Kissinger hatte bei einem geheimen Besuch in China im Jahr zuvor die Grundsteine gelegt, und am 21. Februar 1972 betrat nun der Präsident chinesischen Boden. Der einwöchige Besuch war ein Fest für die US-Medien, die nach fast zwei Jahrzehnten einige der ersten Aufnahmen aus China zeigen konnten. Hinter diesem PR-Kunststück stand jedoch die Absicht, ein neues Bündnis zu schließen, was durch ein unmittelbares Treffen mit Chinas Staatsoberhaupt Mao Zedong verdeutlicht wurde.

Zum Abschluss des Besuchs wurde die Unterzeichnung des sogenannten Shanghai-Kommuniqué verkündet, das die diplomatischen Absichten der beiden Länder festlegte, auch wenn die unklare Haltung der USA in Bezug auf die Zugehörigkeit Taiwans keine völlige Normalisierung der Beziehungen zuließ. Sieben Jahre später wurden volle diplomatische Beziehungen zwischen den beiden Ländern erreicht, was 1979 in einem gemeinsamen Kommuniqué über die Aufnahme diplomatischer Beziehungen verkündet wurde.

Die anfängliche Überraschung über Nixons Besuch in China wurde von dem siebentägigen Medienzirkus und dem diplomatischen Erfolg in den Schatten gestellt. Nixon bezeichnete seinen Besuch als „die Woche, die die Welt verändert hat".

AUF EINEN BLICK

Präsident Nixons unerwartete Annäherung an China in den frühen 1970er-Jahren brach das zwei Jahrzehnte dauernde Schweigen zwischen den USA und China. Das und sein ähnlich weicher Kurs bei der Sowjetunion brachten ihm eine zweite Amtszeit im Weißen Haus ein.

ABZUG DER US-TRUPPEN AUS VIETNAM

VIETNAM
29. MÄRZ 1973

Nach über 13 Jahren und trotz heftigen Widerspruchs aus großen Teilen der USA verkündete Präsident Nixon 1973 endlich den Rückzug seines Landes aus dem Krieg in Vietnam.

Amerikas Ernüchterung über den Krieg und seinen Verlauf erreichte nach der Tet-Offensive im Jahr 1968 ihren Höhepunkt. Mit der Härte des kommunistischen Angriffs kam die Erkenntnis, dass der Krieg noch lange nicht vorbei war, wie es zuvor geheißen hatte, und der angeschlagene Präsident Johnson verzichtete auf eine erneute Kandidatur.

Die Rolle der USA im Krieg war eskaliert und hatte Johnsons Präsidentschaft schlimmen Schaden zugefügt, sodass man auf seinen Nachfolger Nixon setzte. Die Bombardierung von Kambodscha im März 1969 und die über 33 000 Todesopfer der USA hatten starke negative Auswirkungen auf die öffentliche Meinung.

Im Juni 1969 wurden 25 000 Soldaten abgezogen, aber das Massaker von My Lai fünf Monate später, bei dem randalierende US-Soldaten über 500 unschuldige Vietnamesen niedermetzelten, und das Kent-State-Massaker im Mai 1970, bei dem vier Studenten von der Nationalgarde erschossen wurden, stärkten nur die Entschlossenheit der Kriegsgegner. Die Zahl der US-Truppen in Südvietnam sank kontinuierlich; Anfang 1972 waren nur noch rund 130 000 Soldaten dort im Einsatz.

Gegen Jahresende war auch das Ende des Kriegs in Sicht – wenn es nach den USA ging. Am 27. Januar 1973 unterzeichneten Nordvietnam und die USA das Pariser Abkommen, das einen Waffenstillstand in Südostasien (Vietnam, Kambodscha und Laos) festlegte. Die USA sollten ihre verbleibenden Truppen abziehen, und die amerikanischen Kriegsgefangenen würden freigelassen. Der Vertrag erkannte die südvietnamesische Regierung unter Präsident Thieu an, aber gestattete auch den nordvietnamesischen Truppen den Verbleib im Süden.

Am 29. März 1973, zwei Monate nach dem Friedensabkommen, ließ Hanoi die verbleibenden amerikanischen Kriegsgefangenen frei, und die letzten US-Truppen verließen Südvietnam. 7000 Angehörige des US-Verteidigungsministeriums blieben zur Unterstützung der fortlaufenden Kampfhandlungen noch dort. Im April 1975 eroberte schließlich Nordvietnam die südvietnamesische Hauptstadt Saigon.

Es war ein schwerer Schlag für die USA und ihre Eindämmungspolitik, aber der Krieg dauerte so lange, dass sich die Prioritäten verschoben hatten. Nixon kümmerte sich mittlerweile in der Sowjetunion und in China um diplomatische Beziehungen und erreichte so seine Wiederwahl. Und er erlangte die Unterstützung des Volks, weil er den längsten Krieg in der Geschichte der USA beendet hatte.

Oben: Das letzte Flugzeug mit US-Soldaten aus Vietnam landet im März 1973 in den USA.

Links: Der kürzlich freigelassene Kriegsgefangene Alan L. Brunstrom begrüßt 1973 bei seiner Ankunft auf der Luftwaffenbasis Travis in Kalifornien seine Familie.

Unten: US-Soldaten warten im März 1973 mit ihrem Gepäck auf ihren Rückflug in die USA.

AUF EINEN BLICK

Der Vietnamkrieg war immer umstritten gewesen, und Präsident Nixons Entscheidung zum Truppenabzug im Jahr 1973 war ein Eingeständnis, dass die USA diesen Krieg in ihrem weltweiten Kampf gegen den Kommunismus nicht gewinnen konnten. Die Mehrheit der US-Bürger unterstützte ihn, nachdem der Krieg rund 50 000 US-Soldaten und fast zwei Millionen Vietnamesen das Leben gekostet hatte.

Oben: Saudi-Arabiens Ölminister Scheich Ahmed Zaki Yamani bei Verhandlungen zur Ölkrise im Jahr 1973.

Rechts: „Vorübergehend kein Benzin" – leere Tanks bei den US-Autofahrern während der Ölkrise 1973.

AUF EINEN BLICK

Die Ölkrise vom Oktober 1973 – das sechsmonatige Embargo der arabischen ölexportierenden Länder – hatte massive Auswirkungen auf die Infrastruktur der USA und ihrer Verbündeten. Nach Friedensbemühungen im Nahen Osten wurde das Embargo aufgehoben, aber der Westen hatte die Macht über die Ölpreise verloren. Und trotz der Suche nach alternativen Energiequellen ist der Westen immer noch auf Öl angewiesen.

ÖLKRISE

KUWAIT

OKTOBER 1973

Die Ölkrise 1973 begann im Oktober des Jahres, als Mitglieder der Organisation der arabischen Erdöl exportierenden Länder (OAPEC) mit Sitz in Kuwait ein Ölembargo gegen die USA und ihre Verbündeten verhängten, weil die USA im Jom-Kippur-Krieg Israel unterstützte. US-Präsident Nixon hatte beim US-Kongress 2,2 Milliarden US-Dollar Soforthilfe für Israel beantragt und löste damit das Embargo aus.

Präsident Nixon ersuchte die US-Bürger, ihren Ölverbrauch zu reduzieren, um das Embargo weniger spürbar zu machen: Er forderte Tankstellen dazu auf, freiwillig an Sonntagen zu schließen, er verfügte über eine Kürzung von Heizöllieferungen und beschränkte das Tempolimit auf 80 km/h. Er glaubte, dass die verschiedenen Maßnahmen das Öldefizit von 17 Prozent auf 7 Prozent reduzieren würden. In Großbritannien wurde unterdessen die Dreitagewoche eingeführt.

Im Februar 1974 hatten bereits über die Hälfte aller Tankstellen in New York und Umgebung wegen des Mangels an Nachschub geschlossen. Vor geöffneten Tankstellen bildeten sich zehn Kilometer lange Schlangen. Der Rohölpreis, der im Oktober um 70 Prozent auf 5,11 US-Dollar pro Barrel gestiegen war, stieg auf über 10 US-Dollar pro Barrel. Den Rekordpreis gab es in Libyen, wo das Barrel 18,77 US-Dollar kostete.

Die Regierung Nixon begann mit Israel über einen Rückzug vom Sinai und den Golanhöhen zu verhandeln, die Israel besetzt hielt. Mit der Aussicht auf eine Beilegung des Konflikts zwischen Israel und Syrien hoben die arabischen Ölproduzenten das Embargo im März 1974 auf. Aber die Mitglieder der OAPEC hatten 1974 aufgrund der Preiserhöhungen über 100 Milliarden US-Dollar eingenommen und erkannten die enorme Macht, die ihnen der Einfluss auf die Ölverteilung und -preise verlieh.

In den folgenden zwei Jahrzehnten schwankten die Rohölpreise ständig, besonders nach dem Sturz des Schahs von Persien im Jahr 1979 sowie nach der irakischen Invasion in Kuwait in den 1990er-Jahren. Die Energiekrise weckte größeres Interesse an erneuerbaren Energien, wie Sonnen- und Windenergie. Doch selbst heute noch, im frühen 21. Jahrhundert, ist die Welt immer noch abhängig vom Öl des Nahen Ostens.

In vielen westlichen Staaten verfolgte man nun auch eine proarabische Politik. Das führte zu Spannungen in den Militärbündnissen mit den USA, die nach wie vor pro-israelisch eingestellt blieben. Die Krise von 1973 war abgewendet, aber es war deutlich, dass die ölproduzierenden Länder in den kommenden Jahren noch mehr Mitspracherecht in der Politik des Nahen Ostens haben würden.

Self
Serve
Island
no smoking
Self
Serve
Island
no smoking
Self
Serve
Sorry ...
Temporarily
out of
GASOLINE

Oben: Nixon spricht im Weißen Haus mit seinem Stabschef H. R. Haldeman. Später wurde Haldeman für seine Rolle im Watergate-Skandal verurteilt.

Rechts: Richard Nixon verlässt das Weiße Haus am Tag seines Rücktritts mit dem Präsidentenhubschrauber, der vom Südrasen startet.

AUF EINEN BLICK

Der Einbruch ins Hauptquartier der Demokraten im Juni 1972 führte zwei Jahre später dazu, dass Richard Nixon als erster US-Präsident von seinem Amt zurücktrat. Zahlreiche Lügen und Verschleierungsversuche verwickelten ihn immer tiefer in das Verbrechen. Das Vertrauen der US-Bürger in die Politik war zerstört, genau wie Nixons politische Karriere, trotz einer Begnadigung durch seinen Nachfolger.

NIXON TRITT ZURÜCK

WASHINGTON, USA
9. AUGUST 1974

Die Watergate-Affäre im Jahr 1974 machte Richard Nixon zum ersten US-Präsidenten, der inmitten zahlreicher Kontroversen von seinem Amt zurücktrat. Die Ereignisse rund um Watergate schockierten die Welt und erschütterten die USA in ihren Grundfesten. Das Vertrauen der Bevölkerung in die Politik war schwer verletzt.

Die Affäre begann im Juni 1972, als fünf Männer dabei erwischt wurden, wie sie in das Hauptquartier der demokratischen Partei im neu errichteten Watergate-Gebäudekomplex in Washington einbrachen. Im Januar 1973 wurden sie der Verschwörung und des Einbruchs angeklagt. Alle fünf sowie zwei weitere Männer, die der Beihilfe angeklagt waren, hatten für Organisationen wie die CIA, das FBI oder das US Marine Corps gearbeitet. Zusätzlich standen alle sieben mit dem „Komittee zur Wiederwahl des Präsidenten" in Verbindung, das die nötigen Mittel beschaffte, um Nixon im Amt zu behalten.

Die polizeilichen Ermittlungen ergaben, dass die Einbrecher von der Regierung Nixon finanziert wurden – auch wenn Sprecher des Weißen Hauses jegliche Beteiligung leugneten. Der Leiter der Wiederwahlkampagne für Nixon, John Mitchell, hatte Zugriff auf einen Fonds, mit dem er die Ausspionierung der Demokraten finanzierte. Der Watergate-Einbruch gehörte auch dazu. Zwei Monate später, im November 1972, freute sich Nixon über den Erdrutschsieg bei seiner Wiederwahl zum Präsidenten.

Im Jahr 1973 zog sich die Schlinge um die Regierung Nixon immer enger. Die US-Presse – vor allem die New York Times und die Washington Post – verdeutlichte Nixons Verbindung zum Einbruch und brachte zahlreiche Artikel über den Skandal. Das Hintergrundwissen dazu lieferte ein geheimer Informant mit dem Pseudonym „Deep Throat".

Im April 1973 traten zwei von Nixons engsten Beratern und der Justizminister Richard Kleindienst zurück. Aber vor dem Untersuchungsausschuss flogen die Versuche auf, den Einbruch zu vertuschen, als viele der zurückgetretenen Berater ihre ehemaligen Arbeitgeber belasteten.

Entscheidend bei ihrer Zeugenaussage war die Behauptung, dass Nixon seit 1971 jedes Gespräch in seinem Büro auf Tonband aufgezeichnet hatte. Nixon weigerte sich, die Tonbänder auszuhändigen, und sorgte sogar für die Entlassung seines unabhängigen Staatsanwalts Archibald Cox. Schließlich musste er jedoch die Bänder herausgeben.

Sie deckten die Verbindungen zwischen der Regierung Nixon und den fünf Watergate-Einbrechern auf. Der Justizausschuss riet zu Nixons Amtsenthebung aufgrund von Behinderung der Justiz, Machtmissbrauch und Missachtung des Kongresses. Im August 1974 trat der 61-jährige Nixon von seinem Amt zurück, nachdem der lange dauernde Skandal nicht nur den Ruf des Weißen Hauses, sondern auch den des ganzen Landes befleckt hatte. Der neue Präsident Gerald Ford erließ eine Begnadigung und befreite ihn dadurch von der Strafverfolgung, aber Nixon war ein gebrochener Mann.

Oben: Bill Gates und Paul Allen im Jahr 1983, nachdem sie die Entwicklung von MS-DOS für IBM vertraglich beschlossen hatten. Zu dieser Zeit hatte Microsoft 100 Mitarbeiter.

Rechts: Im Jahr 2005 arbeitete fast die Hälfte der 59 900 Angestellten von Microsoft im Hauptsitz in der Nähe von Seattle.

GRÜNDUNG VON MICROSOFT

ALBUQUERQUE, NEW MEXICO, USA
1975

Microsoft wurde im Jahr 1975 von Bill Gates und Paul Allen gegründet und entwickelte sich zum drittgrößten Unternehmen der Welt. Microsofts Produkte machten den Personal Computer (PC) zu dem Gerät, das wir heute kennen. Geschätzte 500 Millionen Microsoft-Nutzer weltweit machten Bill Gates zum reichsten Mann der Welt.

Microsoft wurde in Albuquerque in New Mexico gegründet, nachdem Gates angeboten hatte, eine Programmiersprache für den frühen Computer Altair 8800 zu entwickeln. Gates und Allen schrieben das Programm in wenigen Wochen, und nach fünf Jahren befand sich das Unternehmen bereits auf dem Weg zum Erfolg. Keine Branche wuchs schneller als die Computerbranche, und die Technik entwickelte sich rasant weiter. Microsoft kam genau zur rechten Zeit.

In ihren Anfangsjahren arbeiteten Gates und Allen an ihrem eigenen Betriebssystem MS-DOS für den Computerriesen IBM. 1983 machte Microsoft dann auf sich aufmerksam und veröffentlichte ein benutzerfreundliches Textverarbeitungsprogramm für den PC.

Word 1.0 erschien im Jahr 1983, und das Programm veränderte die Computernutzung grundlegend. Bei diesem Textverarbeitungsprogramm sahen die Anwender am Bildschirm, was sie eingaben. In den Jahren zuvor konnten Computer nur von ausgebildeten Spezialisten bedient werden. Nun konnte jeder einen PC benutzen – dank Microsofts berühmt gewordenen, einfach zu bedienenden „What You See Is What You Get"-Konzepts („Was du [am Bildschirm] siehst, ist, was du kriegst").

Microsoft wetteiferte nun mit anderen Softwarefirmen wie Macintosh und Corel, ließ die Konkurrenz jedoch bald hinter sich. Die erste Version von Windows wurde 1985 veröffentlicht, aber erst mit Windows 3.0 fünf Jahre später stellte Microsoft auch seinen stärksten Rivalen Apple Macintosh in den Schatten. Gegen Ende des 20. Jahrhunderts häuften sich die Erfolge. Microsoft entwickelte sich ständig weiter und brachte mit Windows 95, 98 und 2000 immer komplexere Betriebssysteme auf den Markt. Mittlerweile erscheint Windows auf verschiedenen Plattformen und gilt als das meistverbreitete Betriebssystem der Welt.

Die erfolgreichsten Programme sind Word und Windows, aber Microsoft ist auch in anderen Bereichen präsent: beispielsweise im Internet mit seinem Browser „Internet Explorer", den MSN-Informationsdiensten und dem E-Mail-Programm „Hotmail". Im Jahr 2001 erschloss sich Microsoft den Markt für Spielkonsolen und veröffentlichte die Xbox. Ihr Nachfolger, die Xbox 360, ist der wichtigste Konkurrent für Sonys PlayStation.

Vor über dreißig Jahren begann Microsoft mit einer Handvoll Mitarbeiter. Seine Expansionspolitik katapultierte das Unternehmen an die Spitze und veränderte die Welt der Datenverarbeitung.

AUF EINEN BLICK

Der Aufstieg von Microsoft ging Hand in Hand mit der allgemeinen Verbreitung des PCs. Das Betriebssystem Windows und das Textverarbeitungsprogramm Word machten Computer für Millionen Menschen zugänglich und Mitbegründer Bill Gates zum reichsten Menschen der Welt, und das in weniger als 25 Jahren.

Oben: Truppen aus Nordvietnam betreten im Jahr 1975 Saigon und komplettieren damit die Wiedervereinigung Vietnams.

Links: Nordvietnamesische Soldaten erobern in Saigon den Palast des Präsidenten.

DER FALL VON SAIGON

SÜDVIETNAM

30. APRIL 1975

Über ein Jahrhundert lang war Vietnam in Konflikte mit etlichen Feinde verwickelt gewesen, doch nun kam der Frieden: Der Fall von Saigon beendete den über 15 Jahre dauernden Vietnamkrieg.

Seit 1959 kämpften die Republik Vietnam und das kommunistische Nordvietnam um die Kontrolle des Landes. Dabei griffen die USA massiv ein, gemäß ihrer Politik zur Eindämmung des Kommunismus.

Aber die schwindende Unterstützung der US-Bürger für die Beteiligung ihres Landes am Vietnamkrieg führte 1973 nach der Unterzeichnung des Pariser Friedensabkommens zu einem Abzug der US-Truppen. Ohne den militärischen Beistand seines größten Verbündeten war Südvietnam nun deutlich im Nachteil. In den USA war Präsident Nixon nach der Watergate-Affäre zurückgetreten, und die neue Regierung hielt sich nicht zwangsläufig an die diplomatischen Versprechen, die Nixon der Republik Vietnam gegeben hatte.

Die US-Regierung glaubte nicht an eine drohende Niederlage Südvietnams und schätzte, dass sich das Land noch ein Jahr lang behaupten könne. Aber in Wahrheit war die Lage für Südvietnam bereits ziemlich aussichtslos. Mehrere Offensiven aus dem Norden, benannt nach dem kommunistischen Idol und ehemaligen Präsidenten Ho Chi Minh, verliefen planmäßig und die Nordvietnamesen standen vor der südvietnamesischen Hauptstadt Saigon.

Der südvietnamesische Präsident Thieu trat am 21. April zurück, nachdem er das Vertrauen seiner Anhänger verloren hatte. Sein Nachfolger war Vizepräsident Tran Van Huong, der wiederum sechs Tage später von Duong Van Minh abgelöst wurde.

Minh hatte sein schwieriges Amt noch nicht einmal einen Tag inne, als nordvietnamesische Truppen die Vororte von Saigon stürmten und in Folge weiter in die Stadt vorrückten. Die USA hatten bereits Anfang des Monats mit der Evakuierung ihres Personals begonnen und verstärkten nun ihre Bemühungen mit der „Operation Frequent Wind", der Evakuierung gefährdeter US-Bürger und Südvietnamesen.

In Saigon herrschte das Chaos. Es kam zu Plünderungen und Ausschreitungen. Der Fall der Stadt stand kurz bevor, darum verkündete Minh am 30. April die Kapitulation Südvietnams, um „Blutvergießen zu verhindern". Saigon wurde in Ho-Chi-Minh-Stadt umbenannt. Ein Jahr später, im Juli 1976, wurden Nord- und Südvietnam unter einer kommunistischen Regierung wiedervereinigt. Der Nationalfeiertag Vietnams blieb jedoch der 30. April.

Es dauerte Jahrzehnte, bis Vietnam wieder Beziehungen zu anderen Ländern aufgebaut hatte, selbst nachdem das kommunistische Regime in den Achtzigerjahren gelockert wurde. Heute gilt Ho-Chi-Minh-Stadt wie Lyon oder San Francisco als Hochburg des modernen Kapitalismus und ist alles andere als die Hauptstadt eines besiegten Landes.

AUF EINEN BLICK

Der Fall der südvietnamesischen Hauptstadt Saigon war unvermeidlich, seit US-Präsident Nixon zwei Jahre zuvor die US-Truppen abgezogen hatte. Der 15-jährige Krieg hatte kaum etwas gebracht außer Toten (zwei Millionen Vietnamesen und 50 000 US-Bürger), und das wiedervereinte Land musste sich große Mühe geben, um wieder Beziehungen zur Außenwelt aufzubauen.

Oben: Ein Apple-I-Computer in Bausatzform, wie er 1976 um 666,66 US-Dollar verkauft wurde. Die Freunde Steve Wozniak und Steve Jobs versorgten einen lokalen Händler mit fertig bestückten Platinen.

Rechts: Der Präsident von Apple Computer John Sculley (Mitte) und die Apple-Gründer Steve Jobs (links) und Steve Wozniak (rechts) stellen 1984 auf einer Konferenz in San Francisco einen neuen Apple-Computer vor.

AUF EINEN BLICK

Die Geräte von Apple waren hauptverantwortlich für die weltweite Verbreitung von Computern für den Heimgebrauch. Anfangs galten sie als teurer und elitärer als herkömmliche PCs. Heute vertreibt Apple auch Smartphones und tragbare Musikabspielgeräte.

GRÜNDUNG VON APPLE

CUPERTINO, KALIFORNIEN, USA

1. APRIL 1976

Steve Jobs und Stephen Wozniak waren seit 1971 befreundet, als sie beide noch bei Hewlett Packard arbeiteten. Wozniak war ein genialer Autodidakt im Bereich der Elektronik, und gemeinsam mit Jobs, der zu der Zeit als Techniker für Atari arbeitete, entwickelte er 1974 ein leistungsstarkes Motherboard für das Computerspiel „Breakout“. Diese Hauptplatine war so kompakt, dass sie damals noch nicht maschinell hergestellt werden konnte.

Im Jahr 1975 nahmen die beiden an Treffen des „Homebrew Computer Club“ für Computerbastler teil. Die neueste Generation der Mikrocomputer animierte Wozniak zum Bau eines eigenen Geräts, wobei er sich einen preiswerten neuen Chip zunutze machte. Als Wozniak seinen Computer auf einem Clubtreffen vorstellte, sah Jobs sofort das Verkaufspotenzial eines vorgefertigten Motherboards und brachte ihnen 50 Bestellungen bei ihrem lokalen Computerladen „The Byte Shop“ ein.

Letztendlich wurden 200 Stück dieser kompletten Hauptplatine, genannt „Apple I“, verkauft. Sie verfügte weder über eine Tastatur noch über ein Gehäuse, aber man konnte einen Fernseher als Monitor anschließen. Und mit ihrem Preis von 666,66 US-Dollar brachte sie den beiden Steves einen saftigen Gewinn ein. Jobs und Wozniak kündigten und widmeten sich fortan dem Bau des Apple II, der einen besseren Arbeitsspeicher, bessere Grafik, ein Gehäuse und eine Tastatur bot.

Für die Entwicklung dieses technisch anspruchsvolleren Computers benötigten Jobs und Wozniak eine größere Finanzspritze, die man den beiden Studienabbrechern nicht einfach so gab. Mit der Hilfe des Investors Mike Markkula bekamen sie ein Bankdarlehen von 250 000 US-Dollar und gründeten am 1. April 1976 das Unternehmen Apple Inc. Diesen Namen wählten sie aus, weil er im Telefonbuch vor dem Marktführer Atari stehen würde.

Der Apple II erschien 1977. Er schuf und dominierte den neuen Markt für Heimcomputer und wurde bis weit in die 1980er-Jahre verkauft. Sein Nachfolger, der Apple III, war für den von IBM beherrschten Geschäftskundenmarkt entwickelt worden, aber er war weniger erfolgreich: Er neigte zu Überhitzung, und tausende Exemplare wurden zurückgezogen.

Aber der Januar 1984 zementierte Apples weltweiten Status: Der Apple Macintosh ging an den Start, angekündigt durch einen 90-sekündigen Werbespot während der Übertragung des Superbowls. Er bot Möglichkeiten für Desktop-Publishing und Computeranimation und wurde zum unentbehrlichen Werkzeug für die Kreativbranche.

Mitte der 80er-Jahre verließen Jobs und Wozniak Apple. Wozniak widmete sich karitativen Projekten – er gab Schulkindern Computerunterricht – und Jobs kaufte und entwickelte das Animationsfilmstudio Pixar. Er kehrte 1997 zu Apple zurück und führte mit Produkten wie dem iMac und dem omnipräsenten iPod das Unternehmen in das neue Jahrtausend.

apple

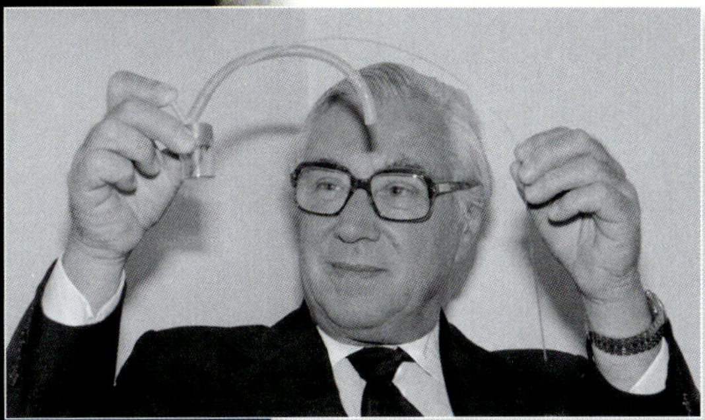

GEBURT DES ERSTEN RETORTENBABYS

OLDHAM, GREATER MANCHESTER, GROSSBRITANNIEN
25. JULI 1978

Wenn ein Kind zum ersten Mal fragt: „Wie bin ich eigentlich entstanden?", fällt manchen Eltern die Wahrheit schwer und sie erzählen gerne die beliebte Geschichte vom Storch. Aber als Louise Brown ihren Eltern diese Frage stellte, war die Antwort eine völlig andere.

Oben: Dr. Patrick Steptoe zeigt das Sauggerät, mit dem er eine reife Eizelle aus dem Eierstock von Lesley Brown entnommen und in ein Reagenzglas gegeben hatte, wo sie mit Spermien von Lesleys Mann befruchtet wurde.

Links: Louise Brown, das erste Retortenbaby der Welt, tritt 1979 im Alter von einem Jahr am Arm ihrer Mutter Lesley im US-Fernsehen auf.

Unten: Louise Brown und ihre Eltern, Jahre später.

Louise war das weltweit erste „Retortenbaby" – in einem Labor gezeugt und in den Uterus der Mutter eingepflanzt. Sie war das erste von über einer Million Retortenbabys, die in den Jahren nach Louises Geburt im Juli 1978 weltweit geboren wurden. Louises Eltern, Lesley und John Brown, waren die Ersten, die sich einer *In-vitro*-Fertilisation (IVF) unterzogen hatten. Lesleys Eileiter waren verschlossen, und sie konnte nicht auf natürlichem Wege schwanger werden, obwohl wenn sie es zehn Jahre lang versucht hatte. Der Gynäkologe Patrick Steptoe und der Physiologe Robert Edwards hatten aber eine Lösung parat, da es mittlerweile möglich war, menschliche Eizellen zu entnehmen.

Steptoe und Edwards befruchteten im Labor Lesleys Eizelle mit Johns Spermien und setzten sie in Lesleys Gebärmutter ein. Obwohl Lesley während der Schwangerschaft eine Blutvergiftung hatte, verlief alles gut und sie brachte Louise am 25. Juli per Kaiserschnitt zur Welt.

Louise wog nur 2600 Gramm, aber ihre Geburt galt als Erfolg. Vor den rund um das Krankenhaus versammelten Journalisten aus der ganzen Welt verkündete Steptoe: „Alle Untersuchungen ergaben, dass das Baby ganz normal ist. Auch der Gesundheitszustand der Mutter nach der Entbindung war hervorragend."

Louises Geburt bereitete den Weg für weitere Babys durch IVF, wie ihre Schwester Natalie, die vier Jahre nach ihr zur Welt kam. Zu diesem Zeitpunkt gab es bereits 40 weitere Retortenbabys. (Natalie war übrigens das erste IVF-Baby, das auch Mutter wurde: Im Jahr 1999 bekam die damals 17-Jährige auf natürliche Weise eine Tochter.)

Louise hatte eine normale Kindheit und heiratete im Jahr 2004. Zwei Jahre später bekam auch sie ein Kind: Ihr Sohn Cameron kam nach einer natürlichen Befruchtung 2006 zur Welt. Eine bessere Werbung für IVF hätte es nicht geben können. Die Erfolgsquote liegt zwar noch immer bei unter 20 Prozent, aber die Behandlung gibt Millionen kinderlosen Paaren Hoffnung und vielen davon ihr „Wunderbaby".

AUF EINEN BLICK

Für viele Frauen, die aus gynäkologischen Gründen nicht schwanger werden konnten, war die ab 1978 durchgeführte In-vitro-*Fertilisation eine Neuheit, die ihr Leben verändern konnte. Louise Brown war das erste von zahlreichen Retortenbabys, die im Labor gezeugt und in eine Gebärmutter eingepflanzt wurden.*

Oben: Lech Walesa im Jahr 1989 vor einer Fahne der Solidarność. Im Jahr darauf wurde er Polens Präsident.

Rechts: Walesa wird vor dem Obersten Gericht in Warschau von der Menge getragen, als Solidarność im Jahr 1980 anerkannt wird.

ANERKENNUNG DER „SOLIDARNOŚĆ" DURCH DIE REGIERUNG POLENS

DANZIG, POLEN
30. AUGUST 1980

Die Solidaritätsbewegung „Solidarnośc" brachte die Rechte der Arbeiter weit voran, als ihr charismatischer Anführer Lech Walesa für die polnischen Gewerkschaften das Recht auf Streik und Unabhängigkeit erwirkte. Die Vereinbarung wurde von der kommunistischen Regierung nur widerwillig angenommen und von Vizeministerpräsident Mieczyslaw Jagielski unterzeichnet. Damit war Polen das erste Land des Ostblocks, das diesen Schritt unternahm.

Ausschlaggebend dafür war der Streik von rund 17 000 Polen, die in der Werft in Danzig mit deren Schließung drohten. Der Auslöser für diesen Aufstand war die jüngste Preiserhöhung für Lebensmittel, aber der Unmut saß tief und gründete auf jahrelangen sozialen Ungerechtigkeiten. Das Abkommen mit der Regierung war eine direkte Folge dieses Protests.

Lech Walesa war ein arbeitsloser Elektriker und alles andere als der typische Anführer, aber er erwies sich als starkes Sprachrohr für die Organisation und mobilisierte 20 weitere Gebiete zu einer Beteiligung am Streik. Er wurde zum unumstrittenen Anführer von Solidarność, einer nationalen Föderation freier Gewerkschaften unter einem gemeinsamen Namen. Neben anderen Zugeständnissen versprach man den Arbeitern bessere Sozialleistungen, höhere Löhne und eine zuverlässigere Versorgung mit Lebensmitteln. Im Gegenzug verlangte die Regierung, dass die Führungsposition der kommunistischen Partei in Polen anerkannt wurde. Das war für viele polnische Arbeiter keine Einschränkung, da sie zu dieser Zeit noch den Irrglauben vertraten, dass die kommunistische Partei von innen heraus reformiert werden konnte.

Als die positive Nachricht um die Welt ging, waren die spürbare Begeisterung und die Hoffnung unbeschreiblich. Schon bald hatte Solidarność neun Millionen Mitglieder. Von Anfang an unterstützten der Papst und die Polnisch-Katholische Kirche die Gewerkschaft und hielten das allgemeine Interesse daran aufrecht.

Die Freude hielt jedoch nicht lange. Die Sowjetunion erkannte schnell die Bedeutung dieser Ereignisse und drängte den polnischen Ministerpräsidenten General Jaruzelski dazu, hart gegen die Bewegung vorzugehen. Im Dezember 1981 verhängte er das Kriegsrecht und verbot Solidarność. Die Anführer der Gewerkschaft wurden verhaftet – auch Lech Walesa, der fast ein Jahr im Gefängnis verbrachte und die folgenden sieben Jahre unter Beobachtung stand. Walesas großer Moment kam 1990, als er zum Präsident Polens gewählt wurde. Sein Erfolg war jedoch nur von kurzer Dauer. Schließlich trat er aus der Gewerkschaft aus, die seit damals stetig an Bedeutung verloren hat.

AUF EINEN BLICK

Als die Regierung Polens die Gewerkschaft Solidarność anerkannte und den Forderungen nach freien Gewerkschaften und einem Streikrecht stattgab, entfesselte sie damit Kräfte, die sie nicht mehr kontrollieren konnte. Solidarność gab den Arbeitern die Hoffnung auf Freiheit und eine bessere Zukunft und bot Ansporn für jene, die den Kommunismus bis dahin für unanfechtbar gehalten hatten. Die „Macht des Volks" in Polen führte zu ähnlichen Erfolgen in anderen europäischen Ländern und veränderte die politische Landkarte Osteuropas.

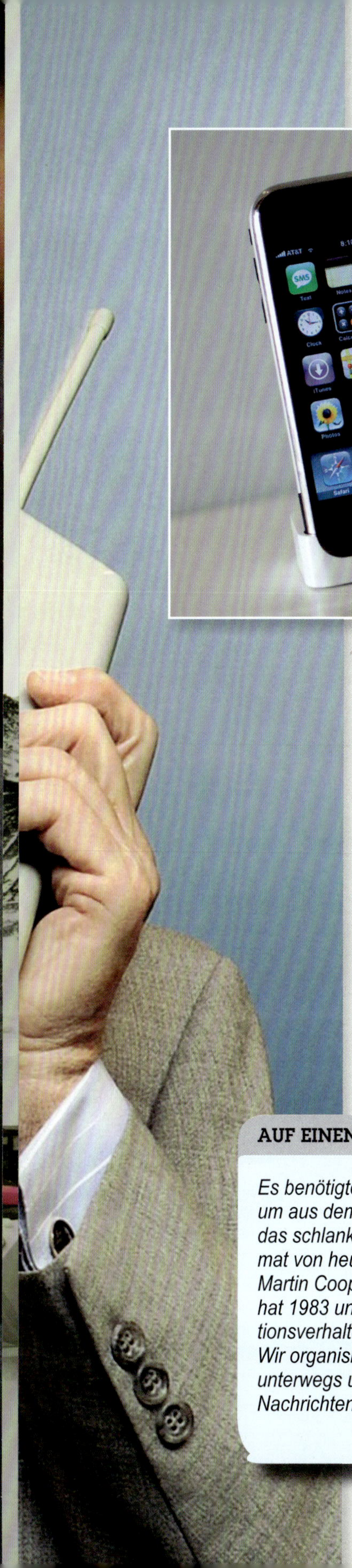

Oben: Ein Mobiltelefon des neuen Jahrtausends mit einigen Apps.

Links: Martin Cooper vergleicht auf einer Pressekonferenz 2009 das erste kommerzielle Mobiltelefon, das Motorola DynaTAC, mit dem aktuellen Modell.

DAS ERSTE KOMMERZIELLE MOBILTELEFON

USA
OKTOBER 1983

Ein Leben ohne Handys ist heute kaum noch vorstellbar. Dabei gibt es sie erst seit 1983, als das erste, noch recht klobige Mobiltelefon auf den Markt kam. Dreißig Jahre später gibt es tausende Modelle, die von Millionen Menschen auf der ganzen Welt benutzt werden.

Seit dem frühen 20. Jahrhundert hatte man an der Entwicklung eines tragbaren Telefons gearbeitet. Es gab Funkgeräte, und Autotelefone, die sich mit einem Netz verbinden konnten. Aber die Allgemeinheit war auf Festnetztelefone und Briefe angewiesen, um mit weiter entfernten Orten zu kommunizieren. Bis der US-amerikanische Telekommunikationsriese Motorola ein tragbares Telefon für den Normalverbraucher anbot, das jeder kaufen konnte. Damit setzte sich das Unternehmen gegen seine innovativen Mitbewerber AT&T mit ihrem Bell Laboratory durch, wo man sich bis dahin mehr auf Autotelefone konzentriert hatte. Bei Motorola hatte ein Team unter der Leitung von Martin Cooper ein tragbares Gerät entwickelt, das man auch außerhalb von Gebäuden oder Fahrzeugen verwenden konnte.

Den ersten Anruf von einem Mobiltelefon machte Cooper bereits zehn Jahre vor der Markteinführung im Jahr 1973. Das später als Motorola DynaTAC 8000X bekannte Gerät wurde zehn Jahre lang weiterentwickelt, während man nach einem geeigneten Netz dafür suchte. Im Oktober 1983 kam das Telefon schließlich auf den Markt.

Das Gerät war jedoch alles andere als perfekt und mit einem Preis von 3000 US-Dollar nur für wohlhabende Käufer erschwinglich. Das Telefon selbst war für heutige Verhältnisse groß und unhandlich: über 25 Zentimeter lang und fast ein Kilogramm schwer.

Sechs Jahre später brachte Motorola das MicroTAC heraus, ein kleineres Gerät. Die Revolution hatte begonnen: Gegen Ende des 20. Jahrhunderts sorgten Hersteller wie Sony und Nokia für die umfassende Verbreitung von Handys der zweiten Generation.

Die rasante technische Entwicklung führte im Lauf der Zeit zu einem reichhaltigen Funktionsumfang der Mobiltelefone. Eine bahnbrechende Neuheit war in den 90er-Jahren die SMS. Nun konnten Nutzer auch Textnachrichten tippen, statt nur verbal zu kommunizieren.

Der nächste Schritt war der Zugriff vom Handy auf das Internet, was Anfang des 21. Jahrhunderts möglich wurde. Mobiltelefone waren mittlerweile viel mehr als nur ein Mittel zur Kommunikation.

Martin Coopers Telefonanruf vor über 30 Jahren brachte die sich am schnellsten entwickelnde Technik der Jahrtausendwende ins Rollen. Heute besitzen geschätzte 60 Prozent der Weltbevölkerung ein Mobiltelefon, und es gilt zweifellos als unverzichtbares Accessoire.

AUF EINEN BLICK

Es benötigte zwei Jahrzehnte, um aus dem klobigen Ur-Handy das schlanke Hosentaschenformat von heute zu entwickeln. Martin Coopers kreativer Geist hat 1983 unser Kommunikationsverhalten revolutioniert: Wir organisieren Termine von unterwegs und verschicken Nachrichten per Fingerdruck.

AT&T
PEPSI
PEPSI THE CHOICE OF A NEW GENERATION
LIVE AID

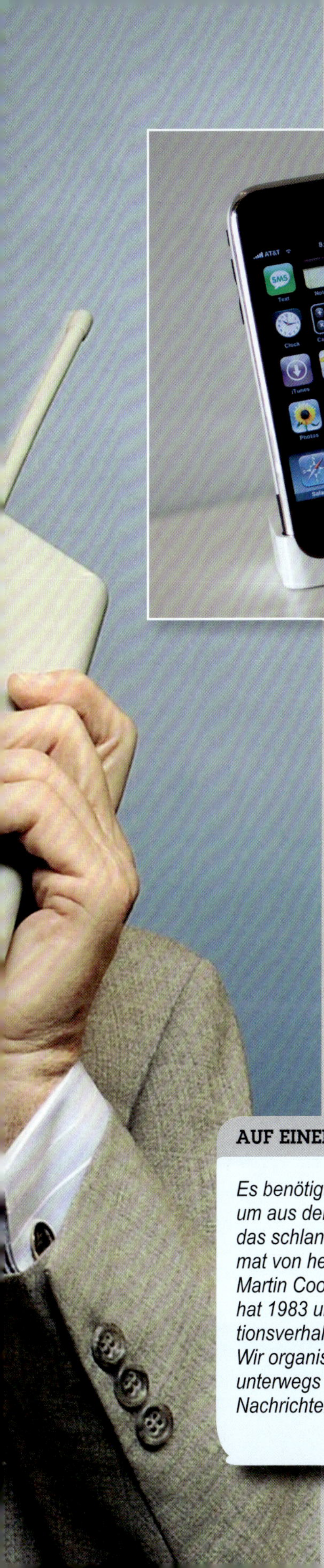

Oben: Ein Mobiltelefon des neuen Jahrtausends mit einigen Apps.

Links: Martin Cooper vergleicht auf einer Pressekonferenz 2009 das erste kommerzielle Mobiltelefon, das Motorola DynaTAC, mit dem aktuellen Modell.

DAS ERSTE KOMMERZIELLE MOBILTELEFON

USA
OKTOBER 1983

Ein Leben ohne Handys ist heute kaum noch vorstellbar. Dabei gibt es sie erst seit 1983, als das erste, noch recht klobige Mobiltelefon auf den Markt kam. Dreißig Jahre später gibt es tausende Modelle, die von Millionen Menschen auf der ganzen Welt benutzt werden.

Seit dem frühen 20. Jahrhundert hatte man an der Entwicklung eines tragbaren Telefons gearbeitet. Es gab Funkgeräte, und Autotelefone, die sich mit einem Netz verbinden konnten. Aber die Allgemeinheit war auf Festnetztelefone und Briefe angewiesen, um mit weiter entfernten Orten zu kommunizieren. Bis der US-amerikanische Telekommunikationsriese Motorola ein tragbares Telefon für den Normalverbraucher anbot, das jeder kaufen konnte. Damit setzte sich das Unternehmen gegen seine innovativen Mitbewerber AT&T mit ihrem Bell Laboratory durch, wo man sich bis dahin mehr auf Autotelefone konzentriert hatte. Bei Motorola hatte ein Team unter der Leitung von Martin Cooper ein tragbares Gerät entwickelt, das man auch außerhalb von Gebäuden oder Fahrzeugen verwenden konnte.

Den ersten Anruf von einem Mobiltelefon machte Cooper bereits zehn Jahre vor der Markteinführung im Jahr 1973. Das später als Motorola DynaTAC 8000X bekannte Gerät wurde zehn Jahre lang weiterentwickelt, während man nach einem geeigneten Netz dafür suchte. Im Oktober 1983 kam das Telefon schließlich auf den Markt.

Das Gerät war jedoch alles andere als perfekt und mit einem Preis von 3000 US-Dollar nur für wohlhabende Käufer erschwinglich. Das Telefon selbst war für heutige Verhältnisse groß und unhandlich: über 25 Zentimeter lang und fast ein Kilogramm schwer.

Sechs Jahre später brachte Motorola das MicroTAC heraus, ein kleineres Gerät. Die Revolution hatte begonnen: Gegen Ende des 20. Jahrhunderts sorgten Hersteller wie Sony und Nokia für die umfassende Verbreitung von Handys der zweiten Generation.

Die rasante technische Entwicklung führte im Lauf der Zeit zu einem reichhaltigen Funktionsumfang der Mobiltelefone. Eine bahnbrechende Neuheit war in den 90er-Jahren die SMS. Nun konnten Nutzer auch Textnachrichten tippen, statt nur verbal zu kommunizieren.

Der nächste Schritt war der Zugriff vom Handy auf das Internet, was Anfang des 21. Jahrhunderts möglich wurde. Mobiltelefone waren mittlerweile viel mehr als nur ein Mittel zur Kommunikation.

Martin Coopers Telefonanruf vor über 30 Jahren brachte die sich am schnellsten entwickelnde Technik der Jahrtausendwende ins Rollen. Heute besitzen geschätzte 60 Prozent der Weltbevölkerung ein Mobiltelefon, und es gilt zweifellos als unverzichtbares Accessoire.

AUF EINEN BLICK

Es benötigte zwei Jahrzehnte, um aus dem klobigen Ur-Handy das schlanke Hosentaschenformat von heute zu entwickeln. Martin Coopers kreativer Geist hat 1983 unser Kommunikationsverhalten revolutioniert: Wir organisieren Termine von unterwegs und verschicken Nachrichten per Fingerdruck.

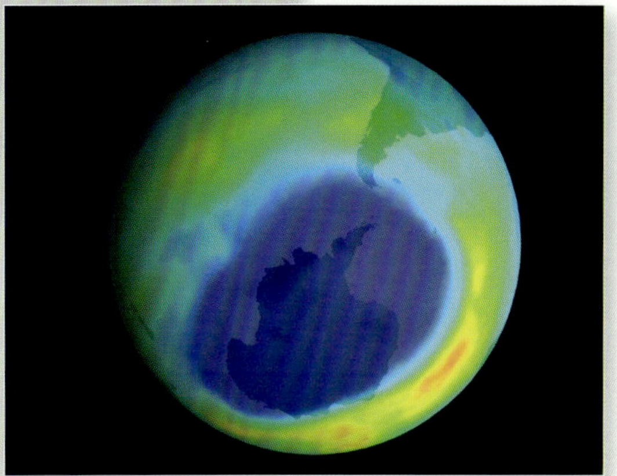

ANGST VOR DEM OZON-LOCH

ANTARKTIS

1985

Über eine Milliarde Jahre lang schützte die Ozonschicht die Erde vor den ultravioletten (UV) Strahlen der Sonne. Doch eine Entdeckung im Jahr 1985 brachte in den darauffolgenden Jahrzehnten Umweltthemen ins Programm jeder politischen Partei: Wissenschaftler hatten ein Loch in der Ozonschicht entdeckt.

Oben: Ein Bild des Ozonlochs über der Antarktis im Jahr 2000, damals das größte Loch seit Beginn der Aufzeichnungen.

Links: Französische Wissenschaftler starten einen Forschungsballon. Er soll 20 km über der Antarktis kreisen und das Ozonloch in der Atmosphäre erkunden.

In den 1970er-Jahren steckte die Forschung über die Auswirkungen verschiedener Chemikalien und Gase auf die Ozonschicht noch in den Kinderschuhen. Umso größer das Wissen jedoch wurde, desto mehr wurde das Ausmaß des möglichen Schadens erkannt.

Im Jahr 1985 entdeckten die britischen Wissenschaftler Joseph Farman, Brian Gardiner und Jonathan Shanklin in der Ozonschicht über der Antarktis ein Loch von beträchtlicher Größe, das während des antarktischen Frühlings von September bis Dezember auftrat. Grund dafür waren künstlich hergestellte FCKW-Treibgase, die in der kalten Luft mit den polaren Stratosphärenwolken reagierten. Wenn die Sonnenstrahlen aufgrund der Neigung der Erdachse steiler auf die Antarktis fallen, wird die Ozonschicht dünner, und es entsteht ein Loch, das bis zu eineinhalbmal so groß wie die USA werden kann.

Die Entdeckung dieses Lochs, zusammen mit dem Wissen um einen weltweiten Rückgang der Ozonschicht um geschätzte vier Prozent pro Jahrzehnt, veränderte unser Denken. Umweltthemen dominierten die Nachrichten, und die Presse malte sich schon das Szenario einer möglichen Apokalypse aus. Im Jahr 1987 wurde ein internationales Abkommen erarbeitet, das die Herstellung schädlicher Gase beschränkte und so zum Schutz der Ozonschicht beitragen sollte. Das Montreal-Protokoll wurde im September desselben Jahres unterzeichnet und trat zwei Jahre später in Kraft. Allen Berichten nach war es ein Erfolg.

Die Erkenntnis, dass die Erde nicht unzerstörbar ist, beeinflusste nicht nur die Umweltwissenschaft und -politik, sondern auch unsere Kultur. Hollywood vermarktet die Bedeutung und die Bedrohlichkeit des Themas in Form von Katastrophenfilmen wie „The Day After Tomorrow“ aus dem Jahr 2004. Und die Gefahr für die Umwelt bringt auch Gefahren für die Menschen: Ein Anstieg der UV-Strahlung erhöht das Risiko für Krebs oder andere Krankheiten und hat damit die weltweite Besorgnis gesteigert.

Als das erste Jahrzehnt des neuen Jahrtausends zu Ende ging, wurde bekannt, dass sich das Ozonloch langsam verkleinerte und das geringste Ausmaß seit zehn Jahren hatte. Dennoch: Die Verwundbarkeit unseres Planeten war offensichtlich geworden.

AUF EINEN BLICK

Als drei britische Wissenschaftler im Jahr 1985 ein Loch in der Ozonschicht über der Antarktis entdeckten, wurde die Umwelt plötzlich zum heißen Thema. Kühlschränke und andere Verursacher von ozonschädlichen FCKW-Gasen wurden umweltfreundlicher gestaltet. Das Ozonloch hängt jedoch nicht mit der globalen Erwärmung zusammen, auch wenn für beide Phänomene ähnliche Ursachen verantwortlich sind.

PRESIDENT OF THE UNITED

Oben: US-Präsident Reagan und Generalsekretär Gorbatschow auf einem Gipfeltreffen im Internationalen Presseinstitut in der Schweiz im Jahr 1985.

Links: Generalsekretär Michail Gorbatschow steht auf einem Gipfeltreffen im Weißen Haus neben US-Präsident Reagan am Podium.

GORBATSCHOW WIRD GENERALSEKRETÄR DER SOWJETUNION

MOSKAU, SOWJETUNION

13. MÄRZ 1985

Als die Sowjetunion in weniger als drei Jahren drei Staatsoberhäupter verlor, wurde das Zepter an eine neue Generation weitergereicht, verkörpert vom 54-jährigen Michail Gorbatschow. Der Sohn eines Mechanikers auf einer Kolchose war damals der einzige sowjetische Parteichef, der nach der Oktoberrevolution von 1917 geboren war. Seine Wahl zum Generalsekretär der Kommunistischen Partei der Sowjetunion läutete eine neue Ära ein, da seine Reformen zum unausweichlichen Zusammenbruch des alten Systems führten.

Gorbatschow war seit Stalin der jüngste Mann an der Spitze der Sowjetunion und kündigte unverzüglich mehrere wirtschaftliche, politische und kulturelle Reformen an, unter anderem *Glasnost* (Offenheit), *Perestroika* (Umstrukturierung), *Demokratisatsija* (Demokratisierung) und *Uskorenije* (Beschleunigung der wirtschaftlichen Entwicklung). Sie alle wurden 1986 umgesetzt, um die Effizienz der sowjetischen Wirtschaft zu steigern.

Gorbatschow wollte eine freie Marktwirtschaft und unterstützte die Privatisierung der sowjetischen Industrie und Landwirtschaft – doch die bestehenden Strukturen machten die Reformen wirkungslos.

Er übermittelte versöhnliche Botschaften an den Westen und bekräftigte seinen Wunsch nach allgemeiner Abrüstung. Er hatte einen guten Draht zu US-Präsident Ronald Reagan, zur britschen Premierministerin Margaret Thatcher und zum deutschen Kanzler Helmut Kohl. Für Gorbatschow waren diese verbesserten internationalen Beziehungen der Schlüssel zur Reformierung seines eigenen Landes.

Im Januar 1986 vereinbarte er die Beseitigung aller atomaren Mittelstreckenwaffen in Europa, und im Februar 1988 verkündete er den kompletten Abzug der sowjetischen Truppen aus Afghanistan – zwei Aktionen, die so gar nicht zum sowjetischen Denken der Vergangenheit passten. Dann gab er seine Nichteinmischung in die innenpolitischen Angelegenheiten anderer Länder öffentlich bekannt, was dazu führte, dass man gegen die kommunistischen Regierungen Osteuropas demonstrieren durfte, ohne mit Strafmaßnahmen rechnen zu müssen. Auch das beschleunigte den Zusammenbruch des Ostblocks.

1990 wurde Gorbatschow zum Präsidenten der Sowjetunion gewählt und erhielt für seine Bemühungen zur Beendigung des Kalten Kriegs den Friedensnobelpreis. Seine Versuche, die Sowjetunion zu demokratisieren, machten ihn bei den noch einflussreichen Konservativen unbeliebt. Im August 1991 überstand er einen Putschversuch durch kommunistische Hardliner, aber als die Sowjetunion noch im selben Jahr in verschiedene Staaten zerfiel, trat er sein Amt an Boris Jelzin ab.

AUF EINEN BLICK

Michail Gorbatschow wollte die stagnierende kommunistische Partei und die kränkelnde sowjetische Wirtschaft durch neue Freiheiten reformieren. In Verbindung mit den verbesserten Beziehungen zum Westen führte das zum Zusammenbruch der Sowjetunion. Seine Reformen Glasnost *und* Perestroika *sind aber heute noch ein Begriff.*

Oben: *Beim Live-Aid-Konzert 1985 füllen tausende Fans das Wembley-Stadion.*

Rechts: *Chrissie Hynde und Bob Geldof mit dem Buch zum Live-Aid-Konzert.*

Nächste Seite: *Blick aus dem Publikum auf die Bühne beim Live-Aid-Konzert in Philadelphia.*

DAS „LIVE AID"-KONZERT

WEMBLEY-STADION, LONDON UND JFK-STADION, PHILADELPHIA

13. JULI 1985

Im Jahr 1985 vereinten sich Rockmusik und Fernsehen zu einem gewaltigen Musikspektakel, um Spenden für die Hungersnot in Afrika zu sammeln. Fünfzig der größten Namen des Musikbusiness traten via Satellitenübertragung vor einem weltweiten Publikum auf. Zu den Künstlern zählten unter anderem Queen, Paul McCartney, Madonna, U2 und die neu formierten Led Zeppelin. Es hatte zuvor bereits einzelne Benefizkonzerte gegeben, wie George Harrisons Konzert für Bangladesch im Jahr 1971, aber Live Aid stellte mit seiner Größe und seinen ehrgeizigen Zielen alle anderen in den Schatten. Es war der Prototyp zukünftiger Großveranstaltungen.

AUF EINEN BLICK

Das Live-Aid-Konzert im Jahr 1985 war das größte Benefiz-Rockkonzert der Welt und sammelte Spenden für die Hungersnöte im Sudan und in Äthiopien. Die Idee dazu stammte vom irischen Rockmusiker Bob Geldof. 50 Bands traten in London und Philadelphia auf, und das Konzert wurde via Satellit weltweit übertragen. Geschätzte 150 Millionen Pfund wurden gespendet.

Dem Konzert war 1984 der Benefizsong „Do They Know It's Christmas?" vorausgegangen, den Bob Geldof (Boomtown Rats) und Midge Ure (Ultravox) zusammen mit einigen britischen Popstars unter dem Namen Band Aid aufgenommen hatten. Geldof hatten Nachrichtenberichte über die Hungersnot in Äthiopien tief berührt, und er wollte helfen. Das Lied verkaufte sich drei Millionen Mal und bewegte auch die Öffentlichkeit.

Der Song „We Are The World" von USA for Africa folgte, aber ein Besuch in Afrika machte Geldof bewusst, dass noch größerer Einsatz notwendig war. Die Idee zu „Live Aid" entstand im März 1985, und das Konzert wurde in nur 20 Wochen auf die Beine gestellt.

Geldofs unablässiges Belagern der größten Stars der damaligen Zeit sorgte dafür, dass ihm kaum jemand absagte. Von Adam Ant bis Neil Young, von den Beach Boys bis zu The Who (die sich für das Konzert wiedervereinten) war das A–Z der Popmusik vertreten. Die berühmtesten Abwesenden waren Bruce Springsteen, Prince und Michael Jackson. Während der Konzerte wurden die TV-Zuseher zum Spenden aufgefordert – oft von Geldof persönlich, dessen live übertragene Kraftausdrücke aus Enttäuschung über den (noch zu geringen) gespendeten Betrag dazu führten, dass 300 Pfund pro Sekunde gespendet wurden.

Jeder Künstler bekam nur 15 Minuten Zeit für seinen Auftritt im Wembley-Stadion in London oder im JFK-Stadion in Philadelphia. Phil Collins flog mit der Concorde über den Atlantik, um auf beiden Konzerten zu spielen. Neben den 72 000 Zuschauern in London und den 99 000 in Philadelphia sahen geschätzte 400 Millionen Menschen in 60 Ländern das Konzert im Fernsehen – dank der beispiellosen weltweiten Übertragung.

Einer der Veranstalter nannte einen Gesamterlös von 150 Millionen Pfund (175 Millionen Euro): weitaus mehr als die ursprünglich erhoffte Million. Der irischstämmige Geldof wurde 1986 von Königin Elisabeth II. für seine Verdienste in den Ritterstand erhoben. 2005 beging Sir Bob Geldof den 20. Jahrestag mit der Veranstaltung „Live 8", einer Reihe von Konzerten auf der ganzen Welt, und forderte damit von den Staatsoberhäuptern der G8-Länder: „Make Poverty History" – „Lasst Armut zur Geschichte werden".

WORLD-WIDE CONCERT BOOK
LIVE AID
INTRODUCTION BY
BOB GELDOF
BE A PART OF THE INTERNATIONAL EFFORT TO SAVE LIVES ALL PUBLISHER'S PROFITS FROM THE SALE OF THIS BOOK WILL BE USED FOR AFRICAN FAMINE RELIEF

AT&T
LIVE
AID
PEPSI
THE CHOICE OF A
NEW GENERATION

LIVE
AID

"PEACE ON EARTH"

Oben: *Stau am Checkpoint Charlie nach der Grenzöffnung an der Berliner Mauer.*

Links: *Ein Mann schlägt in der Nacht zum 10. November mit einer Spitzhacke auf die Berliner Mauer ein.*

FALL DER BERLINER MAUER

BERLIN

9. NOVEMBER 1989

Die Berliner Mauer erinnerte auf schonungslose Weise an die Trennung von Kommunismus und Kapitalismus, die Europa nach dem Zweiten Weltkrieg spaltete. Nach Hitlers Niederlage wurde Deutschland in Ost und West unterteilt; der Osten stand unter kommunistischer Herrschaft. Auch die Stadt Berlin, die inmitten des neuen Ostdeutschlands lag, wurde geteilt, und die USA, Großbritannien, Frankreich und die Sowjetunion kontrollierten jeweils eine Besatzungszone. Die Stadt bestand nun aus Ost- und Westberlin.

Die rund 45 Kilometer lange Mauer wurde im Jahr 1961 auf Geheiß des Staatsratsvorsitzenden der DDR, Walter Ulbricht, errichtet. Sie war ein düsteres Mahnmal für die Trennung von Kommunismus und Kapitalismus. Die Mauer dämmte den Flüchtlingsstrom von Ost nach West ein, der sich seit 1949 auf geschätzte 2,5 Millionen Menschen belief. Einige waren verzeifelt genug, es trotzdem zu versuchen: Zwischen 1962 und 1989 gelang rund 5000 Menschen die Flucht, geschätzte 100 verloren dabei ihr Leben.

Im Jahr vor dem Mauerfall von 1989 hatte der sowjetische Generalsekretär Michail Gorbatschow eine einseitige Abrüstung in Osteuropa verkündet – ein Abbau von einer halben Million Soldaten und 10 000 Panzern. Das war eine Antwort auf die leidenschaftliche Rede des US-Präsidenten Ronald Reagan am Brandenburger Tor im Jahr 1987, in der er sein sowjetisches Pendant aufforderte: „Reißen Sie diese Mauer nieder!"

Massenproteste in Ostdeutschland hatten zum Rücktritt von Erich Honeker geführt, und diese Welle der öffentlichen Meinungsäußerung bildete den unmittelbaren Auftakt zum Fall der Berliner Mauer. Am 9. November öffnete der neue DDR-Staatsratsvorsitzende Egon Krenz die Grenzübergänge, und die einst unüberwindlich scheinende Mauer wurde zum Ort der Freude, als sich getrennte Familien überschwänglich wiedervereinten.

In den ersten beiden Tagen nutzten über eine Million Ostberliner die neu gewonnene Freiheit für einen Besuch im Westen. Und als im darauffolgenden Juli der ehemalige Pink-Floyd-Musiker Roger Waters das Konzert „The Wall" am nahegelegenen Potsdamer Platz aufführte, inspirierte dieses Ereignis die deutsche Rockband Scorpions zu ihrem Song „Wind Of Change".

Souvenirjäger sorgten dafür, dass die verhasste Mauer rasch demontiert wurde, sodass am ersten Jahrestag des Mauerfalls nur noch drei kurze Abschnitte an die Teilung Berlins erinnerten. Am 3. Oktober 1990 wurde Berlin wieder zur deutschen Hauptstadt erklärt. Die Wiedervereinigung der wirtschaftlich sehr unterschiedlich entwickelten Länder Ost- und Westdeutschland zur Bundesrepublik Deutschland war ein schwieriger Prozess, der noch nicht zu Ende ist.

AUF EINEN BLICK

Die Berliner Mauer teilte von 1961 bis 1989 die ehemalige Hauptstadt Deutschlands. Sie trennte Familien und war Schauplatz von über 100 Todesfällen, als Menschen bei Fluchtversuchen von den DDR-Grenzsoldaten erschossen wurden. Als Massenproteste eine neue liberale Gesinnung verbreiteten, ließ die Regierung der DDR die unnütz gewordenen Grenzen öffnen. Im Jahr darauf folgte die Wiedervereinigung der Stadt und die des Landes – als Bundesrepublik Deutschland.

Semantic
Web

Oben: *Stau am Checkpoint Charlie nach der Grenzöffnung an der Berliner Mauer.*

Links: Ein Mann schlägt in der Nacht zum 10. November mit einer Spitzhacke auf die Berliner Mauer ein.

FALL DER BERLINER MAUER

BERLIN
9. NOVEMBER 1989

Die Berliner Mauer erinnerte auf schonungslose Weise an die Trennung von Kommunismus und Kapitalismus, die Europa nach dem Zweiten Weltkrieg spaltete. Nach Hitlers Niederlage wurde Deutschland in Ost und West unterteilt; der Osten stand unter kommunistischer Herrschaft. Auch die Stadt Berlin, die inmitten des neuen Ostdeutschlands lag, wurde geteilt, und die USA, Großbritannien, Frankreich und die Sowjetunion kontrollierten jeweils eine Besatzungszone. Die Stadt bestand nun aus Ost- und Westberlin.

Die rund 45 Kilometer lange Mauer wurde im Jahr 1961 auf Geheiß des Staatsratsvorsitzenden der DDR, Walter Ulbricht, errichtet. Sie war ein düsteres Mahnmal für die Trennung von Kommunismus und Kapitalismus. Die Mauer dämmte den Flüchtlingsstrom von Ost nach West ein, der sich seit 1949 auf geschätzte 2,5 Millionen Menschen belief. Einige waren verzeifelt genug, es trotzdem zu versuchen: Zwischen 1962 und 1989 gelang rund 5000 Menschen die Flucht, geschätzte 100 verloren dabei ihr Leben.

Im Jahr vor dem Mauerfall von 1989 hatte der sowjetische Generalsekretär Michail Gorbatschow eine einseitige Abrüstung in Osteuropa verkündet – ein Abbau von einer halben Million Soldaten und 10 000 Panzern. Das war eine Antwort auf die leidenschaftliche Rede des US-Präsidenten Ronald Reagan am Brandenburger Tor im Jahr 1987, in der er sein sowjetisches Pendant aufforderte: „Reißen Sie diese Mauer nieder!"

Massenproteste in Ostdeutschland hatten zum Rücktritt von Erich Honeker geführt, und diese Welle der öffentlichen Meinungsäußerung bildete den unmittelbaren Auftakt zum Fall der Berliner Mauer. Am 9. November öffnete der neue DDR-Staatsratsvorsitzende Egon Krenz die Grenzübergänge, und die einst unüberwindlich scheinende Mauer wurde zum Ort der Freude, als sich getrennte Familien überschwänglich wiedervereinten.

In den ersten beiden Tagen nutzten über eine Million Ostberliner die neu gewonnene Freiheit für einen Besuch im Westen. Und als im darauffolgenden Juli der ehemalige Pink-Floyd-Musiker Roger Waters das Konzert „The Wall" am nahegelegenen Potsdamer Platz aufführte, inspirierte dieses Ereignis die deutsche Rockband Scorpions zu ihrem Song „Wind Of Change".

Souvenirjäger sorgten dafür, dass die verhasste Mauer rasch demontiert wurde, sodass am ersten Jahrestag des Mauerfalls nur noch drei kurze Abschnitte an die Teilung Berlins erinnerten. Am 3. Oktober 1990 wurde Berlin wieder zur deutschen Hauptstadt erklärt. Die Wiedervereinigung der wirtschaftlich sehr unterschiedlich entwickelten Länder Ost- und Westdeutschland zur Bundesrepublik Deutschland war ein schwieriger Prozess, der noch nicht zu Ende ist.

AUF EINEN BLICK

Die Berliner Mauer teilte von 1961 bis 1989 die ehemalige Hauptstadt Deutschlands. Sie trennte Familien und war Schauplatz von über 100 Todesfällen, als Menschen bei Fluchtversuchen von den DDR-Grenzsoldaten erschossen wurden. Als Massenproteste eine neue liberale Gesinnung verbreiteten, ließ die Regierung der DDR die unnütz gewordenen Grenzen öffnen. Im Jahr darauf folgte die Wiedervereinigung der Stadt und die des Landes – als Bundesrepublik Deutschland.

Oben: Protestierende Südafrikaner fordern im Jahr vor seiner Freilassung Freiheit für Mandela.

Rechts: Nelson Mandela und seine damalige Frau Winnie, kurz nach seiner Entlassung aus dem Victor-Verster-Gefängnis im Februar 1990.

Unten: Entfernung eines Graffitos von einer Mauer der King's College Chapel in Cambridge im Jahr 1965.

AUF EINEN BLICK

Der inhaftierte Vorsitzende des Afrikanischen Nationalkongresses, Nelson Mandela, war das Aushängeschild der Anti-Apartheid-Bewegung in Südafrika. Seine Freilassung nach 27 Jahren markierte das Ende der Apartheid und die ersten freien Wahlen des Landes, die ihn zum ersten schwarzen Präsidenten Südafrikas machten – bis zu seinem Rücktritt im Jahr 1999.

FREILASSUNG MANDELAS

PAARL, SÜDAFRIKA

11. FEBRUAR 1990

Seit über 100 Jahren war Südafrika durch Rassenprobleme gespalten und die Einführung der Apartheid (vollständige Rassentrennung) im Jahr 1948 durch die Regierung des Landes warf noch für fast 50 weitere Jahre einen langen Schatten auf das Land.

Ein Opfer der Apartheid war der 46-jährige Nelson Mandela, der 1964 zu lebenslanger Haft verurteilt wurde. Er war angeklagt, mit seiner Partei, dem Afrikanischen Nationalkongress (ANC), Sabotageversuche an der Regierung und der Wirtschaft des Landes geplant zu haben. Seine Freilassung 27 Jahre später markierte das Ende der Apartheid in Südafrika.

Unter dem bestehenden Regime war die Rassentrennung seit vielen Jahren legal und die Afrikaander – weiße Afrikaner europäischer Abstammung – herrschten als Minderheit. Mandela und seine Partei kämpften in den 1940er- und 1950er-Jahren für Rassengleichheit und gegen das System. Doch die Regierung verbot den ANC. Mandela war eigentlich ein Befürworter des gewaltlosen Widerstands, beeinflusst vom indischen Unabhängigkeitspionier Mahatma Gandhi. Aber er änderte seine Meinung nach dem Massaker von Sharpeville im Jahr 1960, bei dem fast 70 friedlich protestierende schwarze Afrikaner von Polizisten erschossen wurden. Er wurde von der Anklage des Verrats im Jahr 1956 freigesprochen, aber acht Jahre später zu lebenslanger Haft verurteilt.

Die meiste Zeit davon verbrachte er im Gefängnis auf Robben Island. Während er sich in Haft befand, herrschte draußen weiterhin die Apartheid, aber die Widerstandsbewegung nahm Fahrt auf. Mandelas Gefangenschaft machte ihn zum Aushängeschild im Kampf gegen die Apartheid, und er gewann rasch an Ansehen.

Im Jahr 1982 wurde er ins Gefängnis Pollsmoor verlegt, in dem einige der gefährlichsten Verbrecher Südafrikas einsaßen, und schließlich in das weniger stark gesicherte Gefängnis Victor Verster. In Afrika und anderswo forderte man immer stärker seine Freilassung. Als Präsident Pieter Willem Botha nach einem Schlaganfall zurücktreten musste, erschien diese Möglichkeit immer wahrscheinlicher. Sein Nachfolger war der Vorsitzende der Nationalen Partei, Frederik Willem de Klerk, der sofort mit der Beseitigung des Apartheid-Regimes begann und das Verbot des ANC aufhob. Sechs Monate nach seinem Amtsantritt ließ er Mandela frei.

Am 11. Februar 1990 war der 71-jährige Mandela wieder ein freier Mann, nur wenige Tage nachdem de Klerk die Verbote gegen den ANC und andere Anti-Apartheid-Gruppen aufgehoben hatte. Nach seiner Freilassung hielt Mandela vor tausenden Menschen eine Rede und versprach, den Freiheitskampf seines Volks weiterzuführen.

Mandela und de Klerk bestritten 1994 die erste demokratische Wahl des Landes, an der sich alle Rassen beteiligen durften. Der ANC gewann, und Mandela wurde zum ersten schwarzen Präsidenten des Landes gewählt. Es war eine Wende, mit der wenige Jahre zuvor kaum jemand gerechnet hatte – nach einem halben Jahrzehnt des Kämpfens.

Semantic
Web

Oben: *Die Internetpioniere Vinton Cerf, Lawrence Roberts, Robert Kahn und Tim Berners-Lee (von links nach rechts) gewinnen 2002 gemeinsam den Prinz-von-Asturien-Preis für wissenschaftliche und technische Forschung.*

Links: Tim Berners-Lee, der Erfinder des World Wide Web, vor einer Tafel mit Notizen über die Entwicklung des Web.

DAS WORLD WIDE WEB ENTSTEHT

SCHWEIZ

1991

Viele halten das World Wide Web für das Internet. Tatsächlich handelt es sich aber um zwei unterschiedliche Systeme. Aber erst das Web hat das Internet zu dem gemacht, was es heute ist.

Das Web war die Idee des britischen Physikers und Informatikers Tim Berners-Lee, der erkannte, dass die wachsende Technik des Internets eine öffentliche Schnittstelle benötigte, um sich weiter ausdehnen zu können und benutzerfreundlich zu werden. Die Vorstellung vom Internet als ein „Netzwerk aus Netzwerken" existierte seit Jahrzehnten, aber war noch nicht im Bewusstsein der Allgemeinheit angelangt.

Berners-Lee arbeitete am europäischen Kernforschungsinstitut CERN in der Schweiz, als ihm die Idee für eine „große Hypertext-Datenbank mit getippten Links" kam – also für eine Möglichkeit, die vielen Seiten an Information in einem Netz durch Links zu verbinden, die von Menschen und Computern gelesen werden konnten. Es war eine einfache Idee für einen weltweiten Datenaustausch über das Internet.

Seine Ideen ergänzten die seines belgischen Kollegen Robert Cailliau, und gemeinsam erdachten sie die Namen und alle wichtigen Protokolle, die heute für uns selbstverständlich sind, wie „HTML" zum Formatieren einer Webseite oder „HTTP", um sich von Seite zu Seite zu bewegen. Ursprünglich wollten sie damit nur ihren Kollegen einen einfacheren Zugang zu Informationen auf Firmencomputern ermöglichen, aber ihr Projekt dehnte sich rasch aus.

Die Studentin Nicola Pellow schrieb das Web-System um, damit es auf jedem beliebigen Computer lief, und bald wurde Software entwickelt, mit der man Internetseiten sehen konnte. Frühe experimentelle Browser waren die Vorgänger von Marktführern wie Mosaic und später Netscape, bevor der Internet Explorer von Microsoft das bevorzugte Programm zum Surfen im Internet wurde. Das Web entwickelte eine Eigendynamik und das Internet füllte sich mit Webseiten.

Nur ein Jahrzehnt später hatte das Web bereits zu unzähligen Geschäftsgründungen geführt und das Internet auf unvorstellbare Weise revolutioniert. Heute ist das alles für uns selbstverständlich: dass wir mit Google praktisch auf Knopfdruck nach Informationen suchen oder in Online-Versandhäusern wie eBay oder Amazon alles nur Erdenkliche kaufen können.

Im Dezember 2009 gab es geschätzte 233 Millionen Seiten im Web. Keine Webpräsenz zu haben gilt heute für Unternehmen und sogar für Privatpersonen als unzeitgemäß. Das Web hat unser Verhalten komplett verändert, und die Welt erschien noch nie so klein.

AUF EINEN BLICK

Das World Wide Web erschien 1991 auf der Bildfläche und machte aus dem Internet ein benutzerfreundliches System. Sein Erfinder, der Brite Tim Berners-Lee, brachte damit Ordnung in das Chaos der Online-Kommunikation. Benutzer konnten Links anklicken und den Cyberspace logisch erforschen. Das Web machte die Welt zum globalen Dorf.

Oben: Bezos stellt den Kindle 2 vor, ein Lesegerät für elektronische Bücher („E-Books").

Rechts: Der Amazon-Gründer Jeff Bezos in der Firmenzentrale in Seattle, drei Jahre nach dem Start seines Online-Bücherversands.

GRÜNDUNG VON AMAZON.COM

NEW YORK, USA

1994

Nur wenige Jahre nach der Erfindung des World Wide Web wuchs das Internet immer schneller, und viele Unternehmensgründer nutzten den Dotcom-Boom aus. Im Jahr 1995 wurde das Versandhaus Amazon.com gegründet, und heute ist es beim Einkauf im Internet die erste Wahl. Doch das war nicht immer so.

Jeff Bezos hatte an der Universität Princeton studiert und arbeitete nun als Analyst für die New Yorker Firma D. E. Shaw & Co. Während seiner Arbeit begann er, nach Marktlücken im rasant wachsenden Internet-Markt Ausschau zu halten. Ihm kam die Idee zu Amazon, das ursprünglich ein Online-Buchladen werden sollte.

Er wählte Bücher aus dem Grund, weil er im Internet ein riesiges Sortiment anbieten konnte – im Vergleich zu einem Versandkatalog. Er wusste, dass ein Misserfolg in der noch neuen Branche sehr wahrscheinlich war, aber er wollte sich die Chance nicht entgehen lassen. „Es war wie im Wilden Westen, ein neues Grenzland. Und ich wusste, wenn ich es nicht versuchte, würde ich es bereuen. Und das wäre dann unvermeidlich."

In seinen Anfängen wuchs das Unternehmen rasch, aber die Unsicherheit wuchs noch schneller, da es schwere Verluste erlitt – in den ersten Jahren des neuen Jahrtausends waren seine Aktienkurse in den Keller gefallen, und Mitarbeiter wurden entlassen. Und das, obwohl Amazon mittlerweile viel mehr als nur Bücher im Sortiment hatte: In den ersten fünf Jahren war das Angebot von Büchern auf CDs, Unterhaltungselektronik, Spielzeug und Heimwerkerbedarf erweitert worden.

Im Angesicht extremer Widrigkeiten und der drohenden Schließung schrieb Amazon gegen Ende 2001 erstmals schwarze Zahlen – die Geduld hatte sich bezahlt gemacht. In den verlustreichen Jahren war das Online-Angebot des Unternehmens so stark gewachsen, dass die Konkurrenz nicht mithalten konnte. Rückblickend war es nur eine Frage der Zeit gewesen, bis es Gewinne erzielte. Amazon war zum weltweiten Marktführer im Internethandel herangereift.

Amazon ist nicht nur in den USA das größte Online-Versandhaus, sondern auf der ganzen Welt. Seine Produktpalette reicht von Büchern über Unterhaltungselektronik bis hin zu Schmuck. Und seine Geschichte zeugt vom Durchhaltevermögen in der Dotcom-Branche, wo Erfolg unvermeidlich erscheint, aber längst nicht garantiert ist.

AUF EINEN BLICK

Seit seiner Gründung als Online-Bücherversand im Jahr 1994 hat sich Amazon zum Internet-Warenhaus schlechthin entwickelt. Jeff Bezos' Geschäftsidee überstand die verlustreichen ersten Jahre und wurde weltweit bekannt – und wird wohl auch noch in Zukunft Millionen Kunden beliefern.

JANICE VANCLEAVE'S MATH FOR EVERY KID
Why I Am Not a Christian Bertrand Russell
Exit, Voice, and Loyalty
Hirschman
IAS 1997
Epstein Mirza
IAS 1997
Epstein Mirza
ART AND VISUAL PERCEPTION
NICOLAS GRIMAL
A HISTORY OF ANCIENT EGYPT
ORIGINAL PRONOUNCEMENTS ACCOUNTING STANDARDS AS OF JUNE 1, 1996
THE BODY LANGUAGE AND EMOTION OF CATS
Danny Goodman JavaScript BIBLE Second Edition
Danny Goodman JavaScript BIBLE Second Edition
Danny Goodman JavaScript BIBLE Second Edition
GLOBAL ADVANTAGE on the INTERNET
THE BOOK OF THE SWORD
Burton
YOGA
The Spirit and Practice of Moving into Stillness
Erich Schiffmann
Access 97 for Dummies
ACUPRESSURE FOR LOVERS
APPLETHORPE

Oben: Im Jahr 1997 wird Dolly der internationalen Presse vorgestellt – ein Jahr nach dem erfolgreichen Klonversuch.

Rechts: Dolly, das erste Klonschaf der Welt, im Alter von zwei Jahren im Roslin-Institut in Edinburgh, Schottland.

ERSTES GEKLONTES SCHAF

EDINBURGH, SCHOTTLAND

5. JULI 1996

Im Juli 1996 klonten Forscher das erste Tier. Statt ihre Kreation „Frankenstein" oder ähnlich zu nennen, wählten sie das eher zahme „Dolly", nach der Countrysängerin Dolly Parton. Ein paar scharfsinnige Züchter, die bei der Geburt des Schafs dabei gewesen waren, schlugen eine gedankliche Brücke zwischen der großbusigen Sängerin und dem Euter, aus dessen Zellen das Schaf geklont wurde.

Von 277 Versuchen war Dolly das einzige Lamm, das aus einem somatischen Zellkerntransfer zu einem Schaf heranwuchs. Bei dieser Technik wird der Kern der Zelle eines erwachsenen Tieres in eine unbefruchtete Eizelle, der der Zellkern entnommen wurde, übertragen. Die meisten Embryonen, die auf diese Weise entstanden und in die Gebärmutter eines Trägertiers eingepflanzt wurden, wiesen Gendefekte auf und wurden abgetrieben. Die Geburt von Dolly wurde fast ein Jahr lang geheim gehalten, weil sie einerseits als wissenschaftliches Wunder verkündet worden wäre und andererseits hitzige Debatten zur Ethik des Klonens zur Folge gehabt hätte. Wie erwartet reagierte die Öffentlichkeit tatsächlich mit einer Mischung aus Staunen und Entsetzen, als Dollys Existenz im Jahr 1997 enthüllt wurde.

Es war nicht der erste Versuch, ein lebendes Tier zu klonen, den die Wissenschaftler des Roslin-Instituts in Midlothian, Schottland, unternommen hatten. Aber der Erfolg des Experiments „Dolly" führte zu weltweiten Diskussionen. Als der Leiter von Dollys Klon-Team andeutete, dass man mit dieser Methode theoretisch auch Menschen klonen könne, überschlugen sich die Medienberichte.

Dolly wurde im Lauf ihres Lebens sechsmal Mutter, nachdem sie auf natürliche Weise mit einem Walisischen Bergschaf gepaart wurde. Das brachte dem berüchtigten Klonschaf weitere Aufmerksamkeit ein.

Im Alter von fünf Jahren begann Dolly, sich steif zu bewegen, und man stellte bei ihr Arthritis fest – ungewöhnlich für ein so junges Schaf. Wieder wurde die Ethik des Klonens heftig debattiert, wie auch die Möglichkeit eines verfrühten Alterungsprozesses. Bei ihrer Geburt hatte Dolly angeblich bereits den Körper eines sechsjährigen Tieres – das gleiche Alter wie das Schaf, aus dem man sie geklont hatte. Die Arthritis war zwar eine Enttäuschung, aber man hatte sie im Griff. Doch dann starb ein anderes Klonschaf an einer Lungenkrankheit, und es wurde wahrscheinlich, dass auch Dolly dieses Schicksal ereilen würde. Und so war es auch: Im Jahr 2003 entdeckte man Tumoren, und Dolly wurde eingeschläfert.

Dollys Entstehung war ein wissenschaftlicher Durchbruch und beflügelte die Fantasie der Öffentlichkeit. Bald entstanden wilde Theorien über Dinosaurier, die wieder die Erde bevölkern könnten, und über das Klonen von verstorbenen Angehörigen. Science-Fiction vermischte sich mit der Realität, während im Hintergrund die ethische Diskussion fortgeführt wurde. Dolly war wirklich das „berühmteste Schaf der Welt".

AUF EINEN BLICK

Das Schaf Dolly, das 1997 aus geklonten embryonalen Zellen entstand, erzeugte einen gewaltigen Presserummel, als man es ein Jahr nach seiner Geburt der Öffentlichkeit präsentierte. Mittlerweile wurden auch Pferde und Stiere geklont, und die Vision einer Welt aus Mutanten und geklonten, ausgestorbenen Tieren ist nicht wahrgeworden. Dolly selbst wurde nur sechs Jahre alt.

1961 – 1997
POLICE

PRINZESSIN DIANAS TOD

PARIS, FRANKREICH
31. AUGUST 1997

Prinzessin Diana brachte Schwung in die britische Königsfamilie, als sie im Juli 1981 Prinz Charles heiratete. Sie war ein junges, lebhaftes und wichtiges Mitglied der Monarchie. Ihre Wohltätigkeitsarbeit brachte ihr Bewunderung ein, wie auch ihr Auftreten in einer Familie, die in den Augen vieler den Kontakt zum Volk verloren hatte. Als sich im August 1997 die Nachricht von ihrem viel zu frühen Tod verbreitete, trauerte das ganze Land.

Oben: Prinzessin Diana auf einem Staatsbesuch im Jahr 1983 – so, wie man sie für immer in Erinnerung behalten wird.

Links: Blumen vor dem Kensington-Palast nach dem Tod von Prinzessin Diana.

Kleines Bild: Der Tunnel in Paris, wo Diana 1997 bei einem Autounfall tödlich verunglückte.

Diana, ihr Freund Dodi Al-Fayed, ihr Leibwächter Trevor Rees-Jones und der Fahrer Henri Paul hatten in Paris auf der Flucht vor Paparazzi einen Autounfall. Nur Rees-Jones überlebte den Unfall, bei dem das Auto im Alma-Tunnel mit geschätzten 105 km/h in einen Stützpfeiler krachte.

Diana war schon lange die Zielscheibe der internationalen Medien. Ihre Jugend, ihr Aussehen und ihr Status brachten sie regelmäßig auf die Titelblätter von Zeitungen auf der ganzen Welt. In den Jahren vor ihrem Tod häuften sich die Berichte noch, als sich Prinz Charles und sie Ende 1992 nach langjährigen Eheproblemen trennten und sich vier Jahre später scheiden ließen. Beide gaben zu, untreu gewesen zu sein.

Im Sommer 1997 begann Diana eine Affäre mit Dodi Al-Fayed. Er war der Sohn von Mohamed Al-Fayed, dem Besitzer von Harrods und des F. C. Fulham. Die Romanze zwischen den beiden wurde wie erwartet in den Medien ausgeschlachtet. Nach einem Urlaub auf der Familienjacht der Al-Fayeds an der italienischen und französischen Riviera machten sie auf der Rückreise nach London einen Zwischenstopp in Paris. Sie hielten sich im Hotel Ritz auf, das Dodis Vater gehörte, bevor sie sich auf den Weg zu einer Wohnung in der Nähe der Champs-Élysées machten.

Als sie in einem verdunkelten Mercedes losfuhren, wurden sie von einigen Paparazzi verfolgt. Im Tunnel verlor der Fahrer die Kontrolle über den Wagen und rammte einen Pfeiler. Diana wurde ins Krankenhaus gebracht, starb jedoch wenige Stunden danach. Später kam heraus, dass der Chauffeur vor der Fahrt Medikamente und Alkohol konsumiert hatte. Eine gerichtliche Untersuchung gab ihm die Schuld an dem Unfall.

Bei Dianas Beerdigung drückte ein ganzes Land seine Trauer aus: Zehntausende Menschen versammelten sich in den Straßen Londons, über 30 Millionen vor den Fernsehern, zusammen mit weiteren Millionen Menschen auf der ganzen Welt. Bei der Trauerfeier sang Elton John zur Melodie von „Candle In The Wind“ den neuen Text „Goodbye, England's Rose“. Diana war in vielerlei Hinsicht eine kontroverse Persönlichkeit, aber ihr Leben und ihr Tod hatten in Großbritannien unbestreitbaren Eindruck hinterlassen.

AUF EINEN BLICK

Diana, die „Königin der Herzen“, lebte ein Leben in der Öffentlichkeit, war aber dennoch volksnah. Das machte sie bei Millionen Menschen beliebt und warf ein besseres Licht auf das britische Königshaus. Zu ihrem Tod 1997 in Paris gab es viele Gerüchte, aber er stellte sich als Unfall heraus, verursacht durch einen unachtsamen Fahrer und aufdringliche Paparazzi.

Nächste Seite: Gardisten der „Prince of Wales“-Kompanie eskortieren den Sarg bei dem Trauerzug für Prinzessin Diana.

Declines
3965
Nasdaq
3294.97
-381.8
2,301,025,454
Nasdaq
3294.97
2,301,025,454
Daily Value
3769.63
-14.1%
Declined
Wed
1752.30
1818.81

DIE DOTCOM-BLASE PLATZT

NEW YORKER BÖRSE, USA

10. MÄRZ 2000

Kleines Bild: Hightech-Experten und Arbeitssuchende beim Knüpfen von Kontakten auf einer „Pink-Slip-Party“ für die Dotcom-Branche im Februar 2001. Die Partys dienten als Jobbörse und entstanden in der Zeit nach dem Platzen der Dotcom-Blase und den folgenden zahlreichen Entlassungen.

Links: Betroffenheit an der New Yorker Börse, als der NASDAQ im April 2000 nach unten rasselt.

Zu Beginn des neuen Jahrtausends befanden sich das Internet und das World Wide Web auf einem Höhenflug. Die Computerbranche dehnte sich weiter aus, und immer neuere Entwicklungen schufen unzählige Geschäftsmöglichkeiten, um Produkte und Dienstleistungen auf den Markt zu bringen.

Die rasche Gründung zahlreicher Internetfirmen führte zu einer Zeit der theoretischen Erfolge, die als „Dotcom-Blase“ bezeichnet wurde. Doch diese Blase platzte schließlich mit katastrophalen Folgen.

Die große Reichweite des Internets und die schnell wachsende Schar seiner Nutzer machten es zu einer attraktiven Gelegenheit für bestehende Unternehmen, ihre Aktivitäten auszuweiten, und sorgten für die Entstehung neuer Firmen. Die Gründer dieser Unternehmen arbeiteten dabei mit Risikokapitalgebern zusammen, die finanzielle Mittel investierten, um das spekulative Unternehmen in Gang zu bringen.

An bereitwilligen Investoren mangelte es nicht, da es allgemein hieß, das Internet wäre die Zukunft und ein Vorstoß in diesen Markt würde große Gewinne einfahren. Die Unternehmen gingen davon aus, dass sie schnell „groß werden“ und ihren Kundenkreis rasch erweitern mussten, um erfolgreich zu sein – auch wenn das vorläufige Verluste bedeutete. Rückblickend erscheint dieses Geschäftskonzept völlig unausgereift, aber einige Unternehmen hatten damit Erfolg; das bekannteste Beispiel ist Amazon.

Viele der sogenannten Dotcom-Firmen gingen an die Börse, um öffentlich gehandelt zu werden, selbst neue Unternehmen und solche, die noch keine Gewinne gemacht hatten. Der Optimismus rund um diese neuen Firmen war so groß, dass ihre Aktien dramatisch stiegen und zu hoch bewertet wurden. Der Höchststand wurde am 10. März 2000 erreicht: Die US-Börse NASDAQ schloss mit astronomischen 5048,62 Punkten. Die Unternehmen und ihre Investoren waren reich – zumindest auf dem Papier. Aber der einzige Weg vom Gipfel führt nach unten: Ein Minus von vier Prozent am nächsten Tag löste massenhafte Panikverkäufe aus. Es war der Anfang vom Ende der Dotcom-Blase.

In den darauffolgenden Jahren gingen viele Unternehmen bankrott, und viele Spekulanten hatten bedeutend weniger Geld als zuvor. Dieses Ereignis hatte wieder einmal bewiesen, dass in der Geschäftswelt ein vorsichtiges Vorgehen manchmal der beste Weg ist. Ungeachtet dessen gedieh das Internet weiterhin und ist heute das technische Medium Nummer eins – auch wenn viele der frühen Internetfirmen diesen Erfolg mit ihm nicht teilen können.

AUF EINEN BLICK

Die Dotcom-Blase war das moderne Gegenstück zu geplatzten Booms der Geschichte, wie die Südseeblase oder der Goldrausch. Sie entstand aus den verführerischen Geschäftsmöglichkeiten, die das Internet den Investoren bot. Aber nicht alles ist Gold, was glänzt: Die Folge war ein Börsenkrach, der die verantwortungsvollen Gründer von den Glücksrittern trennte.

Oben: Der ehemalige Enron-Chef Kenneth Lay verwies bei einer Kongressanhörung zur Insolvenz seines Unternehmens auf die Verfassung und verweigerte die Aussage gegen sich selbst.

Links: Sherron Watkins, Vizepräsidentin für Unternehmensentwicklung bei Enron, sagt vor dem Senat aus.

DER ENRON-SKANDAL

HOUSTON, TEXAS, USA

22. OKTOBER 2001

Als das Energieunternehmen Enron Ende 2001 Insolvenz anmelden musste, zeigte sich das korrupte, morsche Fundament hinter der Fassade eines typisch amerikanischen Geschäftserfolgs. Im Februar des Jahres hatte Enron noch Prämien an seine Manager ausgezahlt und das Weiße Haus in Sachen Energiepolitik beraten. Zum sechsten Mal in Folge war es zum innovativsten Unternehmen Amerikas ernannt worden. Aber im Dezember war es bankrott und wurde von der US-Börsenaufsicht geprüft.

Hinter dem glänzenden Schein der multinationalen Expansion und der spektakulären Gewinne verbarg sich ein betrügerisches Bilanzierungssystem, mit dem Verluste in Scheinfirmen versteckt wurden. Enron ließ seine Aktionäre bewusst in dem falschen Glauben, dass ihre Investitionen gute Erträge einbringen würden, und sicherte somit den Geldfluss in das Unternehmen – und in die Taschen seiner Manager.

Enron war in den 1930er-Jahren als Gasversorgungsunternehmen gegründet worden und fing Mitte der 80er, unter dem neuen Chef Kenneth Lay, plötzlich an zu wachsen. Lay erweiterte die Beteiligungen des Konzerns und überzog seine Kapazität mit dubiosen Transaktionen. Die daraus entstehenden Geschäftspleiten vertuschte er durch eine skrupellose „kreative Bilanzierung".

Im Jahr 1990 kamen Jeff Skilling von der gescheiterten First City Bank in Houston sowie Andrew Fastow von der ebenfalls gescheiterten Commercial Bank in Illinois zu Enron. Gemeinsam kauften und konstruierten die drei Männer ein multinationales Netz aus zusammenhängenden Unternehmen, in denen sie Schulden versteckten und Gewinne künstlich aufbauschten. Die Direktoren und Buchhalter im Hauptsitz in Houston wussten von den zweifelhaften Aktionen des Trios, duldeten sie aber, statt dagegen vorzugehen.

Im August 2001 äußerte Sherron Watkins, die Vizepräsidentin für Unternehmensentwicklung, ihre Bedenken über die Buchführung des Konzerns. Sie hatte zuvor für das Wirtschaftsprüfungsunternehmen Arthur Anderson gearbeitet, das auch für Enron zuständig war, und wusste, wovon sie sprach. Ihre Fragen an Kenneth Lay lösten verhaltene Panik bei Enron und seinen Wirtschaftsprüfern aus. Manager stießen Beteiligungen ab, und bei Arthur Anderson vernichtete man Unterlagen, während stets versichert wurde, dass bei Enron alles in Ordnung war.

Doch die Fassade bröckelte, und am 2. Dezember wurde Enron zur größten Firmenpleite der US-Geschichte. Auch Arthur Anderson, damals eine der fünf größten Wirtschaftsprüfungsgesellschaften der Welt, brach zusammen. Skilling wurde für seine Verbrechen zu 24 Jahren Haft verurteilt. Fastow, wegen Betrugs, Geldwäsche und Verschwörung schuldig gesprochen, wurde Kronzeuge und verringerte damit seine Strafe. Lay wurde in zehn Anklagepunkten schuldig gesprochen, aber er starb vor seiner Verurteilung an einem Herzinfarkt. Watkins hält heute Vorträge über die Gefahren der US-Unternehmenskultur.

AUF EINEN BLICK

Der Aufstieg und Fall von Enron zeigte, wie man mit Buchführung Unternehmensdelikte vertuschen konnte. Aktionäre und Regulierungsbehörden wurden getäuscht und Gelder an die Manager abgezweigt. Enrons Pleite im Jahr 2001 war ein Vorbote des brisantesten Jahrzehnts in der Geschäftswelt seit der Weltwirtschaftskrise.

Oben: *Ein verlassenes Haus, drei Monate nachdem Hurrikan Katrina auf die Stadt New Orleans getroffen ist.*

Rechts: *Ein Lademeister der US-Armee blickt von einem Transporthubschrauber auf das überflutete New Orleans.*

Unten: *Evakuierte suchen Unterschlupf im riesigen Astrodome-Sportstadion in Houston.*

HURRIKAN „KATRINA"

NEW ORLEANS, USA

AUGUST 2005

Im August 2005 verwüstete der Hurrikan „Katrina" den US-Bundesstaat Louisiana. Der tropische Wirbelsturm wütete eine ganze Woche lang und war die größte Naturkatastrophe in der Geschichte der USA. Die Schäden beliefen sich auf über 80 Milliarden US-Dollar.

Die atlantische Hurrikansaison erreicht ihren Höhepunkt für gewöhnlich im Spätsommer der Nordhalbkugel, mit den meisten Aktivitäten im September. In der Saison 2004 gab es über 3000 Todesopfer und eine Schadensbilanz von über 50 Milliarden US-Dollar. Viele Einwohner Louisianas und der umliegenden Bundesstaaten machten sich auf eine Wiederholung gefasst.

Katrina entstand am 23. August als tropisches Tiefdruckgebiet südlich der Bahamas mit Winden von 56 km/h, gewann jedoch rasch an Stärke und traf am 25. August die Küste Floridas mit Windstärken von bis zu 120 km/h. Auf seiner kurzen Reise durch Florida verursachte Hurrikan Katrina 14 Todesfälle und ließ Millionen Menschen ohne Strom zurück.

Doch das war erst der Vorgeschmack. Als Hurrikan Katrina den Golf von Mexiko überquerte, wuchs er auf Stufe fünf heran, mit Winden von 280 km/h. Mittlerweile befanden sich die Staaten Louisiana und Mississippi in Alarmbereitschaft vor dem bevorstehenden Sturm. Für die Stadt New Orleans wurde eine Evakuierung angeordnet.

Am 29. August traf Katrina als Hurrikan der Stufe drei bei Buras-Triumph in Louisiana erneut auf Land. Die Stadt war wirbelsturmerprobt: Im vergangenen Jahrhundert war sie viermal schwer beschädigt worden; die letzte Erfahrung hatte sie vor 35 Jahren mit Hurrikan Camille gemacht.

Da New Orleans unter dem Meeresspiegel liegt, rechnete man mit einer Katastrophe und fürchtete, der Sturm könnte die Deiche durchbrechen, die das Wasser aus der Stadt fernhielten. Die Deiche und Flutmauern waren tatsächlich wirkungslos: Katrina setzte geschätzte 80 Prozent der Stadt unter Wasser.

Das Ausmaß des Schadens war enorm, und während die Evakuierung der Stadt weitgehend erfolgreich verlief, blieben viele – vor allem arme und alte – Bewohner zurück. Gebäude wurden zerstört, und rund 1500 Menschen starben. Die Stadt versank im Chaos, ohne sauberes Wasser, Strom oder Unterkünfte. Geschäfte und Häuser wurden geplündert, und viele Bewohner flüchteten ins Superdome-Stadion der Stadt, das bald überfüllt und in einem unhygienischen Zustand war.

Der Wiederaufbau von New Orleans ging nur mühsam voran, und zwei Jahre nach Hurrikan Katrina waren Teile der Stadt noch immer unbewohnbar. Im Jahr 2007 betrug die geschätzte Einwohnerzahl der Stadt 60 Prozent der Einwohnerzahl vor der Katastrophe. Es war klar, dass die Spur der Verwüstung, die Hurrikan Katrina hinterlassen hatte, erst in vielen Jahren restlos beseitigt sein würde.

AUF EINEN BLICK

Die Einwohner von New Orleans bezahlten mit Hurrikan Katrina einen hohen Preis für das Leben unter dem Meeresspiegel. Das Deichsystem hielt den Windstärken nicht stand, und die Stadt wurde schwerst beschädigt. US-Präsident Bush warf man nach der Katastrophe vor, zu spät und zu wenig effizient reagiert zu haben: Fünf Jahre danach war die Stadt noch immer nicht in ihren Zustand vor Katrina zurückgekehrt.

E PLURIBUS
UNUM
MR. MUDD
DEER PARK

VERSTAATLICHUNG VON FANNIE MAE UND FREDDIE MAC

WASHINGTON, USA
7. SEPTEMBER 2008

Oben: Der Firmensitz der Hypothekenbank Fannie Mae in Washington. Nach Zahlungsunfähigkeit aufgrund hoher Schulden wurde die Bank 2008 von der US-Regierung verstaatlicht.

Links: Ehemalige Manager von Freddie Mac und Fannie Mae werden vor dem Justizausschuss vereidigt. Es wird untersucht, inwieweit die Aktivitäten ihrer Unternehmen zur Hypothekenkrise beitrugen.

AUF EINEN BLICK

Der Zusammenbruch des zweitklassigen US-Hypothekenmarkts, in dem Fannie Mae und Freddie Mac die Hauptakteure waren, löste eine weltweite Kettenreaktion aus. Die US-Regierung übernahm die Beiden; auch in Großbritannien wurden marode Banken verstaatlicht. Eine weltweite Wirtschaftskrise bahnte sich an.

Fannie Mae und Freddie Mac gehörten zu den ersten Opfern einer weitreichenden Finanzkrise, die einen weltweiten Konjunkturrückgang auslöste. Ihr Zusammenbruch offenbarte die vielen Gefahren, die im Immobilienboom des frühen 21. Jahrhunderts steckten.

Fannie Mae und Freddie Mac waren zwei staatlich geförderte Hypothekenbanken, die als Finanzierer den sogenannten Subprime-Markt bedienten – Kreditnehmer mit einer zweitklassigen (also weniger guten) Bonität. Dieser Markt ist äußerst risikoreich, mit bedürftigen Kunden, zu deren Schutz und Unterstützung die beiden Banken ursprünglich gegründet worden waren.

Die Marktliberalisierung und der politische Druck unter den Regierungen Clinton und Bush um die Jahrtausendwende verringerten diesen Schutz. Skrupellose Kreditgeber konnten den ärmsten Bevölkerungsschichten trügerisch niedrige Anfangszinssätze anbieten. Die Kreditnehmer häuften daraufhin Schulden an, die sie nicht mehr bezahlen konnten – besonders nach dem Platzen der Immobilienblase im Jahr 2006. Anfang 2008 war bereits jeder vierte Subprime-Kreditnehmer in Verzug geraten. Tausende Häuser wurden gepfändet. Die Immobilienpreise fielen, und die neuen Besitzer der gepfändeten Häuser stellten fest, dass ihr Eigentum wertlos war. Fannie Mae und Freddie Mac stellten die Hälfte der Hypotheken in den USA, über 5 Billionen US-Dollar an hypothekenbesicherten Anleihen, und standen nun vor Gesamtschulden im Wert von 1,6 Billionen US-Dollar.

Die Übernahme von Mae und Mac durch die US-Regierung war in dem von einem relativ unregulierten, interventionslosen Kapitalismus geprägten Land ein beispielloses Eingreifen. Diese Aktion sollte den Immobilienmarkt stabilisieren. Allerdings mischten Banken auf der ganzen Welt kräftig im Immobiliengeschäft mit, und als dieses zusammenbrach, brachen auch die Banken ein. In Großbritannien war die Bank Northern Rock bereits im Februar 2008 von der Regierung gerettet worden, und weitere britische Banken wurden einen Monat nach dem Eingreifen der US-Regierung verstaatlicht. Banken auf der ganzen Welt beschränkten die Kreditvergabe, sodass viele kleine und große Unternehmen ihren Betrieb einstellen mussten. Auch viele bekannte Großbanken gingen bankrott. Die Arbeitslosigkeit stieg, und die Ausgaben gingen zurück. Anfang 2009 befand sich bereits ein großer Teil der Welt in einer Wirtschaftskrise.

Die Regierungen, Banken und Unternehmen, die die Krise inzwischen überstanden haben, müssen nun Bilanz ziehen und ihre Defizite ausgleichen. Die kommenden Jahren bleiben eher mager.

Oben: *Barack Obama auf dem Weg zu seiner Vereidigung als 44. Präsident der USA.*

Rechts: *Anhänger von Barack Obama feiern in Chicago seinen Wahlsieg.*

Nächste Seite: *Tausende sehen zu, als Barack Obama vom Obersten Richter John Roberts als 44. Präsident der USA vereidigt wird.*

AUF EINEN BLICK

Wegen ihrer Vergangenheit des institutionalisierten Rassismus schien ein schwarzer Präsident in den USA unwahrscheinlich. Aber der auf Hawaii geborene Barack Obama bewies bei der Präsidentschaftswahl 2008, dass sich der Amerikanische Traum nun endlich für jeden erfüllen konnte.

BARACK OBAMA WIRD US-PRÄSIDENT

USA
4. NOVEMBER 2008

Die Wahl Barack Obamas zum 44. Präsidenten der USA war ein historischer Moment für ein Land, dessen Geschichte von Rassenvorurteilen, Gewalt und dem langen Kampf für die Rechte seiner Bürger geprägt war.

Bis in die Mitte des 20. Jahrhunderts herrschten in den USA Spannungen zwischen weißen und schwarzen Bürgern. Diese Zeit war geprägt von der Rassentrennung und dem Kampf um die Rassengleichheit, der von Ikonen wie Martin Luther King Jr. angeführt wurde. Damals wäre ein schwarzes Staatsoberhaupt undenkbar gewesen, aber 44 Jahre nach dem Bürgerrechtsgesetz von 1964 war es soweit.

Barack Obama kam 1961 in Honolulu, Hawaii, als Sohn einer weißen Mutter und eines schwarzen Vaters auf die Welt. Seine Eltern ließen sich 1964 scheiden, und Obama verbrachte einen Teil seiner Kindheit beim neuen Mann seiner Mutter in Indonesien. Im Alter von 18 Jahren zog er nach Los Angeles, dann studierte er in New York und danach Jura in Harvard.

Nachdem er kurzzeitig als Bürgerrechtsanwalt tätig gewesen war, ging er 1996 in die Politik. Er begann seine Karriere als Senator von Illinois und wurde 2005 US-Senator. Bereits damals erregte er Aufsehen und wurde als potenzieller Präsidentschaftskandidat der Demokraten gehandelt.

Anfang 2007 gab Obama seine Präsidentschaftskandidatur bekannt. Nach acht Jahren republikanischer Regierung unter Präsident George W. Bush war das Land reif für einen Wandel, und Obama galt von Anfang an als Favorit. Man setzte große Hoffnungen in eine neue Partei und einen neuen Mann am Ruder.

Für seinen Rivalen, den Republikaner und ehemaligen Kriegsgefangenen in Vietnam John McCain, verhieß das nichts Gutes. Als die beiden Senatoren gegeneinander antraten und das Land zur Wahl riefen, kam es zur höchsten Wahlbeteiligung seit 40 Jahren – über 130 Millionen US-Bürger gaben ihre Stimme ab.

Am 4. November 2008 stand das Ergebnis fest: Obama gewann mit 52,3 Prozent der Stimmen. Er erhielt 365 der Stimmen der Wahlmänner, McCain 173; und er gewann acht ehemals republikanische Bundestaaten wie Florida und Indiana.

Nach seinem historischen Sieg verkündete er in einer Rede in seinem Heimatstaat Illinois: „Es hat lange gedauert, aber heute Nacht ist der Wandel nach Amerika gekommen.“ Und der Wandel war da, mit einem neuen Gesicht und einer neuen Ära für ein Land, das aus dem Schatten seiner Vergangenheit herauszutreten begann.

CNN POLITICS
CNN PROJECTION
BARACK OBAMA
ELECTED PRESIDENT
CNN
LIVE
CALIFORNIA
PRESIDENT
55
0% CNN PROJECTION
MCCAIN
OBAMA
0%
0%
MCCAIN
139
OBAMA
297

ÖLPEST IM GOLF VON MEXIKO

GOLF VON MEXIKO

2010

Am 20. April 2010 explodierte die schwimmende Ölbohrplattform „Deepwater Horizon“ des britischen Energieriesen BP im Golf von Mexiko, 64 Kilometer vor der Küste Louisianas. Elf Arbeiter starben, 17 weitere wurden verletzt. Die Plattform hatte zu dieser Zeit im Macondo-Ölfeld nach Erdöl gebohrt. Am Morgen des 22. April sank die Bohrinsel. Am selben Tag breitete sich ein großer Ölfleck an der Unglücksstelle aus, und in den darauffolgenden Tagen stellte sich heraus, dass aus einem Leck in 1500 Metern Tiefe unter Druck Öl austrat. Im Schnitt entwichen täglich rund 53 000 Barrel Öl, bis das Leck endlich versiegelt wurde. Obwohl man über 1000 Kilometer lange Ölsperren eingerichtet hatte, wurden selbst an entfernten Stränden wie bei Pensacola in Florida oder in Texas noch Teerklumpen angespült.

Man versuchte, das heraussprudelnde Öl mit Stahlbehältern aufzufangen, die über das Leck gestülpt wurden, und mit der sogenannten Top-Kill-Methode, bei dem Schlamm in das Leck gepumpt wurde, um den Ölfluss zu stoppen. Keine der Methoden war erfolgreich. Am 19. September 2010 gelang es BP, das Bohrloch zu verschließen – fünf Monate nach der Explosion. Man führte Entlastungsbohrungen durch und pumpte Zement in das ursprüngliche Bohrloch. Nach einer Überprüfung des Zementstopfens wurde öffentlich bekanntgegeben, dass das Macondo-Bohrloch endlich versiegelt sei.

Man kann die Langzeitauswirkungen der Ölpest unmöglich abschätzen, aber es sieht so aus, als wäre das Unglück die größte Umweltkatastrophe in der Geschichte der USA und vielleicht sogar der ganzen Welt. Trotz der massiven Bemühungen hunderter Arbeiter und Ingenieure, die rund um die Uhr an der Schließung des Lecks gearbeitet hatten, und der Zusicherung von BP am 18. Mai 2010, dass das Ausmaß der Umweltschäden „sehr, sehr bescheiden“ sei, zeigen sich die schrecklichen Auswirkungen der Ölpest auf das Meeresleben in diesem Gebiet. Die Fischerei und der Tourismus wurden bereits schwer getroffen, und in Naturschutzgebieten wurde Öl angespült.

Es ist kaum vorhersehbar, welche Folgen die Ölpest im weiteren Sinne nach sich ziehen wird. US-Präsident Barack Obama hat eine Kommission mit der Untersuchung der Unglücksursachen beauftragt, die sich auch mit Fragen der Vorbeugung weiterer Katastrophen befassen soll. Zumindest werden die Sicherheitsvorschriften für Bohrinseln verstärkt, aber es ist sehr wahrscheinlich, dass die Ölpest im Golf von Mexiko tiefgreifende und weitreichende Folgen für die Entwicklung der Energiewirtschaft auf der ganzen Welt haben wird. Im November 2012 nahm BP die vom US-Justizministerium auferlegte Strafe von 4,5 Milliarden US-Dollar an, die bis dato höchste verhängte Strafe für ein Umweltdelikt. Zudem wurde im Februar 2013 ein Zivilprozess gegen BP eröffnet.

Oben: Am 3. Juni trieben starke Winde Öl zur Pelikan-Kolonie der Insel Queen Bess. Die verölten Vögel wurden rasch gerettet und zur Notversorgung in das Vogel-Rettungszentrum in Fort Jackson gebracht.

Links: Dispergiertes Öl und frisches Rohöl treiben auf dem Meer, 14 Kilometer von der havarierten Bohrinsel „Deepwater Horizon“ entfernt.

Nächste Seite: Ölteppiche können tausende Meerestiere töten.

AUF EINEN BLICK

Nach einer Explosion auf der Ölbohrplattform „Deepwater Horizon“ strömten aus einem Leck in 1500 Metern Tiefe Millionen Barrel Öl in den Golf von Mexiko. Zahlreiche Versuche, das sprudelnde Öl einzudämmen, scheiterten und führten zur größten Umweltkatastrophe in der Geschichte der USA.

REVOLUTION IN DER ARABISCHEN WELT

TUNESIEN, LIBYEN, MAROKKO, ÄGYPTEN
2010–2011

Ende 2010 und Anfang 2011 erfasste eine Welle des Unmuts den Nahen Osten und Nordafrika. Politische Unruhen in Tunesien hatten den Funken entfacht, und überall in der arabischen Welt entstanden Demokratiebewegungen, geschürt durch steigende Lebensmittelpreise, hohe Arbeitslosigkeit und Widerstand gegen Unterdrücker-Regimes. Bis Mitte April waren einige Regierungen gestürzt.

Alle Revolutionen hatten vieles gemeinsam, wie einen Wunsch nach allgemeinen Rechten oder den Ausbruch eines lange unterdrückten Nationalstolzes. In 60 Jahren gab es keinen erfolgreichen Aufstand des Volks gegen ein arabisches Regime. Arabische Machthaber wie Ägyptens Hosni Mubarak und Libyens Muammar al-Gaddafi hatten die Macht fest im Griff.

Dieser Griff begann sich im Dezember 2010 zu lockern, als sich ein unauffälliger tunesischer Obsthändler namens Mohamed Bouazizi nach einem Streit mit der Polizei selbst verbrannte. Wie tausende andere unterdrückte Tunesier war auch Bouazizi arbeitslos und der korrupten Regierung überdrüssig. Er war wütend, weil eine Polizistin seinen nicht genehmigten Obststand beschlagnahmt hatte, obwohl er die Strafe von 10 Dinar bezahlen wollte. Dann zündete er sich vor einem Regierungsgebäude an.

In den nächsten Tagen gingen tausende Menschen auf die Straße und forderten den Rücktritt von Tunesiens Präsidenten Zine el-Abidine Ben Ali. Die Demonstranten organisierten sich über soziale Netzwerke im Internet und stellten Videos und Bilder ins Netz. Zehn Tage später trat Ben Ali nach 23 Jahren an der Macht zurück und löste damit in der ganzen Region politische Schockwellen aus.

Das Feuer der Revolution breitete sich rasch nach Ägypten aus, wo Mubarak seit 30 Jahren mit eisernem Griff über ein Land regierte, das von hoher Arbeitslosigkeit und Armut geprägt war. Die Demonstranten verlangten nach freien Wahlen und einem Ende der ungerechten Gesetze in Ägypten. Sie forderten auch bessere Arbeitsplätze. Die Proteste fingen friedlich an, aber Mubarak ließ Schlägertrupps auf die Stadt los, und die Gewalt breitete sich aus. Zum Glück für die Demonstranten weigerte sich das ägyptische Militär, für Mubarak Partei zu ergreifen. Mit dem Fortschreiten der Revolution stieg der weltweite Druck auf Mubarak, von seinem Amt zurückzutreten. Langjährige Verbündete wie die USA und Großbritannien erkannten, dass die Gewalt erst mit dem Rücktritt Mubaraks ein Ende haben würde. Mubarak versuchte mehrmals, seine Macht zu behalten. Er entließ seine Minister, führte Reformen ein und versprach, nicht mehr zu kandidieren. Aber die Demonstranten blieben standhaft. Am 11. Februar 2011 trat Ägyptens langjähriger Diktator zurück.

Ähnliche Proteste gab es in Marokko, dem Jemen, Jordanien, Syrien, Algerien, Bahrain und anderen Ländern. Einige Regierungen schlugen die Proteste zurück, andere ließen sich auf begrenzte Zugeständnisse ein. Aber in Libyen widersetzte sich ein trotziger Gaddafi mit Gewalt. Als Gaddafis Armee eingriff, brach ein Bürgerkrieg aus. Schließlich schritten die Vereinten Nationen ein und verhängten eine Flugverbotszone, um die zu Rebellen gewordenen Demonstranten zu schützen. Die Flugzeuge, die die Zone bewachten, griffen auch Gaddafis Bodentruppen an.

Die Unruhen in der Region untermauerten unzählige geopolitische Tatsachen. Die Ölpreise stiegen und tausende Flüchtlinge strömten nach Europa, wo man selbst gegen hohe Arbeitslosigkeit und die träge Wirtschaft kämpfte. Die USA und andere Demokratien mussten sich entscheiden, ob sie ehemals stabile, aber diktatorische Verbündete unterstützten, oder gerechtere, demokratische Bewegungen, die einer unsicheren Zukunft entgegen blickten.

Oben: Ein Anti-Mubarak-Demonstrant am Tahrir-Platz in Kairo, Ägypten.
Rechts: Einwohner der Stadt Bengasi protestieren vor dem Hotel Tibesti in Bengasi, Libyen, während im Hotel eine Delegation der Afrikanischen Union über einen Waffenstillstand zwischen Gaddafi und den Rebellen debattiert.
Nächste Seite: Tausende Menschen versammeln sich in den Straßen Kairos und fordern den Rücktritt von Präsident Hosni Mubarak, der fast 30 Jahre an der Macht war.

AUF EINEN BLICK

Der Nahe Osten und Nordafrika wurden 2010 und 2011 von zahlreichen Revolutionen erschüttert. Alle Revolutionen hatten Gemeinsamkeiten, wie den Wunsch nach allgemeinen Rechten, und viele Regierungen wurden gestürzt.

GAME OVER
Mubarak

ارحل يا
فرعون
مطلب من
٨٠ مليون
ارحل يا مبارك

Oben: Überlebende blicken auf ein Boot am Dach eines Hauses in der verwüsteten Hafenstadt Otsuchi in der Präfektur Iwate.

Rechts: Der Tsunami verschlang ein Wohngebiet in Natori in der Präfektur Miyagi im Nordosten Japans.

Nächste Seite: Ein einzelner Überlebender des Tsunamis weint zwischen den Trümmern der verwüsteten Stadt Natori in der Präfektur Miyagi.

DER TSUNAMI IN JAPAN

JAPAN

11. MÄRZ 2011

Am 11. März 2011 erschütterte ein Erdbeben der Stärke 9 Japan und löste einen verheerenden Tsunami aus, der ganze Städte verwüstete und 27 000 Tote und Vermisste forderte. Es war das stärkste Erdbeben in der Region seit Beginn der Aufzeichnungen vor fast 150 Jahren. Neben den vielen Menschenleben zerstörte der Tsunami auch Atomkraftwerke und löste damit eine nukleare Katastrophe aus. Es war die größte Krise in Japan seit dem Zweiten Weltkrieg.

Japan und Erdbeben gehen Hand in Hand. Das Land befindet sich über der gefährlichsten Stelle des Pazifischen Feuerrings, wo mehrere tektonische Platten der Erde aufeinandertreffen. Das Beben vom März 2011 ereignete sich um 14:46 Uhr Ortszeit. Wolkenkratzer schwankten, Möbel fielen um, Autobahnen brachen entzwei. Kurz danach rauschte ein Tsunami mit bis zu 10 Meter hohen Wellen auf das Land zu. Die Fluten rissen Häuser, Boote, Busse und Fabriken mit sich. Tausende flüchteten in höhere Gebiete. Das Ausmaß der Zerstörung war unfassbar. Tausende Leichen lagen über das Land verstreut. Andere wurden von den Wellen ins Meer hinaus getragen. Hätte Japan nicht eine strenge Bauordnung, um Erdbebenschäden so gering wie möglich zu halten, wäre die Zahl der Todesopfer jedoch noch höher gewesen. Und die Wirtschaft blieb verschont, da sich das Beben fernab von Japans Industriezentren ereignete.

Trotz der Zerstörung gab es viele Überlebende. Sechshundert Menschen entkamen den Fluten auf dem Dach einer Schule in Sendai, nahe dem Epizentrum des Bebens. Tage später fand man einen Mann, der sich an das Dach eines Hauses klammerte, das weit aufs Meer hinaustrieb.

Während die Menschen verzweifelt nach ihren Angehörigen Ausschau hielten und nach Nahrungsmitteln und Unterschlupf suchten, zeichnete sich eine noch schlimmere Katastrophe ab. Das Erdbeben und der Tsunami hatten das Kernkraftwerk Fukushima-Daiichi schwer beschädigt, und Explosionen erschütterten die vier Gebäude mit ihren sechs Reaktoren. In einigen Gebäuden lagerten verbrauchte Brennstäbe, die zu schmelzen begannen und gefährliche Mengen an Radioaktivität freisetzten.

Dreißig Stunden nach dem Beben verhängte die Regierung eine Evakuierungszone im Umkreis von 20 Kilometern um den Kraftwerkskomplex. Vor dem Unglück lebten über 78 000 Menschen in dem betroffenen Gebiet. Viele machten sich rasch auf den Weg zu den Evakuierungszentren. Ihnen blieb keine Zeit, ihre Wertgegenstände mitzunehmen. Um die atomare Gefahr unter Kontrolle zu bringen, verbrachte eine kleine Gruppe Arbeiter Wochen mit dem Versuch, das Kraftwerk Fukushima-Daiichi zu stabilisieren. Sie pumpten Meerwasser in die Gebäude, um die Brennstäbe zu kühlen. Die Arbeiter mussten auch radioaktiv verstrahltes Wasser im Meer entsorgen.

Nach dem Unglück folgten Aufräumarbeiten von gewaltigem Ausmaß. Das US-Militär und andere arbeiteten mit den Streitkräften Japans zusammen. Sie brachten Baumaschinen, Materialien, Nahrung und Medikamente mit.

AUF EINEN BLICK

Ein Erdbeben der Stärke 9 auf der Richterskala erschütterte am 11. März 2011 die Ostküste von Japans Hauptinsel Honshu. Über 27 000 Menschen sind tot oder werden vermisst.